P9-DDW-804

# 201 ITALIAN VERBS
## FULLY CONJUGATED
## IN ALL THE TENSES
## Alphabetically arranged

*Vincent Luciani*

Professor Emeritus of Romance Languages
The City College, City University of New York

**BARRON'S EDUCATIONAL SERIES**

Woodbury, New York

© 1966 by Barron's Educational Series, Inc.

*All rights are strictly reserved.*
*Todos Derechos Reservados.*
*No part of this book may be reproduced in any*
*form, by mimeograph or any other means, without*
*prior written permission from the publisher.*

*All inquiries should be addressed to:*
Barron's Educational Series, Inc.
113 Crossways Park Drive
Woodbury, New York 11797

*Library of Congress Catalog Card No. 65-25693*

PRINTED IN THE UNITED STATES OF AMERICA
14 15 16 17 18 19 20   M   9 8 7

# Italian Verbs Fully Conjugated
## ALPHABETICALLY ARRANGED

### Subject Pronouns

*The subject pronouns have been omitted in order to emphasize the verb forms. As a rule, moreover, they are used to stress, to contrast, or to distinguish. We have also left out the feminine forms of verbs conjugated with* èssere. *The form in parentheses next to the second person singular of the Imperative is the negative, the only one different from the affirmative.*

# CONTENTS

A LIST SUCH AS THIS ONE for students in colleges and high schools and for travellers should assist the user in learning Italian verbs. To facilitate matters, the present text distinguishes between open and close *e*'s and *o*'s on the penult and the antepenult and indicates stress. Usually Italian dictionaries and grammars contain lists of irregular verbs, but they present a very limited number of verbs fully conjugated, even though they may have accents.

It is no doubt frustrating to many students to find a book lacking a full verb conjugation and indication of stress. It is partly for this reason that this list has been compiled. It will certainly help to make the student's task easier and teach him to learn Italian verbs systematically. It is a useful dictionary, which should always be at his fingertips because it provides a quick way to find the full conjugation of many Italian verbs. The two hundred and one verbs included in this list are arranged alphabetically. They are fairly common and mostly irregular, although a few regular verbs have been listed. Of course, this book does not contain all the verbs in Italian, but it does include a goodly number that are greatly used.

*On one single page the student will find the verb forms of all tenses.* The subject pronouns have been omitted, as they usually are in conversation. The first three forms before the semicolon are the first, second, and third persons of the singular. The three forms after the semicolon are the plural forms of the verbs.

At the end of the preface there is an introduction, which

includes an explanation of the accents used in this book, general rules regarding irregular verbs, verbs conjugated with *avere* or *èssere,* models for the three regular conjugations, orthographical changes, Italian verb tenses and their English equivalents, and a sample English verb conjugation. The dictionary is followed by two indices: an English-Italian verb index and one of irregular forms.

In most high schools and colleges, foreign languages are taught by the audio-lingual or conversational approach. In other words, the criterion is use. In this approach, the student must search for the form of the verb in the particular tense he needs. The student will stop to look up the verb, for he is more concerned with what the form *is* rather than how it got to be what it is. Thus a dictionary, such as this one, will serve the purpose amply.

V. L.

*New York, New York*

## ACCENTS

Italian has seven vowels, *a, i, u,* open *e* and *o,* close *e* and *o.*
As a rule Italian words bear no accent except on the final
vowel. In many contemporary editions an acute accent, ( ´ ),
is used on final *i, u,* and close *e,* and a grave accent, ( ` ), is
used on final *a, o,* and open *e.* In this text words stressed on
the antepenult bear an acute accent on the vowel of that
syllable when it is *i, u,* close *e,* and close *o,* a grave accent
when it is *a,* open *e,* and open *o.* Words stressed on the
penult bear a grave accent on the vowel of that syllable if
it is an open *e* or open *o* (if there is none, the *e*'s and *o*'s
are close). No accent is used in other cases unless the penult
is followed by an unstressed *io.* We have adhered to Floren-
tine instead of Roman usage.

## GENERAL RULES

Except for *dare, èssere,* and *stare,* the Past Absolute of
irregular verbs is only irregular in the first and third person
singular and the third person plural. The other forms are
regular, but one must note that *bere, condurre, dire, fare,
porre, trarre* and their compounds are based, except for the
Future and the Present Conditional, on the old infinitives
*bevere, conducere, dicere, facere, ponere,* and *traere.* If one
bears this in mind (along with the reservation for *dare,
èssere,* and *stare*), the Imperfect Indicative and Subjunctive are regular. The endings for the Future and the Present Conditional are always the same, in both regular and
irregular verbs. Very often the first person singular and the
third person plural of the Present Indicative have the same
stem, which forms the first, second, third person singular
and the third person plural of the Present Subjunctive.

## VERBS CONJUGATED WITH AVERE OR ÈSSERE

(1) The Italian verb is conjugated with *avere* to form the compound tenses when it is transitive (that is, when it has a direct object).

(2) Reflexive verbs, such as *alzarsi*, are conjugated with *èssere*.

(3) Impersonal verbs are conjugated with *èssere*, but *fare* is conjugated with *avere*, and the verbs denoting atmospheric conditions may be conjugated with *avere*: for example, *è nevicato, ha nevicato*.

(4) Some verbs—for instance, *córrere, saltare,* and *volare*—are conjugated with *avere* when referring to the action and with *èssere* when referring to the goal of the action.

(5) Some verbs, such as *cominciare, durare,* and *finire*, take *avere* when an object is expressed or implied and *èssere* when used passively with no object.

(6) Some verbs, like *mancare*, have a different meaning according to which auxiliary is used, *avere* or *èssere*. *Ha mancato* means *he failed*, or *he lacked; è mancato* means *he missed*, or *he was not present*.

(7) Some verbs, like *appartenere, dolere, and vívere*, are used indifferently with *avere* or *èssere* when they have no object.

(8) Some verbs of motion, or limit of motion, as well as others are commonly conjugated with *èssere*. Here is a list of the most common of such verbs:

| | |
|---|---|
| andare | *to go* |
| apparire | *to appear* |
| arrivare | *to arrive* |
| cadere | *to fall* |

| | |
|---|---|
| capitare | *to happen* (both prs. and impere) |
| comparire | *to appear* |
| costare | *to cost* |
| créscere | *to grow* |
| dipèndere | *to depend* |
| dispiacere | *to displease, regret* |
| divenire (diventare) | *to become* |
| emèrgere | *to emerge* |
| entrare | *to enter* |
| esístere | *to exist* |
| èssere | *to be* |
| fuggire | *to flee* |
| giacere | *to lie (down)* |
| giúngere | *to arrive* |
| montare | *to mount* |
| morire | *to die* |
| nàscere | *to be born* |
| parere | *to appear, seem* |
| partire | *to leave* |
| perire | *to perish* |
| piacere | *to please, like* |
| restare (rimanere) | *to remain, stay* |
| rincréscere | *to be sorry, regret* |
| ritornare (tornare) | *to go or come back, return* |
| riuscire | *to succeed, go or come out again* |
| salire | *to go or come up* |
| scappare | *to escape* |
| scéndere | *to go or come down* |
| scomparire | *to disappear* |
| scoppiare | *to burst, "croak"* |
| sórgere | *to rise* |
| sparire | *to disappear* |
| stare | *to stay* |

| | |
|---|---|
| succèdere | *to succeed, come after* |
| uscire | *to go or come out* |
| venire (*and most of its compounds*) | *to come* |

## REGULAR CONJUGATIONS

Regular verbs are divided into three conjugations, according to whether the present infinitive ends in *-are, -ere,* or *-ire.* The *-ire* verbs, moreover, are of two types: those few in which the endings are added directly to the stem (they are *avvertire, bollire, convertire, cucire, divertirsi, dormire, fuggire, partire, pentirsi, seguire, sentire, servire, vestire,* as well as the irregular *aprire, coprire, offrire, scoprire, soffrire*) and those (most of them) that insert an *-isc* between the stem and the ending in the first, second, and third person singular and third person plural forms of the present indicative, imperative, and subjunctive tenses. There are no principal parts in Italian. The verbs of the three conjugations (for the third we use an *-isc* verb) are inflected in the same way as the following models:

| | I | II | III |
|---|---|---|---|
| *Infinitive:* | portare | crédere | finire |
| *Past Infinitive:* | avere portato | avere creduto | avere finito |
| *Present Participle:* | portante | credènte | finènte (*rare*) |
| *Past Participle:* | portato | creduto | finito |
| *Gerund:* | portando | credèndo | finèndo |
| *Past Gerund:* | avendo portato | avèndo creduto | avèndo finito |
| *Stem:* | port— | cred— | fin— |

### INDICATIVE MOOD

| | | | |
|---|---|---|---|
| *Present:* | pòrto | credo | finisco |
| | pòrti | credi | finisci |
| | pòrta | crede | finisce |
| | portiamo | crediamo | finiamo |
| | portate | credete | finite |
| | pòrtano | crédono | finíscono |

|  | I | II | III |
|---|---|---|---|
| *Imperfect:* | portavo | credevo | finivo |
|  | portavi | credevi | finivi |
|  | portava | credeva | finiva |
|  | portavamo | credevamo | finivamo |
|  | portavate | credevate | finivate |
|  | portàvano | credévano | finívano |
| *Past Absolute:* | portai | credei | finii |
|  | portasti | credesti | finisti |
|  | portò | credé | finí |
|  | portammo | credemmo | finimmo |
|  | portaste | credeste | finiste |
|  | portàrono | credérono* | finírono |
| *Future:* | porterò | crederò | finirò |
|  | porterai | crederai | finirai |
|  | porterà | crederà | finirà |
|  | porteremo | crederemo | finiremo |
|  | porterete | crederete | finirete |
|  | porteranno | crederanno | finiranno |
| *Present Conditional:* | porterèi | crederèi | finirèi |
|  | porteresti | crederesti | finiresti |
|  | porterèbbe | crederèbbe | finirèbbe |
|  | porteremmo | crederemmo | finiremmo |
|  | portereste | credereste | finireste |
|  | porterèbbero | crederèbbero | finirèbbero |
| *Imperative Mood:* | pòrta (non portare) | credi (non crédere) | finisci (non finire) |
|  | pòrti | creda | finisca |
|  | portiamo | crediamo | finiamo |
|  | portate | credete | finite |
|  | pòrtino | crédano | finíscano |

## SUBJUNCTIVE MOOD

|  | I | II | III |
|---|---|---|---|
| *Present:* | che io pòrti | creda | finisca |
|  | che tu pòrti | creda | finisca |
|  | che egli (lui) pòrti | creda | finisca |
|  | che portiamo | crediamo | finiamo |

*Many regular verbs like *crédere* may also have the ending -ètti, -esti, -ètte, -emmo, -este, -èttero in the Past Absolute.

|  |  |  |
|---|---|---|
| che portiate | crediate | finiate |
| che pòrtino | crédano | finíscano |

| *Imperfect:* | che io portassi | credessi | finissi |
|---|---|---|---|
|  | che tu portassi | credessi | finissi |
|  | che portasse | credesse | finisse |
|  | che portàssimo | credéssimo | finíssimo |
|  | che portaste | credeste | finiste |
|  | che portàssero | credéssero | finíssero |

## COMPOUND TENSES

Compound tenses are formed from the past participle of the principal verb together with a simple tense of the auxiliary verb *avere* in some cases and of *èssere* in others. They are inflected like the following models:

| *Present Perfect:* | **ho** portato | **sono** partito |
|---|---|---|
|  | **hai** portato | **sèi** partito |
|  | **ha** portato | **è** partito |
|  | **abbiamo** portato | **siamo** partiti |
|  | **avete** portato | **siète** partito(i) |
|  | **hanno** portato | **sono** partiti |

| *Past Perfect:* | **avevo** portato | **èro** partito |
|---|---|---|
|  | **avevi** portato | **èri** partito |
|  | **aveva** portato | **èra** partito |
|  | **avevamo** portato | **eravamo** partiti |
|  | **avevate** portato | **eravate** partito(i) |
|  | **avévano** portato | **èrano** partiti |

| *Past Anterior:* *(2d Past Perfect)* | **èbbi** portato | **fui** partito |
|---|---|---|
|  | **avesti** portato | **fosti** partito |
|  | **èbbe** portato | **fu** partito |
|  | **avemmo** portato | **fummo** partiti |
|  | **aveste** portato | **foste** partito(i) |
|  | **èbbero** portato | **fúrono** partiti |

| *Future Perfect:* *(Future Anterior)* | **avrò** portato | **sarò** partito |
|---|---|---|
|  | **avrai** portato | **sarai** partito |
|  | **avrà** portato | **sarà** partito |
|  | **avremo** portato | **saremo** partiti |
|  | **avrete** portato | **sarete** partito(i) |
|  | **avranno** portato | **saranno** partiti |

|                     |                    |                    |
| ------------------- | ------------------ | ------------------ |
| *Past Conditional:* | avrèi portato      | sarèi partito      |
|                     | avresti portato    | saresti partito    |
|                     | avrèbbe portato    | sarèbbe partito    |
|                     | avremmo portato    | saremmo partiti    |
|                     | avreste portato    | sareste partito(i) |
|                     | avrèbbero portato  | sarèbbero partiti  |
| *Past Subjunctive:* | àbbia portato      | sia partito        |
|                     | àbbia portato      | sia partito        |
|                     | àbbia portato      | sia partito        |
|                     | abbiamo portato    | siamo partiti      |
|                     | abbiate portato    | siate partito(i)   |
|                     | àbbiano portato    | síano partiti      |
| *Past Perfect Subjunctive:* | avessi portato   | fossi partito      |
|                     | avessi portato     | fossi partito      |
|                     | avesse portato     | fosse partito      |
|                     | avéssimo portato   | fóssimo partiti    |
|                     | aveste portato     | foste partito(i)   |
|                     | avéssero portato   | fóssero partiti    |

## ORTHOGRAPHICAL CHANGES

Verbs in *-care* and *-gare* require the guttural or hard sound of *c* and *g* throughout their conjugation, and hence an *h* is placed after *c* or *g* before an *i* or *e*. Verbs in *-ciare* and *-giare* preserve the palatal or soft sound of *c* and *g* throughout their conjugation and therefore retain the *i* except when it precedes another *i* or an *e*. Verbs in *-sciare* preserve the *sh* sound throughout their conjugation and therefore keep the *i* except when it precedes another *e* or *i*. Other verbs in *-iare* always retain the *i*, but they drop it if it is atonic (there is only one *i*) and keep it if it is stressed (except before *-iamo* and *-iate*). There are no orthographical changes in the second and third conjugations.

## VERB TENSES

| Italian | English |
|---|---|
| *Presènte Indicativo* | Present Indicative |
| *Imperfètto Indicativo* | Imperfect Indicative (Past Descriptive) |
| *Passato Remòto* | Past Absolute (Past Definite) |
| *Futuro* | Future |
| *Condizionale Presènte* | Present Conditional |
| *Presènte Congiuntivo* | Present Subjunctive |
| *Imperfètto Congiuntivo* | Imperfect Subjunctive |
| *Passato Pròssimo* | Present Perfect |
| *Trapassato Pròssimo* | Past Perfect (1st Past Perfect) |
| *Trapassato Remòto* | Past Anterior (2nd Past Perfect) |
| *Futuro Anteriore* | Future Perfect (Future Anterior) |
| *Condizionale Passato* | Past Conditional |
| *Passato Congiuntivo* | Past Subjunctive |
| *Trapassato Congiuntivo* | Past Perfect Subjunctive |
| *Imperativo* | Imperative |

# SAMPLE ENGLISH VERB CONJUGATION

| INFINITIVE | **to see — vedere** |
|---|---|

PRESENT
PARTICIPLE     seeing

PAST PARTICIPLE     seen

*Present*
*Indicative*     I see, you see, he (she, it) sees; we see, you see, they see

or: (the emphatic form) I do see, you do see, he (she, it) does see; we do see, you do see, they do see

or: (the progressive form, which also exists in Italian with *stare* and other verbs) I am seeing, you are seeing, he (she, it) is seeing; we are seeing, you are seeing, they are seeing

*Past*     I saw, you saw, he (she, it) saw; we saw, you saw, they saw

or: I did see, you did see, he (she, it) did see; we did see, you did see, they did see

or: I was seeing, you were seeing, he (she, it) was seeing; we were seeing, you were seeing, they were seeing

*Future*     I shall see, you will see, he (she, it) will see; we shall see, you will see, they will see

*Present*
*Perfect*     I have seen, you have seen, he (she, it) has seen; we have seen, you have seen, they have seen

*Past*
*Perfect*     I had seen, you had seen, he (she, it) had seen; we had seen, you had seen, they had seen

*Future*
*Perfect*     I shall have seen, you will have seen, he (she, it) will have seen; we shall have seen, you will have seen, they will have seen

*Imperative*     see, let us see, see

The *Imperfect* and the *Conditional* do not exist in English; the first is translated by *I was seeing (Past Progressive)* or by *I used to see* or *I would see;* the second by *I should see, you would see, etc.* As for the *Subjunctive,* its tenses are the same as the *Indicative's (Present, Past, Future, Present Perfect, Past Perfect, Future Perfect)* and, except for *to be,* are substantially the same. The *Subjunctive* differs from the *Indicative* only in the third person singular of the present tense, where it has no final *s.*

**accèndere**

| | |
|---|---|
| *Pres. Ind.* | accèndo, accèndi, accènde; accendiamo, accendete, accèndono |
| *Imp. Ind.* | accendevo, accendevi, accendeva; accendevamo, accendevate, accendévano |
| *Past Abs.* | accesi, accendesti, accese; accendemmo, accendeste, accésero |
| *Fut. Ind.* | accenderò, accenderai, accenderà; accenderemo, accenderete, accenderanno |
| *Pres. Cond.* | accenderèi, accenderesti, accenderèbbe; accenderemmo, accendereste, accenderèbbero |
| *Pres. Subj.* | accènda, accènda, accènda; accendiamo, accendiate, accèndano |
| *Imp. Subj.* | accendessi, accendessi, accendesse; accendéssimo, accendeste, accendéssero |
| *Pres. Perf.* | ho acceso, hai acceso, ha acceso; abbiamo acceso, avete acceso, hanno acceso |
| *Past Perf.* | avevo acceso, avevi acceso, aveva acceso; avevamo acceso, avevate acceso, avévano acceso |
| *Past Ant.* | èbbi acceso, avesti acceso, èbbe acceso; avemmo acceso, aveste acceso, èbbero acceso |
| *Fut. Perf.* | avrò acceso, avrai acceso, avrà acceso; avremo acceso, avrete acceso, avranno acceso |
| *Past Cond.* | avrèi acceso, avresti acceso, avrèbbe acceso; avremmo acceso, avreste acceso, avrèbbero acceso |
| *Past Subj.* | àbbia acceso, àbbia acceso, àbbia acceso; abbiamo acceso, abbiate acceso, àbbiano acceso |
| *Past Perf. Subj.* | avessi acceso, avessi acceso, avesse acceso; avéssimo acceso, aveste acceso, avéssero acceso |
| *Imperative* | accèndi (non accèndere), accènda; accendiamo, accendete, accèndano |

*to light, to kindle*

1

| | | |
|---|---|---|
| *Pres. Ind.* | accòlgo, accògli, accòglie; accogliamo, accogliete, accòlgono | *to welcome,* |
| *Imp. Ind.* | accoglievo, accoglievi, accoglieva; accoglievamo, accoglievate, accogliévano | *to receive* |
| *Past Abs.* | accòlsi, accogliesti, accòlse; accogliemmo, accoglieste, accòlsero | |
| *Fut. Ind.* | accoglierò, accoglierai, accoglierà; accoglieremo, accoglierete, accoglieranno | |
| *Pres. Cond.* | accoglierèi, accoglieresti, accoglierèbbe; accoglieremmo, accogliereste, accoglierèbbero | |
| *Pres. Subj.* | accòlga, accòlga, accòlga; accogliamo, accogliate, accòlgano | |
| *Imp. Subj.* | accogliessi, accogliessi, accogliesse; accogliéssimo, accoglieste, accogliéssero | |
| *Pres. Perf.* | ho accòlto, hai accòlto, ha accòlto; abbiamo accòlto, avete accòlto, hanno accòlto | |
| *Past Perf.* | avevo accòlto, avevi accòlto, aveva accòlto; avevamo accòlto, avevate accòlto, avévano accòlto | |
| *Past Ant.* | èbbi accòlto, avesti accòlto, èbbe accòlto; avemmo accòlto, aveste accòlto, èbbero accòlto | |
| *Fut. Perf.* | avrò accòlto, avrai accòlto, avrà accòlto; avremo accòlto, avrete accòlto, avranno accòlto | |
| *Past Cond.* | avrèi accòlto, avresti accòlto, avrèbbe accòlto; avremmo accòlto, avreste accòlto, avrèbbero accòlto | |
| *Past Subj.* | àbbia accòlto, àbbia accòlto, àbbia accòlto; abbiamo accòlto, abbiate accòlto, àbbiano accòlto | |
| *Past Perf. Subj.* | avessi accòlto, avessi accòlto, avesse accòlto; avéssimo accòlto, aveste accòlto, avéssero accòlto | |
| *Imperative* | accògli (non accògliere), accòlga; accogliamo, accogliete, accòlgano | |

*Pres. Ind.* mi accòrgo, ti accòrgi, si accòrge;
ci accorgiamo, vi accorgete, si accòrgono

*Imp. Ind.* mi accorgevo, ti accorgevi, si accorgeva;
ci accorgevamo, vi accorgevate, si accorgévano

*to notice,*
*to become*
*aware (of)*

*Past Abs.* mi accòrsi, ti accorgesti, si accòrse;
ci accorgemmo, vi accorgeste, si accòrsero

*Fut. Ind.* mi accorgerò, ti accorgerai, si accorgerà;
ci accorgeremo, vi accorgerete, si accorgeranno

*Pres.* mi accorgerèi, ti accorgeresti, si accorgerèbbe;
*Cond.* ci accorgeremmo, vi accorgereste, si accorgerèbbero

*Pres.* mi accòrga, ti accòrga, si accòrga;
*Subj.* ci accorgiamo, vi accorgiate, si accòrgano

*Imp. Subj.* mi accorgessi, ti accorgessi, si accorgesse;
ci accorgéssimo, vi accorgeste, si accorgéssero

*Pres. Perf.* mi sono accòrto, ti sèi accòrto, si è accorto;
ci siamo accòrti, vi siète accòrto(i), si sono accòrti

*Past Perf.* mi èro accòrto, ti èri accòrto, si èra accòrto;
ci eravamo accòrti, vi eravate accòrto(i), si èrano accòrti

*Past Ant.* mi fui accòrto, ti fosti accòrto, si fu accòrto;
ci fummo accòrti, vi foste accòrto(i), si furono accòrti

*Fut. Perf.* mi sarò accòrto, ti sarai accòrto, si sarà accòrto;
ci saremo accòrti, vi sarete accòrto(i), si saranno accòrti

*Past* mi sarèi accòrto, ti saresti accòrto, si sarèbbe accòrto;
*Cond.* ci saremmo accòrti, vi sareste accòrto(i), si sarèbbero accòrti

*Past Subj.* mi sia accòrto, ti sia accòrto, si sia accòrto;
ci siamo accòrti, vi siate accòrto(i), si síano accòrti

*Past Perf.* mi fossi accòrto, ti fossi accòrto, si fosse accòrto;
*Subj.* ci fóssimo accòrti, vi foste accòrto(i), si fóssero accòrti

*Impera-* accòrgiti (non ti accòrgere), si accòrga;
*tive* accorgiàmoci, accorgétevi, si accòrgano

**3**

| | | |
|---|---|---|
| *Pres. Ind.* | affliggo, affliggi, affligge; affliggiamo, affliggete, afflíggono | *to afflict* |
| *Imp. Ind.* | affliggevo, affliggevi, affliggeva; affliggevamo, affliggevate, affliggévano | |
| *Past Abs.* | afflissi, affliggesti, afflisse; affliggemmo, affliggeste, afflíssero | |
| *Fut. Ind.* | affliggerò, affliggerai, affliggerà; affliggeremo, affliggerete, affliggeranno | |
| *Pres. Cond.* | affliggerèi, affliggeresti, affliggerèbbe; affliggeremmo, affliggereste, affliggerèbbero | |
| *Pres. Subj.* | affligga, affligga, affligga; affliggiamo, affliggiate, afflíggano | |
| *Imp. Subj.* | affliggessi, affliggessi, affliggesse; affliggéssimo, affliggeste, affliggéssero | |
| *Pres. Perf.* | ho afflitto, hai afflitto, ha afflitto; abbiamo afflitto, avete afflitto, hanno afflitto | |
| *Past Perf.* | avevo afflitto, avevi afflitto, aveva afflitto; avevamo afflitto, avevate afflitto, avévano afflitto | |
| *Past Ant.* | èbbi afflitto, avesti afflitto, èbbe afflitto; avemmo afflitto, aveste afflitto, èbbero afflitto | |
| *Fut. Perf.* | avrò afflitto, avrai afflitto, avrà afflitto; avremo afflitto, avrete afflitto, avranno afflitto | |
| *Past Cond.* | avrèi afflitto, avresti afflitto, avrèbbe afflitto; avremmo afflitto, avreste afflitto, avrèbbero afflitto | |
| *Past Subj.* | àbbia afflitto, àbbia afflitto, àbbia afflitto; abbiamo afflitto, abbiate afflitto, àbbiano afflitto | |
| *Past Perf. Subj.* | avessi afflitto, avessi afflitto, avesse afflitto; avéssimo afflitto, aveste afflitto, avéssero afflitto | |
| *Imperative* | affliggi (non afflíggere), affligga; affliggiamo, affliggete, afflíggano | |

| | | |
|---|---|---|
| *Pres. Ind.* | aggiungo, aggiungi, aggiunge ;<br>aggiungiamo, aggiungete, aggiúngono | *to add* |
| *Imp. Ind.* | aggiungevo, aggiungevi, aggiungeva ;<br>aggiungevamo, aggiungevate, aggiungévano | |
| *Past Abs.* | aggiunsi, aggiungesti, aggiunse ;<br>aggiungemmo, aggiungeste, aggiúnsero | |
| *Fut. Ind.* | aggiungerò, aggiungerai, aggiungerà ;<br>aggiungeremo, aggiungerete, aggiungeranno | |
| *Pres.*<br>*Cond.* | aggiungerèi, aggiungeresti, aggiungerèbbe ;<br>aggiungeremmo, aggiungereste, aggiungerèbbero | |
| *Pres.*<br>*Subj.* | aggiunga, aggiunga, aggiunga ;<br>aggiungiamo, aggiungiate, aggiúngano | |
| *Imp. Subj.* | aggiungessi, aggiungessi, aggiungesse ;<br>aggiungéssimo, aggiungeste, aggiungéssero | |
| *Pres. Perf.* | ho aggiunto, hai aggiunto, ha aggiunto ;<br>abbiamo aggiunto, avete aggiunto, hanno aggiunto | |
| *Past Perf.* | avevo aggiunto, avevi aggiunto, aveva aggiunto ;<br>avevamo aggiunto, avevate aggiunto, avévano aggiunto | |
| *Past Ant.* | èbbi aggiunto, avesti aggiunto, èbbe aggiunto ;<br>avemmo aggiunto, aveste aggiunto, èbbero aggiunto | |
| *Fut. Perf.* | avrò aggiunto, avrai aggiunto, avrà aggiunto ;<br>avremo aggiunto, avrete aggiunto, avranno aggiunto | |
| *Past*<br>*Cond.* | avrèi aggiunto, avresti aggiunto, avrèbbe aggiunto ;<br>avremmo aggiunto, avreste aggiunto, avrèbbero aggiunto | |
| *Past Subj.* | àbbia aggiunto, àbbia aggiunto, àbbia aggiunto ;<br>abbiamo aggiunto, abbiate aggiunto, àbbiano aggiunto | |
| *Past Perf.*<br>*Subj.* | avessi aggiunto, avessi aggiunto, avesse aggiunto ;<br>avéssimo aggiunto, aveste aggiunto, avéssero aggiunto | |
| *Impera-*<br>*tive* | aggiungi (non aggiúngere), aggiunga ;<br>aggiungiamo, aggiungete, aggiúngano | |

5

| | | |
|---|---|---|
| **Pres. Ind.** | ammetto, ammetti, ammette;<br>ammettiamo, ammettete, amméttono | *to admit* |
| **Imp. Ind.** | ammettevo, ammettevi, ammetteva;<br>ammettevamo, ammettevate, ammettévano | |
| **Past Abs.** | ammisi, ammettesti, ammise;<br>ammettemmo, ammetteste, ammísero | |
| **Fut. Ind.** | ammetterò, ammetterai, ammetterà;<br>ammetteremo, ammetterete, ammetteranno | |
| **Pres. Cond.** | ammetterèi, ammetteresti, ammetterèbbe;<br>ammetteremmo, ammettereste, ammetterèbbero | |
| **Pres. Subj.** | ammetta, ammetta, ammetta;<br>ammettiamo, ammettiate, amméttano | |
| **Imp. Subj.** | ammettessi, ammettessi, ammettesse;<br>ammettéssimo, ammetteste, ammettéssero | |
| **Pres. Perf.** | ho ammesso, hai ammesso, ha ammesso;<br>abbiamo ammesso, avete ammesso, hanno ammesso | |
| **Past Perf.** | avevo ammesso, avevi ammesso, aveva ammesso;<br>avevamo ammesso, avevate ammesso, avévano ammesso | |
| **Past Ant.** | èbbi ammesso, avesti ammesso, èbbe ammesso;<br>avemmo ammesso, aveste ammesso, èbbero ammesso | |
| **Fut. Perf.** | avrò ammesso, avrai ammesso, avrà ammesso;<br>avremo ammesso, avrete ammesso, avranno ammesso | |
| **Past Cond.** | avrèi ammesso, avresti ammesso, avrèbbe ammesso;<br>avremmo ammesso, avreste ammesso, avrèbbero ammesso | |
| **Past Subj.** | àbbia ammesso, àbbia ammesso, àbbia ammesso;<br>abbiamo ammesso, abbiate ammesso, àbbiano ammesso | |
| **Past Perf. Subj.** | avessi ammesso, avessi ammesso, avesse ammesso;<br>avéssimo ammesso, aveste ammesso, avéssero ammesso | |
| **Imperative** | ammetti (non amméttere), ammetta;<br>ammettiamo, ammettete, amméttano | |

*Pres. Ind.* vado (vo), vai, va ;
andiamo, andate, vanno

*to go*

*Imp. Ind.* andavo, andavi, andava ;
andavamo, andavate, andàvano

*Past Abs.* andai, andasti, andò ;
andammo, andaste, andàrono

*Fut. Ind.* andrò (anderò), andrai, andrà ;
andremo, andrete, andranno

*Pres.* andrèi (anderèi), andresti, andrèbbe ;
*Cond.* andremmo, andreste, andrèbbero

*Pres.* vada, vada, vada ;
*Subj.* andiamo, andiate, vàdano

*Imp.Subj.* andassi, andassi, andasse ;
andàssimo, andaste, andàssero

*Pres.Perf.* sono andato, sei andato, è andato ;
siamo andati, siete andato(i), sono andati

*Past Perf.* èro andato, èri andato, èra andato ;
eravamo andati, eravate andato(i), èrano andati

*Past Ant.* fui andato, fosti andato, fu andato ;
fummo andati, foste andato(i), fúrono andati

*Fut. Perf.* sarò andato, sarai andato, sarà andato ;
saremo andati, sarete andato(i), saranno andati

*Past* sarèi andato, saresti andato, sarèbbe andato ;
*Cond.* saremmo andati, sareste andato(i), sarèbbero andati

*Past Subj.* sia andato, sia andato, sia andato ;
siamo andati, siate andato(i), síano andati

*Past Perf.* fossi andato, fossi andato, fosse andato ;
*Subj.* fóssimo andati, foste andato(i), fóssero andati

*Impera-* va' (non andare), vada ;
*tive* andiamo, andate, vàdano

| | |
|---|---|
| *Pres. Ind.* | me ne vado (vo), te ne vai, se ne va ; |
| | ce ne andiamo, ve ne andate, se ne vanno |

*to go away*

| | |
|---|---|
| *Imp. Ind.* | me ne andavo, te ne andavi, se ne andava ; |
| | ce ne andavamo, ve ne andavate, se ne andàvano |
| *Past Abs.* | me ne andai, te ne andasti, se ne andò ; |
| | ce ne andammo, ve ne andaste, se ne andàrono |
| *Fut. Ind.* | me ne andrò (anderò), te ne andrai, se ne andrà ; |
| | ce ne andremo, ve ne andrete, se ne andranno |
| *Pres.* | me ne andrèi (anderèi), te ne andresti, se ne andrèbbe ; |
| *Cond.* | ce ne andremmo, ve ne andreste, se ne andrèbbero |
| *Pres.* | me ne vada, te ne vada, se ne vada ; |
| *Subj.* | ce ne andiamo, ve ne andiate, se ne vàdano |
| *Imp. Subj.* | me ne andassi, te ne andassi, se ne andasse ; |
| | ce ne andàssimo, ve ne andaste, se ne andàssero |
| *Pres. Perf.* | me ne sono andato, te ne sei andato, se n'è andato ; |
| | ce ne siamo andati, ve ne siète andato(i), se ne sono andati |
| *Past Perf.* | me n'èro andato, te n'èri andato, se n'èra andato ; |
| | ce n'eravamo andati, ve n'eravate andato(i), se n'erano andati |
| *Past Ant.* | me ne fui andato, te ne fosti andato, se ne fu andato ; |
| | ce ne fummo andati, ve ne foste andato(i), se ne fúrono andati |
| *Fut. Perf.* | me ne sarò andato, te ne sarai andato, se ne sarà andato ; |
| | ce ne saremo andati, ve ne sarete andato(i), se ne saranno andati |
| *Past* | me ne sarèi andato, te ne saresti andato, se ne sarèbbe andato ; |
| *Cond.* | ce ne saremmo andati, ve ne sareste andato(i), se ne sarèbbero andati |
| *Past Subj.* | me ne sia andato, te ne sia andato, se ne sia andato ; |
| | ce ne siamo andati, ve ne siate andato(i), se ne síano andati |
| *Past Perf.* | me ne fossi andato, te ne fossi andato, se ne fosse andato ; |
| *Subj.* | ce ne fóssimo andati, ve ne foste andato(i), se ne fóssero andati |
| *Impera-* | vàttene (non te ne andare), se ne vada ; |
| *tive* | andiàmocene, andàtevene, se ne vàdano |

*Pres. Ind.* appaio, appari, appare;
appariamo, apparite, appàiono
(*Or regular:* apparisco, *etc.*)

*to appear*

*Imp. Ind.* apparivo, apparivi, appariva;
apparivamo, apparivate, apparívano

*Past Abs.* apparvi, apparisti, apparve;
apparimmo, appariste, appàrvero
(*Or regular:* apparii, *etc.*)

*Fut. Ind.* apparirò, apparirai, apparirà;
appariremo, apparirete, appariranno

*Pres.* apparirèi, appariresti, apparirèbbe;
*Cond.* appariremmo, apparireste, apparirèbbero

*Pres.* appaia, appaia, appaia;
*Subj.* appariamo, appariate, appàiano
(*Or regular:* apparisca, *etc.*)

*Imp.Subj.* apparissi, apparissi, apparisse;
apparíssimo, appariste, apparíssero

*Pres.Perf.* sono apparso, sèi apparso, è apparso;
siamo apparsi, siète apparso(i), sono apparsi

*Past Perf.* èro apparso, èri apparso, èra apparso;
eravamo apparsi, eravate apparso(i), èrano apparsi

*Past Ant.* fui apparso, fosti apparso, fu apparso;
fummo apparsi, foste apparso(i), fúrono apparsi

*Fut. Perf.* sarò apparso, sarai apparso, sarà apparso;
saremo apparsi, sarete apparso(i), saranno apparsi

*Past* sarèi apparso, saresti apparso, sarèbbe apparso;
*Cond.* saremmo apparsi, sareste apparso(i), sarèbbero apparsi

*Past Subj.* sia apparso, sia apparso, sia apparso;
siamo apparsi, siate apparso(i), síano apparsi

*Past Perf.* fossi apparso, fossi apparso, fosse apparso;
*Subj.* fóssimo apparsi, foste apparso(i), fóssero apparsi

*Impera-* appari (apparisci) (non apparire), appaia (apparisca);
*tive* appariamo, apparite, appàiano (apparíscano)

*Pres. Ind.*  appartèngo, appartièni, appartiène;
apparteniamo, appartenete, appartèngono        *to belong*

*Imp. Ind.*  appartenevo, appartenevi, apparteneva;
appartenevamo, appartenevate, appartenévano

*Past Abs.*  appartenni, appartenesti, appartenne;
appartenemmo, apparteneste, apparténnero

*Fut. Ind.*  apparterrò, apparterrai, apparterrà;
apparterremo, apparterrete, apparterranno

*Pres.*  apparterrèi, apparterresti, apparterrèbbe;
*Cond.*  apparterremmo, apparterreste, apparterrèbbero

*Pres.*  appartènga, appartènga, appartènga;
*Subj.*  apparteniamo, apparteniate, appartèngano

*Imp.Subj.*  appartenessi, appartenessi, appartenesse;
appartenéssimo, apparteneste, appartenéssero

*Pres.Perf.*  ho* appartenuto, hai appartenuto, ha appartenuto;
abbiamo appartenuto, avete appartenuto, hanno appartenuto

*Past Perf.*  avevo appartenuto, avevi appartenuto, aveva appartenuto;
avevamo appartenuto, avevate appartenuto, avévano appartenuto

*Past Ant.*  èbbi appartenuto, avesti appartenuto, èbbe appartenuto;
avemmo appartenuto, aveste appartenuto, èbbero appartenuto

*Fut. Perf.*  avrò appartenuto, avrai appartenuto, avrà appartenuto;
avremo appartenuto, avrete appartenuto, avranno appartenuto

*Past*  avrèi appartenuto, avresti appartenuto, avrèbbe appartenuto;
*Cond.*  avremmo appartenuto, avreste appartenuto, avrèbbero appartenuto

*Past Subj.*  àbbia appartenuto, àbbia appartenuto, àbbia appartenuto;
abbiamo appartenuto, abbiate appartenuto, àbbiano appartenuto

*Past Perf.*  avessi appartenuto, avessi appartenuto, avesse appartenuto;
*Subj.*  avéssimo appartenuto, aveste appartenuto, avéssero appartenuto

*Impera-*  appartièni (non appartenere), appartènga;
*tive*  apparteniamo, appartenete, appartèngano

*\* Appartenere* may have as its auxiliary *èssere.*

*Pres. Ind.* apprèndo, apprèndi, apprènde;
apprendiamo, apprendete, apprèndono

*to learn*

*Imp. Ind.* apprendevo, apprendevi, apprendeva;
apprendevamo, apprendevate, apprendévano

*Past Abs.* appresi, apprendesti, apprese;
apprendemmo, apprendeste, apprésero

*Fut. Ind.* apprenderò, apprenderai, apprenderà;
apprenderemo, apprenderete, apprenderanno

*Pres.* apprenderèi, apprenderesti, apprenderèbbe;
*Cond.* apprenderemmo, apprendereste, apprenderèbbero

*Pres.* apprènda, apprènda, apprènda;
*Subj.* apprendiamo, apprendiate, apprèndano

*Imp.Subj.* apprendessi, apprendessi, apprendesse;
apprendéssimo, apprendeste, apprendéssero

*Pres.Perf.* ho appreso, hai appreso, ha appreso;
abbiamo appreso, avete appreso, hanno appreso

*Past Perf.* avevo appreso, avevi appreso, aveva appreso;
avevamo appreso, avevate appreso, avévano appreso

*Past Ant.* èbbi appreso, avesti appreso, èbbe appreso;
avemmo appreso, aveste appreso, èbbero appreso

*Fut. Perf.* avrò appreso, avrai appreso, avrà appreso;
avremo appreso, avrete appreso, avranno appreso

*Past* avrèi appreso, avresti appreso, avrèbbe appreso;
*Cond.* avremmo appreso, avreste appreso, avrèbbero appreso

*Past Subj.* àbbia appreso, àbbia appreso, àbbia appreso;
abbiamo appreso, abbiate appreso, àbbiano appreso

*Past Perf.* avessi appreso, avessi appreso, avesse appreso;
*Subj.* avéssimo appreso, aveste appreso, avéssero appreso

*Impera-* apprèndi (non apprèndere), apprènda;
*tive* apprendiamo, apprendete, apprèndano

**11**

| | | |
|---|---|---|
| *Pres. Ind.* | apro, apri, apre; <br> apriamo, aprite, àprono | *to open* |
| *Imp. Ind.* | aprivo, aprivi, apriva; <br> aprivamo, aprivate, aprívano | |
| *Past Abs.* | apèrsi, apristi, apèrse; <br> aprimmo, apriste, apèrsero <br> (*Or regular:* aprii, *etc.*) | |
| *Fut. Ind.* | aprirò, aprirai, aprirà; <br> apriremo, aprirete, apriranno | |
| *Pres.* <br> *Cond.* | aprirèi, apriresti, aprirèbbe; <br> apriremmo, aprireste, aprirèbbero | |
| *Pres.* <br> *Subj.* | apra, apra, apra; <br> apriamo, apriate, àprano | |
| *Imp.Subj.* | aprissi, aprissi, aprisse; <br> apríssimo, apriste, apríssero | |
| *Pres.Perf.* | ho apèrto, hai apèrto, ha apèrto; <br> abbiamo apèrto, avete apèrto, hanno apèrto | |
| *Past Perf.* | avevo apèrto, avevi apèrto, aveva apèrto; <br> avevamo apèrto, avevate apèrto, avévano apèrto | |
| *Past Ant.* | èbbi apèrto, avesti apèrto, èbbe apèrto; <br> avemmo apèrto, aveste apèrto, èbbero apèrto | |
| *Fut. Perf.* | avrò apèrto, avrai apèrto, avrà apèrto; <br> avremo apèrto, avrete apèrto, avranno apèrto | |
| *Past* <br> *Cond.* | avrèi apèrto, avresti apèrto, avrèbbe apèrto; <br> avremmo apèrto, avreste apèrto, avrèbbero apèrto | |
| *Past Subj.* | àbbia apèrto, àbbia apèrto, àbbia apèrto; <br> abbiamo apèrto, abbiate apèrto, àbbiano apèrto | |
| *Past Perf.* <br> *Subj.* | avessi apèrto, avessi apèrto, avesse apèrto; <br> avéssimo apèrto, aveste apèrto, avéssero apèrto | |
| *Impera-* <br> *tive* | apri (non aprire), apra; <br> apriamo, aprite, àprano | |

# àrdere*

| | |
|---|---|
| *Pres. Ind.* | ardo, ardi, arde;<br>ardiamo, ardete, àrdono |
| *Imp. Ind.* | ardevo, ardevi, ardeva;<br>ardevamo, ardevate, ardévano |
| *Past Abs.* | arsi, ardesti, arse;<br>ardemmo, ardeste, àrsero |
| *Fut. Ind.* | arderò, arderai, arderà;<br>arderemo, arderete, arderanno |
| *Pres.*<br>*Cond.* | arderèi, arderesti, arderèbbe;<br>arderemmo, ardereste, arderèbbero |
| *Pres.*<br>*Subj.* | arda, arda, arda;<br>ardiamo, ardiate, àrdano |
| *Imp.Subj.* | ardessi, ardessi, ardesse;<br>ardéssimo, ardeste, ardéssero |
| *Pres.Perf.* | ho arso, hai arso, ha arso;<br>abbiamo arso, avete arso, hanno arso |
| *Past Perf.* | avevo arso, avevi arso, aveva arso;<br>avevamo arso, avevate arso, avévano arso |
| *Past Ant.* | èbbi arso, avesti arso, èbbe arso;<br>avemmo arso, aveste arso, èbbero arso |
| *Fut. Perf.* | avrò arso, avrai arso, avrà arso;<br>avremo arso, avrete arso, avranno arso |
| *Past*<br>*Cond.* | avrèi arso, avresti arso, avrèbbe arso;<br>avremmo arso, avreste arso, avrèbbero arso |
| *Past Subj.* | àbbia arso, àbbia arso, àbbia arso;<br>abbiamo arso, abbiate arso, àbbiano arso |
| *Past Perf.*<br>*Subj.* | avessi arso, avessi arso, avesse arso;<br>avéssimo arso, aveste arso, avéssero arso |
| *Impera-*<br>*tive* | ardi (non àrdere), arda;<br>ardiamo, ardete, àrdano |

## to burn

* When intransitive, *àrdere* is conjugated with *èssere*.

| | | |
|---|---|---|
| *Pres. Ind.* | assalgo, assali, assale ;<br>assaliamo, assalite, assàlgono<br>(*Or regular :* assalisco, *etc.*) | *to assail,*<br>*to assault* |

*Imp. Ind.* assalivo, assalivi, assaliva ;
assalivamo, assalivate, assalívano

*Past Abs.* assalii, assalisti, assalí ;
assalimmo, assaliste, assalírono

*Fut. Ind.* assalirò, assalirai, assalirà ;
assaliremo, assalirete, assaliranno

*Pres.* assalirèi, assaliresti, assalirèbbe ;
*Cond.* assaliremmo, assalireste, assalirèbbero

*Pres.* assalga, assalga, assalga ;
*Subj.* assaliamo, assaliate, assàlgano
(*Or regular :* assalisca, *etc.*)

*Imp.Subj.* assalissi, assalissi, assalisse ;
assalíssimo, assaliste, assalíssero

*Pres.Perf.* ho assalito, hai assalito, ha assalito ;
abbiamo assalito, avete assalito, hanno assalito

*Past Perf.* avevo assalito, avevi assalito, aveva assalito ;
avevamo assalito, avevate assalito, avévano assalito

*Past Ant.* èbbi assalito, avesti assalito, èbbe assalito ;
avemmo assalito, aveste assalito, èbbero assalito

*Fut. Perf.* avrò assalito, avrai assalito, avrà assalito ;
avremo assalito, avrete assalito, avranno assalito

*Past* avrèi assalito, avresti assalito, avrèbbe assalito ;
*Cond.* avremmo assalito, avreste assalito, avrèbbero assalito

*Past Subj.* àbbia assalito, àbbia assalito, àbbia assalito ;
abbiamo assalito, abbiate assalito, àbbiano assalito

*Past Perf.* avessi assalito, avessi assalito, avesse assalito ;
*Subj.* avéssimo assalito, aveste assalito, avéssero assalito

*Impera-* assali (assalisci) (non assalire), assalga (assalisca) ;
*tive* assaliamo, assalite, assàlgano (assalíscano)

| | | |
|---|---|---|
| *Pres. Ind.* | assisto, assisti, assiste ;<br>assistiamo, assistete, assístono | *to assist* |
| *Imp. Ind.* | assistevo, assistevi, assisteva ;<br>assistevamo, assistevate, assistévano | |
| *Past Abs.* | assistei (assistètti), assistesti, assisté (assistètte) ;<br>assistemmo, assisteste, assistérono (assistèttero) | |
| *Fut. Ind.* | assisterò, assisterai, assisterà ;<br>assisteremo, assisterete, assisteranno | |
| *Pres.*<br>*Cond.* | assisterèi, assisteresti, assisterèbbe ;<br>assisteremmo, assistereste, assisterèbbero | |
| *Pres.*<br>*Subj.* | assista, assista, assista ;<br>assistiamo, assistiate, assístano | |
| *Imp.Subj.* | assistessi, assistessi, assistesse ;<br>assistéssimo, assisteste, assistéssero | |
| *Pres.Perf.* | ho assistito, hai assistito, ha assistito ;<br>abbiamo assistito, avete assistito, hanno assistito | |
| *Past Perf.* | avevo assistito, avevi assistito, aveva assistito ;<br>avevamo assistito, avevate assistito, avévano assistito | |
| *Past Ant.* | èbbi assistito, avesti assistito, èbbe assistito ;<br>avemmo assistito, aveste assistito, èbbero assistito | |
| *Fut. Perf.* | avrò assistito, avrai assistito, avrà assistito ;<br>avremo assistito, avrete assistito, avranno assistito | |
| *Past*<br>*Cond.* | avrèi assistito, avresti assistito, avrèbbe assistito ;<br>avremmo assistito, avreste assistito, avrèbbero assistito | |
| *Past Subj.* | àbbia assistito, àbbia assistito, àbbia assistito ;<br>abbiamo assistito, abbiate assistito, àbbiano assistito | |
| *Past Perf.*<br>*Subj.* | avessi assistito, avessi assistito, avesse assistito ;<br>avéssimo assistito, aveste assistito, avéssero assistito | |
| *Impera-*<br>*tive* | assisti (non assístere), assista ;<br>assistiamo, assistete, assístano | |

*Like *assístere* are *consístere* (conj. with *èssere*), *esístere* (conj. with *èssere*), *insístere, persístere,* and *resístere.*

| | | |
|---|---|---|
| *Pres. Ind.* | assumo, assumi, assume;<br>assumiamo, assumete, assúmono | *to assume* |
| *Imp. Ind.* | assumevo, assumevi, assumeva;<br>assumevamo, assumevate, assumévano | |
| *Past Abs.* | assunsi, assumesti, assunse;<br>assumemmo, assumeste, assúnsero | |
| *Fut. Ind.* | assumerò, assumerai, assumerà;<br>assumeremo, assumerete, assumeranno | |
| *Pres.*<br>*Cond.* | assumerèi, assumeresti, assumerèbbe;<br>assumeremmo, assumereste, assumerèbbero | |
| *Pres.*<br>*Subj.* | assuma, assuma, assuma;<br>assumiamo, assumiate, assúmano | |
| *Imp.Subj.* | assumessi, assumessi, assumesse;<br>assuméssimo, assumeste, assuméssero | |
| *Pres.Perf.* | ho assunto, hai assunto, ha assunto;<br>abbiamo assunto, avete assunto, hanno assunto | |
| *Past Perf.* | avevo assunto, avevi assunto, aveva assunto;<br>avevamo assunto, avevate assunto, avévano assunto | |
| *Past Ant.* | èbbi assunto, avesti assunto, èbbe assunto;<br>avemmo assunto, aveste assunto, èbbero assunto | |
| *Fut. Perf.* | avrò assunto, avrai assunto, avrà assunto;<br>avremo assunto, avrete assunto, avranno assunto | |
| *Past*<br>*Cond.* | avrèi assunto, avresti assunto, avrèbbe assunto;<br>avremmo assunto, avreste assunto, avrèbbero assunto | |
| *Past Subj.* | àbbia assunto, àbbia assunto, àbbia assunto;<br>abbiamo assunto, abbiate assunto, àbbiano assunto | |
| *Past Perf.*<br>*Subj.* | avessi assunto, avessi assunto, avesse assunto;<br>avéssimo assunto, aveste assunto, avéssero assunto | |
| *Impera-*<br>*tive* | assumi (non assúmere), assuma;<br>assumiamo, assumete, assúmano | |

| | | |
|---|---|---|
| *Pres. Ind.* | attèndo, attèndi, attènde;<br>attendiamo, attendete, attèndono | |
| *Imp. Ind.* | attendevo, attendevi, attendeva;<br>attendevamo, attendevate, attendévano | *to wait for,*<br>*to attend* |
| *Past Abs.* | attesi, attendesti, attese;<br>attendemmo, attendeste, attésero | |
| *Fut. Ind.* | attenderò, attenderai, attenderà;<br>attenderemo, attenderete, attenderanno | |
| *Pres.*<br>*Cond.* | attenderèi, attenderesti, attenderèbbe;<br>attenderemmo, attendereste, attenderèbbero | |
| *Pres.*<br>*Subj.* | attènda, attènda, attènda;<br>attendiamo, attendiate, attèndano | |
| *Imp.Subj.* | attendessi, attendessi, attendesse;<br>attendéssimo, attendeste, attendéssero | |
| *Pres.Perf.* | ho atteso, hai atteso, ha atteso;<br>abbiamo atteso, avete atteso, hanno atteso | |
| *Past Perf.* | avevo atteso, avevi atteso, aveva atteso;<br>avevamo atteso, avevate atteso, avévano atteso | |
| *Past Ant.* | èbbi atteso, avesti atteso, èbbe atteso;<br>avemmo atteso, aveste atteso, èbbero atteso | |
| *Fut. Perf.* | avrò atteso, avrai atteso, avrà atteso;<br>avremo atteso, avrete atteso, avranno atteso | |
| *Past*<br>*Cond.* | avrèi atteso, avresti atteso, avrèbbe atteso;<br>avremmo atteso, avreste atteso, avrèbbero atteso | |
| *Past Subj.* | àbbia atteso, àbbia atteso, àbbia atteso;<br>abbiamo atteso, abbiate atteso, àbbiano atteso | |
| *Past Perf.*<br>*Subj.* | avessi atteso, avessi atteso, avesse atteso;<br>avéssimo atteso, aveste atteso, avéssero atteso | |
| *Impera-*<br>*tive* | attèndi (non attèndere), attenda;<br>attendiamo, attendete, attèndano | |

| | | |
|---|---|---|
| *Pres. Ind.* | ho, hai, ha ; | *to have,* |
| | abbiamo, avete, hanno | *to get* |
| *Imp. Ind.* | avevo, avevi, aveva ; | |
| | avevamo, avevate, avévano | |
| *Past Abs.* | èbbi, avesti, èbbe ; | |
| | avemmo, aveste, èbbero | |
| *Fut. Ind.* | avrò, avrai, avrà ; | |
| | avremo, avrete, avranno | |
| *Pres. Cond.* | avrèi, avresti, avrèbbe ; | |
| | avremmo, avreste, avrèbbero | |
| *Pres. Subj.* | àbbia, àbbia, àbbia ; | |
| | abbiamo, abbiate, àbbiano | |
| *Imp.Subj.* | avessi, avessi, avesse ; | |
| | avéssimo, aveste, avéssero | |
| *Pres.Perf.* | ho avuto, hai avuto, ha avuto ; | |
| | abbiamo avuto, avete avuto, hanno avuto | |
| *Past Perf.* | avevo avuto, avevi avuto, aveva avuto ; | |
| | avevamo avuto, avevate avuto, avévano avuto | |
| *Past Ant.* | èbbi avuto, avesti avuto, èbbe avuto ; | |
| | avemmo avuto, aveste avuto, èbbero avuto | |
| *Fut. Perf.* | avrò avuto, avrai avuto, avrà avuto ; | |
| | avremo avuto, avrete avuto, avranno avuto | |
| *Past Cond.* | avrèi avuto, avresti avuto, avrèbbe avuto ; | |
| | avremmo avuto, avreste avuto, avrèbbero avuto | |
| *Past Subj.* | àbbia avuto, àbbia avuto, àbbia avuto ; | |
| | abbiamo avuto, abbiate avuto, àbbiano avuto | |
| *Past Perf. Subj.* | avessi avuto, avessi avuto, avesse avuto ; | |
| | avéssimo avuto, aveste avuto, avéssero avuto | |
| *Imperative* | abbi (non avere), àbbia ; | |
| | abbiamo, abbiate, àbbiano | |

| | | |
|---|---|---|
| *Pres. Ind.* | avviène;<br>avvèngono | *to happen,* |
| *Imp. Ind.* | avveniva;<br>avvenívano | *to occur* |
| *Past Abs.* | avvenne;<br>avvénnero | |
| *Fut. Ind.* | avverrà;<br>avverranno | |
| *Pres.*<br>*Cond.* | avverrèbbe;<br>avverrèbbero | |
| *Pres.*<br>*Subj.* | avvènga;<br>avvèngano | |
| *Imp.Subj.* | avvenisse;<br>avveníssero | |
| *Pres.Perf.* | è avvenuto;<br>sono avvenuti | |
| *Past Perf.* | èra avvenuto;<br>èrano avvenuti | |
| *Past Ant.* | fu avvenuto;<br>fúrono avvenuti | |
| *Fut. Perf.* | sarà avvenuto;<br>saranno avvenuti | |
| *Past*<br>*Cond.* | sarèbbe avvenuto;<br>sarèbbero avvenuti | |
| *Past Subj.* | sia avvenuto;<br>síano avvenuti | |
| *Past Perf.*<br>*Subj.* | fosse avvenuto;<br>fóssero avvenuti | |
| *Impera-*<br>*tive* | ———————— | |

| | | |
|---|---|---|
| *Pres. Ind.* | benedico, benedici, benedice; benediciamo, benedite, benedícono | *to bless* |

*Imp. Ind.* benedicevo, benedicevi, benediceva; benedicevamo, benedicevate, benedicévano
(*Or regular:* benedivo, *etc.*)

*Past Abs.* benedissi, benedicesti, benedisse; benedicemmo, benediceste, benedíssero
(*Or regular:* benedii, *etc.*)

*Fut. Ind.* benedirò, benedirai, benedirà; benediremo, benedirete, benediranno

*Pres.* benedirèi, benediresti, benedirèbbe;
*Cond.* benediremmo, benedireste, benedirèbbero

*Pres.* benedica, benedica, benedica;
*Subj.* benediciamo, benediciate, benedícano

*Imp.Subj.* benedicessi, benedicessi, benedicesse; benedicéssimo, benediceste, benedicéssero
(*Or regular:* benedissi, *etc.*)

*Pres.Perf.* ho benedetto, hai benedetto, ha benedetto; abbiamo benedetto, avete benedetto, hanno benedetto

*Past Perf.* avevo benedetto, avevi benedetto, aveva benedetto; avevamo benedetto, avevate benedetto, avévano benedetto

*Past Ant.* èbbi benedetto, avesti benedetto, èbbe benedetto; avemmo benedetto, aveste benedetto, èbbero benedetto

*Fut. Perf.* avrò benedetto, avrai benedetto, avrà benedetto; avremo benedetto, avrete benedetto, avranno benedetto

*Past* avrèi benedetto, avresti benedetto, avrèbbe benedetto;
*Cond.* avremmo benedetto, avreste benedetto, avrèbbero benedetto

*Past Subj.* àbbia benedetto, àbbia benedetto, àbbia benedetto; abbiamo benedetto, abbiate benedetto, àbbiano benedetto

*Past Perf.* avessi benedetto, avessi benedetto, avesse benedetto;
*Subj.* avéssimo benedetto, aveste benedetto, avéssero benedetto

*Impera-* benedici(non benedire), benedica;
*tive* benediciamo, benedite, benedícano

| | |
|---|---|
| *Pres. Ind.* | bevo, bevi, beve ;<br>beviamo, bevete, bévono |
| *Imp. Ind.* | bevevo, bevevi, beveva ;<br>bevevamo, bevevate, bevévano |
| *Past Abs.* | bevvi (bevètti), bevesti, bevve (bevètte) ;<br>bevemmo, beveste, bévvero (bevèttero) |
| *Fut. Ind.* | berrò, berrai, berrà ;<br>berremo, berrete, berranno |
| *Pres.*<br>*Cond.* | berrèi, berresti, berrèbbe ;<br>berremmo, berreste, berrèbbero |
| *Pres.*<br>*Subj.* | beva, beva, beva ;<br>beviamo, beviate, bévano |
| *Imp.Subj.* | bevessi, bevessi, bevesse ;<br>bevéssimo, beveste, bevéssero |
| *Pres.Perf.* | ho bevuto, hai bevuto, ha bevuto ;<br>abbiamo bevuto, avete bevuto, hanno bevuto |
| *Past Perf.* | avevo bevuto, avevi bevuto, aveva bevuto ;<br>avevamo bevuto, avevate bevuto, avévano bevuto |
| *Past Ant.* | èbbi bevuto, avesti bevuto, èbbe bevuto ;<br>avemmo bevuto, aveste bevuto, èbbero bevuto |
| *Fut. Perf.* | avrò bevuto, avrai bevuto, avrà bevuto ;<br>avremo bevuto, avrete bevuto, avranno bevuto |
| *Past*<br>*Cond.* | avrèi bevuto, avresti bevuto, avrèbbe bevuto ;<br>avremmo bevuto, avreste bevuto, avrèbbero bevuto |
| *Past Subj.* | àbbia bevuto, àbbia bevuto, àbbia bevuto ;<br>abbiamo bevuto, abbiate bevuto, àbbiano bevuto |
| *Past Perf.*<br>*Subj.* | avessi bevuto, avessi bevuto, avesse bevuto ;<br>avéssimo bevuto, aveste bevuto, avéssero bevuto |
| *Impera-*<br>*tive* | bevi (non bere), beva ;<br>beviamo, bevete, bévano |

*to drink*

| | | |
|---|---|---|
| *Pres. Ind.* | bisogna | |
| *Imp. Ind.* | bisognava | *to be necessary,* |
| *Past Abs.* | bisognò | *to have to,* |
| *Fut. Ind.* | bisognerà | *must* |
| *Pres. Cond.* | bisognerèbbe | |
| *Pres. Subj.* | bisogni | |
| *Imp.Subj.* | bisognasse | |
| *Pres.Perf.* | è bisognato | |
| *Past Perf.* | èra bisognato | |
| *Past Ant.* | fu bisognato | |
| *Fut. Perf.* | sarà bisognato | |
| *Past Cond.* | sarèbbe bisognato | |
| *Past Subj.* | sia bisognato | |
| *Past Perf. Subj.* | fosse bisognato | |
| *Imperative* | ———————— | |

| | |
|---|---|
| *Pres. Ind.* | cado, cadi, cade;<br>cadiamo, cadete, càdono |
| *Imp. Ind.* | cadevo, cadevi, cadeva;<br>cadevamo, cadevate, cadévano |
| *Past Abs.* | caddi, cadesti, cadde;<br>cademmo, cadeste, càddero |
| *Fut. Ind.* | cadrò, cadrai, cadrà;<br>cadremo, cadrete, cadranno |
| *Pres.*<br>*Cond.* | cadrèi, cadresti, cadrèbbe;<br>cadremmo, cadreste, cadrèbbero |
| *Pres.*<br>*Subj.* | cada, cada, cada;<br>cadiamo, cadiate, càdano |
| *Imp.Subj.* | cadessi, cadessi, cadesse;<br>cadéssimo, cadeste, cadéssero |
| *Pres.Perf.* | sono caduto, sèi caduto, è caduto;<br>siamo caduti, siète caduto(i), sono caduti |
| *Past Perf.* | èro caduto, èri caduto, èra caduto;<br>eravamo caduti, eravate caduto(i), èrano caduti |
| *Past Ant.* | fui caduto, fosti caduto, fu caduto;<br>fummo caduti, foste caduto(i), fúrono caduti |
| *Fut. Perf.* | sarò caduto, sarai caduto, sarà caduto;<br>saremo caduti, sarete caduto(i), saranno caduti |
| *Past*<br>*Cond.* | sarèi caduto, saresti caduto, sarèbbe caduto;<br>saremmo caduti, sareste caduto(i), sarèbbero caduti |
| *Past Subj.* | sia caduto, sia caduto, sia caduto;<br>siamo caduti, siate caduto(i), síano caduti |
| *Past Perf.*<br>*Subj.* | fossi caduto, fossi caduto, fosse caduto;<br>fóssimo caduti, foste caduto(i), fóssero caduti |
| *Impera-*<br>*tive* | cadi (non cadere), cada;<br>cadiamo, cadete, càdano |

*to fall*

\* Like *cadere* are *accadere* (used only in the 3d person), *decadere, ricadere,* and *scadere.*

| | | |
|---|---|---|
| *Pres. Ind.* | capisco, capisci, capisce;<br>capiamo, capite, capíscono | *to understand* |
| *Imp. Ind.* | capivo, capivi, capiva;<br>capivamo, capivate, capívano | |
| *Past Abs.* | capii, capisti, capí;<br>capimmo, capiste, capírono | |
| *Fut. Ind.* | capirò, capirai, capirà;<br>capiremo, capirete, capiranno | |
| *Pres.*<br>*Cond.* | capirèi, capiresti, capirèbbe;<br>capiremmo, capireste, capirèbbero | |
| *Pres.*<br>*Subj.* | capisca, capisca, capisca;<br>capiamo, capiate, capíscano | |
| *Imp.Subj.* | capissi, capissi, capisse;<br>capíssimo, capiste, capíssero | |
| *Pres.Perf.* | ho capito, hai capito, ha capito;<br>abbiamo capito, avete capito, hanno capito | |
| *Past Perf.* | avevo capito, avevi capito, aveva capito;<br>avevamo capito, avevate capito, avévano capito | |
| *Past Ant.* | èbbi capito, avesti capito, èbbe capito;<br>avemmo capito, aveste capito, èbbero capito | |
| *Fut. Perf.* | avrò capito, avrai capito, avrà capito;<br>avremo capito, avrete capito, avranno capito | |
| *Past*<br>*Cond.* | avrèi capito, avresti capito, avrèbbe capito;<br>avremmo capito, avreste capito, avrèbbero capito | |
| *Past Subj.* | àbbia capito, àbbia capito, àbbia capito;<br>abbiamo capito, abbiate capito, àbbiano capito | |
| *Past Perf.*<br>*Subj.* | avessi capito, avessi capito, avesse capito;<br>avéssimo capito, aveste capito, avéssero capito | |
| *Impera-*<br>*tive* | capisci (non capire), capisca;<br>capiamo, capite, capíscano | |

| | | |
|---|---|---|
| *Pres. Ind.* | cerco, cerchi, cerca; <br> cerchiamo, cercate, cércano | *to look for,* |
| *Imp. Ind.* | cercavo, cercavi, cercava; <br> cercavamo, cercavate, cercàvano | *to seek* |
| *Past Abs.* | cercai, cercasti, cercò; <br> cercammo, cercaste, cercàrono | |
| *Fut. Ind.* | cercherò, cercherai, cercherà; <br> cercheremo, cercherete, cercheranno | |
| *Pres.* <br> *Cond.* | cercherèi, cercheresti, cercherèbbe; <br> cercheremmo, cerchereste, cercherèbbero | |
| *Pres.* <br> *Subj.* | cerchi, cerchi, cerchi; <br> cerchiamo, cerchiate, cérchino | |
| *Imp.Subj.* | cercassi, cercassi, cercasse; <br> cercàssimo, cercaste, cercàssero | |
| *Pres.Perf.* | ho cercato, hai cercato, ha cercato; <br> abbiamo cercato, avete cercato, hanno cercato | |
| *Past Perf.* | avevo cercato, avevi cercato, aveva cercato; <br> avevamo cercato, avevate cercato, avévano cercato | |
| *Past Ant.* | èbbi cercato, avesti cercato, èbbe cercato; <br> avemmo cercato, aveste cercato, èbbero cercato | |
| *Fut. Perf.* | avrò cercato, avrai cercato, avrà cercato; <br> avremo cercato, avrete cercato, avranno cercato | |
| *Past* <br> *Cond.* | avrèi cercato, avresti cercato, avrèbbe cercato; <br> avremmo cercato, avreste cercato, avrèbbero cercato | |
| *Past Subj.* | àbbia cercato, àbbia cercato, àbbia cercato; <br> abbiamo cercato, abbiate cercato, àbbiano cercato | |
| *Past Perf.* <br> *Subj.* | avessi cercato, avessi cercato, avesse cercato; <br> avéssimo cercato, aveste cercato, avéssero cercato | |
| *Impera-* <br> *tive* | cerca (non cercare), cerchi; <br> cerchiamo, cercate, cérchino | |

| | | |
|---|---|---|
| *Pres. Ind.* | chiedo (chieggo), chiedi, chiede; <br> chiediamo, chiedete, chiédono (chiéggono) | *to ask* |
| *Imp. Ind.* | chiedevo, chiedevi, chiedeva; <br> chiedevamo, chiedevate, chiedévano | |
| *Past Abs.* | chiesi, chiedesti, chiese; <br> chiedemmo, chiedeste, chiésero | |
| *Fut. Ind.* | chiederò, chiederai, chiederà; <br> chiederemo, chiederete, chiederanno | |

*Pres.* chiederèi, chiederesti, chiederèbbe;
*Cond.* chiederemmo, chiedereste, chiederèbbero

*Pres.* chieda (chiegga), chieda (chiegga), chieda (chiegga);
*Subj.* chiediamo, chiediate, chiédano (chiéggano)

*Imp.Subj.* chiedessi, chiedessi, chiedesse;
chiedéssimo, chiedeste, chiedéssero

*Pres.Perf.* ho chiesto, hai chiesto, ha chiesto;
abbiamo chiesto, avete chiesto, hanno chiesto

*Past Perf.* avevo chiesto, avevi chiesto, aveva chiesto;
avevamo chiesto, avevate chiesto, avévano chiesto

*Past Ant.* èbbi chiesto, avesti chiesto, èbbe chiesto;
avemmo chiesto, aveste chiesto, èbbero chiesto

*Fut. Perf.* avrò chiesto, avrai chiesto, avrà chiesto;
avremo chiesto, avrete chiesto, avranno chiesto

*Past* avrèi chiesto, avresti chiesto, avrèbbe chiesto;
*Cond.* avremmo chiesto, avreste chiesto, avrèbbero chiesto

*Past Subj.* àbbia chiesto, àbbia chiesto, àbbia chiesto;
abbiamo chiesto, abbiate chiesto, àbbiano chiesto

*Past Perf.* avessi chiesto, avessi chiesto, avesse chiesto;
*Subj.* avéssimo chiesto, aveste chiesto, avéssero chiesto

*Impera-* chiedi (non chiédere), chieda (chiegga);
*tive* chiediamo, chiedete, chiédano (chiéggano)

| | | |
|---|---|---|
| *Pres. Ind.* | chiudo, chiudi, chiude; chiudiamo, chiudete, chiúdono | *to close,* |
| *Imp. Ind.* | chiudevo, chiudevi, chiudeva; chiudevamo, chiudevate, chiudévano | *to shut* |
| *Past Abs.* | chiusi, chiudesti, chiuse; chiudemmo, chiudeste, chiúsero | |
| *Fut. Ind.* | chiuderò, chiuderai, chiuderà; chiuderemo, chiuderete, chiuderanno | |
| *Pres. Cond.* | chiuderèi, chiuderesti, chiuderèbbe; chiuderemmo, chiudereste, chiuderèbbero | |
| *Pres. Subj.* | chiuda, chiuda, chiuda; chiudiamo, chiudiate, chiúdano | |
| *Imp.Subj.* | chiudessi, chiudessi, chiudesse; chiudéssimo, chiudeste, chiudéssero | |
| *Pres.Perf.* | ho chiuso, hai chiuso, ha chiuso; abbiamo chiuso, avete chiuso, hanno chiuso | |
| *Past Perf.* | avevo chiuso, avevi chiuso, aveva chiuso; avevamo chiuso, avevate chiuso, avévano chiuso | |
| *Past Ant.* | èbbi chiuso, avesti chiuso, èbbe chiuso; avemmo chiuso, aveste chiuso, èbbero chiuso | |
| *Fut. Perf.* | avrò chiuso, avrai chiuso, avrà chiuso; avremo chiuso, avrete chiuso, avranno chiuso | |
| *Past Cond.* | avrèi chiuso, avresti chiuso, avrèbbe chiuso; avremmo chiuso, avreste chiuso, avrèbbero chiuso | |
| *Past Subj.* | àbbia chiuso, àbbia chiuso, àbbia chiuso; abbiamo chiuso, abbiate chiuso, àbbiano chiuso | |
| *Past Perf. Subj.* | avessi chiuso, avessi chiuso, avesse chiuso; avéssimo chiuso, aveste chiuso, avéssero chiuso | |
| *Impera- tive* | chiudi (non chiúdere), chiuda; chiudiamo, chiudete, chiúdano | |

> * Like *chiúdere* are *conchiúdere, racchiúdere, rinchiúdere, schiúdere,* and *socchiúdere.*

| | | |
|---|---|---|
| *Pres. Ind.* | còlgo, còglі, còglie;<br>cogliamo, cogliete, còlgono | *to gather,* |
| *Imp. Ind.* | coglievo, coglievi, coglieva;<br>coglievamo, coglievate, cogliévano | *to pick* |
| *Past Abs.* | còlsi, cogliesti, còlse;<br>cogliemmo, coglieste, còlsero | |
| *Fut. Ind.* | coglierò, coglierai, coglierà;<br>coglieremo, coglierete, coglieranno | |
| *Pres.*<br>*Cond.* | coglierèi, coglieresti, coglierèbbe;<br>coglieremmo, cogliereste, coglierèbbero | |
| *Pres.*<br>*Subj.* | còlga, còlga, còlga;<br>cogliamo, cogliate, còlgano | |
| *Imp.Subj.* | cogliessi, cogliessi, cogliesse;<br>cogliéssimo, coglieste, cogliéssero | |
| *Pres.Perf.* | ho còlto, hai còlto, ha còlto;<br>abbiamo còlto, avete còlto, hanno còlto | |
| *Past Perf.* | avevo còlto, avevi còlto, aveva còlto;<br>avevamo còlto, avevate còlto, avévano còlto | |
| *Past Ant.* | èbbi còlto, avesti còlto, èbbe còlto;<br>avemmo còlto, aveste còlto, èbbero còlto | |
| *Fut. Perf.* | avrò còlto, avrai còlto, avrà còlto;<br>avremo còlto, avrete còlto, avranno còlto | |
| *Past*<br>*Cond.* | avrèi còlto, avresti còlto, avrèbbe còlto;<br>avremmo còlto, avreste còlto, avrèbbero còlto | |
| *Past Subj.* | àbbia còlto, àbbia còlto, àbbia còlto;<br>abbiamo còlto, abbiate còlto, àbbiano còlto | |
| *Past Perf.*<br>*Subj.* | avessi còlto, avessi còlto, avesse còlto;<br>avéssimo còlto, aveste còlto, avéssero còlto | |
| *Impera-*<br>*tive* | còglі (non cògliere), còlga;<br>cogliamo, cogliete, còlgano | |

\* Like *cògliere* are *accògliere, raccògliere,* and *ricògliere.*

| | | |
|---|---|---|
| *Pres. Ind.* | commetto, commetti, commette;<br>commettiamo, commettete, comméttono | *to commit* |
| *Imp. Ind.* | commettevo, commettevi, commetteva;<br>commettevamo, commettevate, commettévano | |
| *Past Abs.* | commisi, commettesti, commise;<br>commettemmo, commetteste, commísero | |
| *Fut. Ind.* | commetterò, commetterai, commetterà;<br>commetteremo, commetterete, commetteranno | |
| *Pres.*<br>*Cond.* | commetterèi, commetteresti, commetterèbbe;<br>commetteremmo, commettereste, commetterèbbero | |
| *Pres.*<br>*Subj.* | commetta, commetta, commetta;<br>commettiamo, commettiate, comméttano | |
| *Imp.Subj.* | commettessi, commettessi, commettesse;<br>commettéssimo, commetteste, commettéssero | |
| *Pres.Perf.* | ho commesso, hai commesso, ha commesso;<br>abbiamo commesso, avete commesso, hanno commesso | |
| *Past Perf.* | avevo commesso, avevi commesso, aveva commesso;<br>avevamo commesso, avevate commesso, avévano commesso | |
| *Past Ant.* | èbbi commesso, avesti commesso, èbbe commesso;<br>avemmo commesso, aveste commesso, èbbero commesso | |
| *Fut. Perf.* | avrò commesso, avrai commesso, avrà commesso;<br>avremo commesso, avrete commesso, avranno commesso | |
| *Past*<br>*Cond.* | avrèi commesso, avresti commesso, avrèbbe commesso;<br>avremmo commesso, avreste commesso, avrèbbero commesso | |
| *Past Subj.* | àbbia commesso, àbbia commesso, àbbia commesso;<br>abbiamo commesso, abbiate commesso, àbbiano commesso | |
| *Past Perf.*<br>*Subj.* | avessi commesso, avessi commesso, avesse commesso;<br>avéssimo commesso, aveste commesso, avéssero commesso | |
| *Impera-*<br>*tive* | commetti (non comméttere), commetta;<br>commettiamo, commettete, comméttano | |

*Pres. Ind.*   commuòvo, commuòvi, commuòve;
commoviamo (commuoviamo), commovete (com-   *to move,*
muovete), commuòvono                          *to touch,*

*Imp. Ind.*   commovevo (commuovevo), commovevi (com-   *to affect*
muovevi), commoveva (commuoveva);
commovevamo (commuovevamo), commovevate (commuovevate),
commovévano (commuovévano)

*Past Abs.*   commòssi, commovesti (commuovesti), commòsse;
commovemmo (commuovemmo), commoveste (commuoveste),
commòssero

*Fut. Ind.*   commoverò (commuoverò), commoverai (commuoverai), com-
moverà (commuoverà);
commoveremo (commuoveremo), commoverete (commuoverete),
commoveranno (commuoveranno)

*Pres.*   commoverèi (commuoverèi), commoveresti (commuoveresti),
*Cond.*   commoverèbbe (commuoverèbbe);
commoveremmo (commuoveremmo), commovereste (commuo-
vereste), commoverèbbero (commuoverèbbero)

*Pres.*   commuòva, commuòva, commuòva;
*Subj.*   commoviamo (commuoviamo), commoviate (commuoviate), com-
muòvano

*Imp.Subj.*   commovessi (commuovessi), commovessi (commuovessi), com-
movesse (commuovesse);
commovéssimo (commuovéssimo), commoveste (commuoveste),
commovéssero (commuovéssero)

*Pres.Perf.*   ho commòsso, hai commòsso, ha commòsso;
abbiamo commòsso, avete commòsso, hanno commòsso

*Past Perf.*   avevo commòsso, avevi commòsso, aveva commòsso;
avevamo commòsso, avevate commòsso, avévano commòsso

*Past Ant.*   èbbi commòsso, avesti commòsso, èbbe commòsso;
avemmo commòsso, aveste commòsso, èbbero commòsso

*Fut. Perf.*   avrò commòsso, avrai commòsso, avrà commòsso;
avremo commòsso, avrete commòsso, avranno commòsso

*Past*   avrèi commòsso, avresti commòsso, avrèbbe commòsso;
*Cond.*   avremmo commòsso, avreste commòsso, avrèbbero commòsso

*Past Subj.*   àbbia commòsso, àbbia commòsso, àbbia commòsso;
abbiamo commòsso, abbiate commòsso, àbbiano commòsso

*Past Perf.*   avessi commòsso, avessi commòsso, avesse commòsso;
*Subj.*   avéssimo commòsso, aveste commòsso, avéssero commòsso

*Impera-*   commuòvi (non commuòvere), commuòva;
*tive*   commoviamo (commuoviamo), commovete (commuovete), com-
muòvano

| | |
|---|---|
| *Pres. Ind.* | compaio, compari, compare; compariamo, comparite, compàiono (*Or regular:* comparisco, *etc.*) |
| *Imp. Ind.* | comparivo, comparivi, compariva; comparivamo, comparivate, comparívano |

*to appear,*
*to cut a fine*
*figure*

*Past Abs.* comparvi, comparisti, comparve; comparimmo, compariste, compàrvero
(*Or regular:* comparii, *etc.* Comparire *in the sense of* "to cut a fine figure" *is always regular.*)

*Fut. Ind.* comparirò, comparirai, comparirà; compariremo, comparirete, compariranno

*Pres.* comparirèi, compariresti, comparirèbbe;
*Cond.* compariremmo, comparireste, comparirèbbero

*Pres.* compaia, compaia, compaia;
*Subj.* compariamo, compariate, compàiano
(*Or regular:* comparisca, *etc.*)

*Imp.Subj.* comparissi, comparissi, comparisse; comparíssimo, compariste, comparíssero

*Pres.Perf.* sono comparso, sèi comparso, è comparso; siamo comparsi, siète comparso(i), sono comparsi

*Past Perf.* èro comparso, èri comparso, èra comparso; eravamo comparsi, eravate comparso(i), èrano comparsi

*Past Ant.* fui comparso, fosti comparso, fu comparso; fummo comparsi, foste comparso(i), fúrono comparsi

*Fut. Perf.* sarò comparso, sarai comparso, sarà comparso; saremo comparsi, sarete comparso(i), saranno comparsi

*Past* sarèi comparso, saresti comparso, sarèbbe comparso;
*Cond.* saremmo comparsi, sareste comparso(i), sarèbbero comparsi

*Past Subj.* sia comparso, sia comparso, sia comparso; siamo comparsi, siate comparso(i), síano comparsi

*Past Perf.* fossi comparso, fossi comparso, fosse comparso;
*Subj.* fóssimo comparsi, foste comparso(i), fóssero comparsi

*Impera-* compari (comparisci) (non comparire), compaia (comparisca);
*tive* compariamo, comparite, compàiano (comparíscano)

*Pres. Ind.* compiàccio, compiaci, compiace; compiacciamo (compiaciamo), compiacete, compiàcciono     *to please*

*Imp. Ind.* compiacevo, compiacevi, compiaceva; compiacevamo, compiacevate, compiacévano

*Past Abs.* compiacqui, compiacesti, compiacque; compiacemmo, compiaceste, compiàcquero

*Fut. Ind.* compiacerò, compiacerai, compiacerà; compiaceremo, compiacerete, compiaceranno

*Pres.* compiacerèi, compiaceresti, compiacerèbbe;
*Cond.* compiaceremmo, compiacereste, compiacerèbbero

*Pres.* compiàccia, compiàccia, compiàccia;
*Subj.* compiacciamo (compiaciamo), compiacciate (compiaciate), compiàcciano

*Imp. Subj.* compiacessi, compiacessi, compiacesse; compiacéssimo, compiaceste, compiacéssero

*Pres. Perf.* ho compiaciuto, hai compiaciuto, ha compiaciuto; abbiamo compiaciuto, avete compiaciuto, hanno compiaciuto

*Past Perf.* avevo compiaciuto, avevi compiaciuto, aveva compiaciuto; avevamo compiaciuto, avevate compiaciuto, avévano compiaciuto

*Past Ant.* èbbi compiaciuto, avesti compiaciuto, èbbe compiaciuto; avemmo compiaciuto, aveste compiaciuto, èbbero compiaciuto

*Fut. Perf.* avrò compiaciuto, avrai compiaciuto, avrà compiaciuto; avremo compiaciuto, avrete compiaciuto, avranno compiaciuto

*Past* avrèi compiaciuto, avresti compiaciuto, avrèbbe compiaciuto;
*Cond.* avremmo compiaciuto, avreste compiaciuto, avrèbbero compiaciuto

*Past Subj.* àbbia compiaciuto, àbbia compiaciuto, àbbia compiaciuto; abbiamo compiaciuto, abbiate compiaciuto, àbbiano compiaciuto

*Past Perf.* avessi compiaciuto, avessi compiaciuto, avesse compiaciuto;
*Subj.* avéssimo compiaciuto, aveste compiaciuto, avéssero compiaciuto

*Impera-* compiaci (non compiacere), compiàccia;
*tive* compiacciamo (compiaciamo), compiacete, compiàcciano

| | | |
|---|---|---|
| *Pres. Ind.* | compongo, componi, compone;<br>componiamo, componete, compóngono | *to compose* |
| *Imp. Ind.* | componevo, componevi, componeva;<br>componevamo, componevate, componévano | |
| *Past Abs.* | composi, componesti, compose;<br>componemmo, componeste, compósero | |
| *Fut. Ind.* | comporrò, comporrai, comporrà;<br>comporremo, comporrete, comporranno | |
| *Pres.*<br>*Cond.* | comporrèi, comporresti, comporrèbbe;<br>comporremmo, comporreste, comporrèbbero | |
| *Pres.*<br>*Subj.* | componga, componga, componga;<br>componiamo, componiate, compóngano | |
| *Imp.Subj.* | componessi, componessi, componesse;<br>componéssimo, componeste, componéssero | |
| *Pres.Perf.* | ho composto, hai composto, ha composto;<br>abbiamo composto, avete composto, hanno composto | |
| *Past Perf.* | avevo composto, avevi composto, aveva composto;<br>avevamo composto, avevate composto, avévano composto | |
| *Past Ant.* | èbbi composto, avesti composto, èbbe composto;<br>avemmo composto, aveste composto, èbbero composto | |
| *Fut. Perf.* | avrò composto, avrai composto, avrà composto;<br>avremo composto, avrete composto, avranno composto | |
| *Past*<br>*Cond.* | avrèi composto, avresti composto, avrèbbe composto;<br>avremmo composto, avreste composto, avrèbbero composto | |
| *Past Subj.* | àbbia composto, àbbia composto, àbbia composto;<br>abbiamo composto, abbiate composto, àbbiano composto | |
| *Past Perf.*<br>*Subj.* | avessi composto, avessi composto, avesse composto;<br>avéssimo composto, aveste composto, avéssero composto | |
| *Impera-*<br>*tive* | componi (non comporre), componga;<br>componiamo, componete, compóngano | |

| | | |
|---|---|---|
| *Pres. Ind.* | comprèndo, comprèndi, comprènde; comprendiamo, comprendete, comprèndono | *to understand* |
| *Imp. Ind.* | comprendevo, comprendevi, comprendeva; comprendevamo, comprendevate, comprendévano | |
| *Past Abs.* | compresi, comprendesti, comprese; comprendemmo, comprendeste, comprésero | |
| *Fut. Ind.* | comprenderò, comprenderai, comprenderà; comprenderemo, comprenderete, comprenderanno | |
| *Pres. Cond.* | comprenderèi, comprenderesti, comprenderèbbe; comprenderemmo, comprendereste, comprenderèbbero | |
| *Pres. Subj.* | comprènda, comprènda, comprènda; comprendiamo, comprendiate, comprèndano | |
| *Imp. Subj.* | comprendessi, comprendessi, comprendesse; comprendéssimo, comprendeste, comprendéssero | |
| *Pres. Perf.* | ho compreso, hai compreso, ha compreso; abbiamo compreso, avete compreso, hanno compreso | |
| *Past Perf.* | avevo compreso, avevi compreso, aveva compreso; avevamo compreso, avevate compreso, avévano compreso | |
| *Past Ant.* | èbbi compreso, avesti compreso, èbbe compreso; avemmo compreso, aveste compreso, èbbero compreso | |
| *Fut. Perf.* | avrò compreso, avrai compreso, avrà compreso; avremo compreso, avrete compreso, avranno compreso | |
| *Past Cond.* | avrèi compreso, avresti compreso, avrèbbe compreso; avremmo compreso, avreste compreso, avrèbbero compreso | |
| *Past Subj.* | àbbia compreso, àbbia compreso, àbbia compreso; abbiamo compreso, abbiate compreso, àbbiano compreso | |
| *Past Perf. Subj.* | avessi compreso, avessi compreso, avesse compreso; avéssimo compreso, aveste compreso, avéssero compreso | |
| *Imperative* | comprèndi (non comprèndere), comprènda; comprendiamo, comprendete, comprèndano | |

| | | |
|---|---|---|
| *Pres. Ind.* | concludo, concludi, conclude;<br>concludiamo, concludete, conclúdono | *to conclude* |
| *Imp. Ind.* | concludevo, concludevi, concludeva;<br>concludevamo, concludevate, concludévano | |
| *Past Abs.* | conclusi, concludesti, concluse;<br>concludemmo, concludeste, conclúsero | |
| *Fut. Ind.* | concluderò, concluderai, concluderà;<br>concluderemo, concluderete, concluderanno | |
| *Pres.*<br>*Cond.* | concluderèi, concluderesti, concluderèbbe;<br>concluderemmo, concludereste, concluderèbbero | |
| *Pres.*<br>*Subj.* | concluda, concluda, concluda;<br>concludiamo, concludiate, conclúdano | |
| *Imp.Subj.* | concludessi, concludessi, concludesse;<br>concludéssimo, concludeste, concludéssero | |
| *Pres.Perf.* | ho concluso, hai concluso, ha concluso;<br>abbiamo concluso, avete concluso, hanno concluso | |
| *Past Perf.* | avevo concluso, avevi concluso, aveva concluso;<br>avevamo concluso, avevate concluso, avévano concluso | |
| *Past Ant.* | èbbi concluso, avesti concluso, èbbe concluso;<br>avemmo concluso, aveste concluso, èbbero concluso | |
| *Fut. Perf.* | avrò concluso, avrai concluso, avrà concluso;<br>avremo concluso, avrete concluso, avranno concluso | |
| *Past*<br>*Cond.* | avrèi concluso, avresti concluso, avrèbbe concluso;<br>avremmo concluso, avreste concluso, avrèbbero concluso | |
| *Past Subj.* | àbbia concluso, àbbia concluso, àbbia concluso;<br>abbiamo concluso, abbiate concluso, àbbiano concluso | |
| *Past Perf.*<br>*Subj.* | avessi concluso, avessi concluso, avesse concluso;<br>avéssimo concluso, aveste concluso, avéssero concluso | |
| *Impera-*<br>*tive* | concludi (non conclúdere), concluda;<br>concludiamo, concludete, conclúdano | |

| | | |
|---|---|---|
| *Pres. Ind.* | conduco, conduci, conduce;<br>conduciamo, conducete, condúcono | *to lead,* |
| *Imp. Ind.* | conducevo, conducevi, conduceva;<br>conducevamo, conducevate, conducévano | *to conduct* |
| *Past Abs.* | condussi, conducesti, condusse;<br>conducemmo, conduceste, condússero | |
| *Fut. Ind.* | condurrò, condurrai, condurrà;<br>condurremo, condurrete, condurranno | |
| *Pres.*<br>*Cond.* | condurrèi, condurresti, condurrèbbe;<br>condurremmo, condurreste, condurrèbbero | |
| *Pres.*<br>*Subj.* | conduca, conduca, conduca;<br>conduciamo, conduciate, condúcano | |
| *Imp.Subj.* | conducessi, conducessi, conducesse;<br>conducéssimo, conduceste, conducéssero | |
| *Pres.Perf.* | ho condotto, hai condotto, ha condotto;<br>abbiamo condotto, avete condotto, hanno condotto | |
| *Past Perf.* | avevo condotto, avevi condotto, aveva condotto;<br>avevamo condotto, avevate condotto, avévano condotto | |
| *Past Ant.* | èbbi condotto, avesti condotto, èbbe condotto;<br>avemmo condotto, aveste condotto, èbbero condotto | |
| *Fut. Perf.* | avrò condotto, avrai condotto, avrà condotto;<br>avremo condotto, avrete condotto, avranno condotto | |
| *Past*<br>*Cond.* | avrèi condotto, avresti condotto, avrèbbe condotto;<br>avremmo condotto, avreste condotto, avrèbbero condotto | |
| *Past Subj.* | àbbia condotto, àbbia condotto, àbbia condotto;<br>abbiamo condotto, abbiate condotto, àbbiano condotto | |
| *Past Perf.*<br>*Subj.* | avessi condotto, avessi condotto, avesse condotto;<br>avéssimo condotto, aveste condotto, avéssero condotto | |
| *Impera-*<br>*tive* | conduci (non condurre), conduca;<br>conduciamo, conducete, condúcano | |

* Like *condurre* are *addurre, dedurre, indurre, produrre, tradurre,* etc.

| | | |
|---|---|---|
| *Pres. Ind.* | confondo, confondi, confonde;<br>confondiamo, confondete, confóndono | *to confuse* |
| *Imp. Ind.* | confondevo, confondevi, confondeva;<br>confondevamo, confondevate, confondévano | |
| *Past Abs.* | confusi, confondesti, confuse;<br>confondemmo, confondeste, confúsero | |
| *Fut. Ind.* | confonderò, confonderai, confonderà;<br>confonderemo, confonderete, confonderanno | |
| *Pres.*<br>*Cond.* | confonderèi, confonderesti, confonderèbbe;<br>confonderemmo, confondereste, confonderèbbero | |
| *Pres.*<br>*Subj.* | confonda, confonda, confonda;<br>confondiamo, confondiate, confóndano | |
| *Imp.Subj.* | confondessi, confondessi, confondesse;<br>confondéssimo, confondeste, confondéssero | |
| *Pres.Perf.* | ho confuso, hai confuso, ha confuso;<br>abbiamo confuso, avete confuso, hanno confuso | |
| *Past Perf.* | avevo confuso, avevi confuso, aveva confuso;<br>avevamo confuso, avevate confuso, avévano confuso | |
| *Past Ant.* | èbbi confuso, avesti confuso, èbbe confuso;<br>avemmo confuso, aveste confuso, èbbero confuso | |
| *Fut. Perf.* | avrò confuso, avrai confuso, avrà confuso;<br>avremo confuso, avrete confuso, avranno confuso | |
| *Past*<br>*Cond.* | avrèi confuso, avresti confuso, avrèbbe confuso;<br>avremmo confuso, avreste confuso, avrèbbero confuso | |
| *Past Subj.* | àbbia confuso, àbbia confuso, àbbia confuso;<br>abbiamo confuso, abbiate confuso, àbbiano confuso | |
| *Past Perf.*<br>*Subj.* | avessi confuso, avessi confuso, avesse confuso;<br>avéssimo confuso, aveste confuso, avéssero confuso | |
| *Impera-*<br>*tive* | confondi (non confóndere), confonda;<br>confondiamo, confondete, confóndano | |

| | | |
|---|---|---|
| *Pres. Ind.* | conosco, conosci, conosce ;<br>conosciamo, conoscete, conóscono | *to know,* |
| *Imp. Ind.* | conoscevo, conoscevi, conosceva ;<br>conoscevamo, conoscevate, conoscévano | *to meet* |
| *Past Abs.* | conobbi, conoscesti, conobbe ;<br>conoscemmo, conosceste, conóbbero | |
| *Fut. Ind.* | conoscerò, conoscerai, conoscerà ;<br>conosceremo, conoscerete, conosceranno | |
| *Pres.*<br>*Cond.* | conoscerèi, conosceresti, conoscerèbbe ;<br>conosceremmo, conoscereste, conoscerèbbero | |
| *Pres.*<br>*Subj.* | conosca, conosca, conosca ;<br>conosciamo, conosciate, conóscano | |
| *Imp. Subj.* | conoscessi, conoscessi, conoscesse ;<br>conoscéssimo, conosceste, conoscéssero | |
| *Pres. Perf.* | ho conosciuto, hai conosciuto, ha conosciuto ;<br>abbiamo conosciuto, avete conosciuto, hanno conosciuto | |
| *Past Perf.* | avevo conosciuto, avevi conosciuto, aveva conosciuto ;<br>avevamo conosciuto, avevate conosciuto, avévano conosciuto | |
| *Past Ant.* | èbbi conosciuto, avesti conosciuto, èbbe conosciuto ;<br>avemmo conosciuto, aveste conosciuto, èbbero conosciuto | |
| *Fut. Perf.* | avrò conosciuto, avrai conosciuto, avrà conosciuto ;<br>avremo conosciuto, avrete conosciuto, avranno conosciuto | |
| *Past*<br>*Cond.* | avrèi conosciuto, avresti conosciuto, avrèbbe conosciuto ;<br>avremmo conosciuto, avreste conosciuto, avrèbbero conosciuto | |
| *Past Subj.* | àbbia conosciuto, àbbia conosciuto, àbbia conosciuto ;<br>abbiamo conosciuto, abbiate conosciuto, àbbiano conosciuto | |
| *Past Perf.*<br>*Subj.* | avessi conosciuto, avessi conosciuto, avesse conosciuto ;<br>avéssimo conosciuto, aveste conosciuto, avéssero conosciuto | |
| *Impera-*<br>*tive* | conosci (non conóscere), conosca ;<br>conosciamo, conoscete, conóscano | |

*Like *conóscere* are *disconóscere, riconóscere,* and *sconóscere.*

| | | |
|---|---|---|
| *Pres. Ind.* | contèndo, contèndi, contènde;<br>contendiamo, contendete, contèndono | *to contend,* |
| *Imp. Ind.* | contendevo, contendevi, contendeva;<br>contendevamo, contendevate, contendévano | *to dispute* |
| *Past Abs.* | contesi, contendesti, contese;<br>contendemmo, contendeste, contésero | |
| *Fut. Ind.* | contenderò, contenderai, contenderà;<br>contenderemo, contenderete, contenderanno | |
| *Pres.*<br>*Cond.* | contenderèi, contenderesti, contenderèbbe;<br>contenderemmo, contendereste, contenderèbbero | |
| *Pres.*<br>*Subj.* | contènda, contènda, contènda;<br>contendiamo, contendiate, contèndano | |
| *Imp. Subj.* | contendessi, contendessi, contendesse;<br>contendéssimo, contendeste, contendéssero | |
| *Pres. Perf.* | ho conteso, hai conteso, ha conteso;<br>abbiamo conteso, avete conteso, hanno conteso | |
| *Past Perf.* | avevo conteso, avevi conteso, aveva conteso;<br>avevamo conteso, avevate conteso, avévano conteso | |
| *Past Ant.* | èbbi conteso, avesti conteso, èbbe conteso;<br>avemmo conteso, aveste conteso, èbbero conteso | |
| *Fut. Perf.* | avrò conteso, avrai conteso, avrà conteso;<br>avremo conteso, avrete conteso, avranno conteso | |
| *Past*<br>*Cond.* | avrèi conteso, avresti conteso, avrèbbe conteso;<br>avremmo conteso, avreste conteso, avrèbbero conteso | |
| *Past Subj.* | àbbia conteso, àbbia conteso, àbbia conteso;<br>abbiamo conteso, abbiate conteso, àbbiano conteso | |
| *Past Perf.*<br>*Subj.* | avessi conteso, avessi conteso, avesse conteso;<br>avéssimo conteso, aveste conteso, avéssero conteso | |
| *Impera-*<br>*tive* | contèndi (non contèndere), contènda;<br>contendiamo, contendete, contèndano | |

| | | |
|---|---|---|
| *Pres. Ind.* | contèngo, contièni, contiène ;<br>conteniamo, contenete, contèngono | *to contain* |
| *Imp. Ind.* | contenevo, contenevi, conteneva ;<br>contenevamo, contenevate, contenévano | |
| *Past Abs.* | contenni, contenesti, contenne ;<br>contenemmo, conteneste, conténnero | |
| *Fut. Ind.* | conterrò, conterrai, conterrà ;<br>conterremo, conterrete, conterranno | |
| *Pres.*<br>*Cond.* | conterrèi, conterresti, conterrèbbe ;<br>conterremmo, conterreste, conterrèbbero | |
| *Pres.*<br>*Subj.* | contènga, contènga, contènga ;<br>conteniamo, conteniate, contèngano | |
| *Imp. Subj.* | contenessi, contenessi, contenesse ;<br>contenéssimo, conteneste, contenéssero | |
| *Pres. Perf.* | ho contenuto, hai contenuto, ha contenuto ;<br>abbiamo contenuto, avete contenuto, hanno contenuto | |
| *Past Perf.* | avevo contenuto, avevi contenuto, aveva contenuto ;<br>avevamo contenuto, avevate contenuto, avévano contenuto | |
| *Past Ant.* | èbbi contenuto, avesti contenuto, èbbe contenuto ;<br>avemmo contenuto, aveste contenuto, èbbero contenuto | |
| *Fut. Perf.* | avrò contenuto, avrai contenuto, avrà contenuto ;<br>avremo contenuto, avrete contenuto, avranno contenuto | |
| *Past*<br>*Cond.* | avrèi contenuto, avresti contenuto, avrèbbe contenuto ;<br>avremmo contenuto, avreste contenuto, avrèbbero contenuto | |
| *Past Subj.* | àbbia contenuto, àbbia contenuto, àbbia contenuto ;<br>abbiamo contenuto, abbiate contenuto, àbbiano contenuto | |
| *Past Perf.*<br>*Subj.* | avessi contenuto, avessi contenuto, avesse contenuto ;<br>avéssimo contenuto, aveste contenuto, avéssero contenuto | |
| *Impera-*<br>*tive* | contièni (non contenere), contènga ;<br>conteniamo, contenete, contèngano | |

| | | |
|---|---|---|
| *Pres. Ind.* | convinco, convinci, convince; convinciamo, convincete, convíncono | *to convince* |
| *Imp. Ind.* | convincevo, convincevi, convinceva; convincevamo, convincevate, convincévano | |
| *Past Abs.* | convinsi, convincesti, convinse; convincemmo, convinceste, convínsero | |
| *Fut. Ind.* | convincerò, convincerai, convincerà; convinceremo, convincerete, convinceranno | |
| *Pres. Cond.* | convincerèi, convinceresti, convincerèbbe; convinceremmo, convincereste, convincerèbbero | |
| *Pres. Subj.* | convinca, convinca, convinca; convinciamo, convinciate, convíncano | |
| *Imp. Subj.* | convincessi, convincessi, convincesse; convincéssimo, convinceste, convincéssero | |
| *Pres. Perf.* | ho convinto, hai convinto, ha convinto; abbiamo convinto, avete convinto, hanno convinto | |
| *Past Perf.* | avevo convinto, avevi convinto, aveva convinto; avevamo convinto, avevate convinto, avévano convinto | |
| *Past Ant.* | èbbi convinto, avesti convinto, èbbe convinto; avemmo convinto, aveste convinto, èbbero convinto | |
| *Fut. Perf.* | avrò convinto, avrai convinto, avrà convinto; avremo convinto, avrete convinto, avranno convinto | |
| *Past Cond.* | avrèi convinto, avresti convinto, avrèbbe convinto; avremmo convinto, avreste convinto, avrèbbero convinto | |
| *Past Subj.* | àbbia convinto, àbbia convinto, àbbia convinto; abbiamo convinto, abbiate convinto, àbbiano convinto | |
| *Past Perf. Subj.* | avessi convinto, avessi convinto, avesse convinto; avéssimo convinto, aveste convinto, avéssero convinto | |
| *Impera-tive* | convinci (non convíncere), convinca; convinciamo, convincete, convíncano | |

**41**

| | | |
|---|---|---|
| *Pres. Ind.* | còpro, còpri, còpre;<br>copriamo, coprite, còprono | *to cover* |
| *Imp. Ind.* | coprivo, coprivi, copriva;<br>coprivamo, coprivate, coprívano | |
| *Past Abs.* | copèrsi, copristi, copèrse;<br>coprimmo, copriste, copèrsero<br>(*Or regular:* coprii, *etc.*) | |
| *Fut. Ind.* | coprirò, coprirai, coprirà;<br>copriremo, coprirete, copriranno; | |
| *Pres.*<br>*Cond.* | coprirèi, copriresti, coprirèbbe;<br>copriremmo, coprireste, coprirèbbero | |
| *Pres.*<br>*Subj.* | còpra, còpra, còpra;<br>copriamo, copriate, còprano | |
| *Imp. Subj.* | coprissi, coprissi, coprisse;<br>copríssimo, copriste, copríssero | |
| *Pres. Perf.* | ho copèrto, hai copèrto, ha copèrto;<br>abbiamo copèrto, avete copèrto, hanno copèrto | |
| *Past Perf.* | avevo copèrto, avevi copèrto, aveva copèrto;<br>avevamo copèrto, avevate copèrto, avévano copèrto | |
| *Past Ant.* | èbbi copèrto, avesti copèrto, èbbe copèrto;<br>avemmo copèrto, aveste copèrto, èbbero copèrto | |
| *Fut. Perf.* | avrò copèrto, avrai copèrto, avrà copèrto;<br>avremo copèrto, avrete copèrto, avranno copèrto | |
| *Past*<br>*Cond.* | avrèi copèrto, avresti copèrto, avrèbbe copèrto;<br>avremmo copèrto, avreste copèrto, avrèbbero copèrto | |
| *Past Subj.* | àbbia copèrto, àbbia copèrto, àbbia copèrto;<br>abbiamo copèrto, abbiate copèrto, àbbiano copèrto | |
| *Past Perf.*<br>*Subj.* | avessi copèrto, avessi copèrto, avesse copèrto;<br>avéssimo copèrto, aveste copèrto, avéssero copèrto | |
| *Impera-*<br>*tive* | còpri (non coprire), còpra;<br>copriamo, coprite, còprano | |

| | | |
|---|---|---|
| *Pres. Ind.* | corrèggo, corrèggi, corrègge ; correggiamo, correggete, corrèggono | *to correct* |
| *Imp. Ind.* | correggevo, correggevi, correggeva ; correggevamo, correggevate, correggévano | |
| *Past Abs.* | corrèssi, correggesti, corrèsse ; correggemmo, correggeste, corrèssero | |
| *Fut. Ind.* | correggerò, correggerai, correggerà ; correggeremo, correggerete, correggeranno | |
| *Pres.* *Cond.* | correggerèi, correggeresti, correggerèbbe ; correggeremmo, correggereste, correggerèbbero | |
| *Pres.* *Subj.* | corrègga, corrègga, corrègga ; correggiamo, correggiate, corrèggano | |
| *Imp. Subj.* | correggessi, correggessi, correggesse ; correggéssimo, correggeste, correggéssero | |
| *Pres. Perf.* | ho corrètto, hai corrètto, ha corrètto ; abbiamo corrètto, avete corrètto, hanno corrètto | |
| *Past Perf.* | avevo corrètto, avevi corrètto, aveva corrètto ; avevamo corrètto, avevate corrètto, avévano corrètto | |
| *Past Ant.* | èbbi corrètto, avesti corrètto, èbbe corrètto ; avemmo corrètto, aveste corrètto, èbbero corrètto | |
| *Fut. Perf.* | avrò corrètto, avrai corrètto, avrà corrètto ; avremo corrètto, avrete corrètto, avranno corrètto | |
| *Past* *Cond.* | avrèi corrètto, avresti corrètto, avrèbbe corrètto ; avremmo corrètto, avreste corrètto, avrèbbero corrètto | |
| *Past Subj.* | àbbia corrètto, àbbia corrètto, àbbia corrètto ; abbiamo corrètto, abbiate corrètto, àbbiano corrètto | |
| *Past Perf.* *Subj.* | avessi corrètto, avessi corrètto, avesse corrètto ; avéssimo corrètto, aveste corrètto, avéssero corrètto | |
| *Impera-* *tive* | corrèggi (non corrèggere), corrègga ; correggiamo, correggete, corrèggano | |

| | | |
|---|---|---|
| *Pres. Ind.* | corro, corri, corre;<br>corriamo, correte, córrono | *to run* |
| *Imp. Ind.* | correvo, correvi, correva;<br>correvamo, correvate, corrévano | |
| *Past Abs.* | corsi, corresti, corse;<br>corremmo, correste, córsero | |
| *Fut. Ind.* | correrò, correrai, correrà;<br>correremo, correrete, correranno | |
| *Pres.*<br>*Cond.* | correrèi, correresti, correrèbbe;<br>correremmo, correreste, correrèbbero | |
| *Pres.*<br>*Subj.* | corra, corra, corra;<br>corriamo, corriate, córrano | |
| *Imp. Subj.* | corressi, corressi, corresse;<br>corréssimo, correste, corréssero | |
| *Pres. Perf.* | ho corso, hai corso, ha corso;<br>abbiamo corso, avete corso, hanno corso | |
| *Past Perf.* | avevo corso, avevi corso, aveva corso;<br>avevamo corso, avevate corso, avévano corso | |
| *Past Ant.* | èbbi corso, avesti corso, èbbe corso;<br>avemmo corso, aveste corso, èbbero corso | |
| *Fut. Perf.* | avrò corso, avrai corso, avrà corso;<br>avremo corso, avrete corso, avranno corso | |
| *Past*<br>*Cond.* | avrèi corso, avresti corso, avrèbbe corso;<br>avremmo corso, avreste corso, avrèbbero corso | |
| *Past Subj.* | àbbia corso, àbbia corso, àbbia corso;<br>abbiamo corso, abbiate corso, àbbiano corso | |
| *Past Perf.*<br>*Subj.* | avessi corso, avessi corso, avesse corso;<br>avéssimo corso, aveste corso, avéssero corso | |
| *Impera-*<br>*tive* | corri (non córrere), corra;<br>corriamo, correte, córrano | |

\*Sometimes conjugated with *èssere*. See introduction. Like *córrere* are *accórrere* (conj. with *èssere*), *concórrere, discórrere, occórrere* (conj. with *èssere*), *soccórrere*, etc.

| | | |
|---|---|---|
| *Pres. Ind.* | corrompo, corrompi, corrompe;<br>corrompiamo, corrompete, corrómpono | *to corrupt* |
| *Imp. Ind.* | corrompevo, corrompevi, corrompeva;<br>corrompevamo, corrompevate, corrompévano | |
| *Past Abs.* | corruppi, corrompesti, corruppe;<br>corrompemmo, corrompeste, corrúppero | |
| *Fut. Ind.* | corromperò, corromperai, corromperà;<br>corromperemo, corromperete, corromperanno | |
| *Pres.*<br>*Cond.* | corromperèi, corromperesti, corromperèbbe;<br>corromperemmo, corrompereste, corromperèbbero | |
| *Pres.*<br>*Subj.* | corrompa, corrompa, corrompa;<br>corrompiamo, corrompiate, corrómpano | |
| *Imp. Subj.* | corrompessi, corrompessi, corrompesse;<br>corrompéssimo, corrompeste, corrompéssero | |
| *Pres. Perf.* | ho corrotto, hai corrotto, ha corrotto;<br>abbiamo corrotto, avete corrotto, hanno corrotto | |
| *Past Perf.* | avevo corrotto, avevi corrotto, aveva corrotto;<br>avevamo corrotto, avevate corrotto, avévano corrotto | |
| *Past Ant.* | èbbi corrotto, avesti corrotto, èbbe corrotto;<br>avemmo corrotto, aveste corrotto, èbbero corrotto | |
| *Fut. Perf.* | avrò corrotto, avrai corrotto, avrà corrotto;<br>avremo corrotto, avrete corrotto, avranno corrotto | |
| *Past*<br>*Cond.* | avrèi corrotto, avresti corrotto, avrèbbe corrotto;<br>avremmo corrotto, avreste corrotto, avrèbbero corrotto | |
| *Past Subj.* | àbbia corrotto, àbbia corrotto, àbbia corrotto;<br>abbiamo corrotto, abbiate corrotto, àbbiano corrotto | |
| *Past Perf.*<br>*Subj.* | avessi corrotto, avessi corrotto, avesse corrotto;<br>avéssimo corrotto, aveste corrotto, avéssero corrotto | |
| *Impera-*<br>*tive* | corrompi (non corrómpere), corrompa;<br>corrompiamo, corrompete, corrómpano | |

| | | |
|---|---|---|
| *Pres. Ind.* | costringo, costringi, costringe;<br>costringiamo, costringete, constríngono | *to force,* |
| *Imp. Ind.* | costringevo, costringevi, costringeva;<br>costringevamo, costringevate, costringévano | *to compel* |
| *Past Abs.* | costrinsi, costringesti, costrinse;<br>costringemmo, costringeste, costrínsero | |
| *Fut. Ind.* | costringerò, costringerai, costringerà;<br>costringeremo, costringerete, costringeranno | |
| *Pres.*<br>*Cond.* | costringerèi, costringeresti, costringerèbbe;<br>costringeremmo, costringereste, costringerèbbero | |
| *Pres.*<br>*Subj.* | costringa, costringa, costringa;<br>costringiamo, costringiate, costríngano | |
| *Imp. Subj.* | costringessi, costringessi, costringesse;<br>costringéssimo, costringeste, costringéssero | |
| *Pres. Perf.* | ho costretto, hai costretto, ha costretto;<br>abbiamo costretto, avete costretto, hanno costretto | |
| *Past Perf.* | avevo costretto, avevi costretto, aveva costretto;<br>avevamo costretto, avevate costretto, avévano costretto | |
| *Past Ant.* | èbbi costretto, avesti costretto, èbbe costretto;<br>avemmo costretto, aveste costretto, èbbero costretto | |
| *Fut. Perf.* | avrò costretto, avrai costretto, avrà costretto;<br>avremo costretto, avrete costretto, avranno costretto | |
| *Past*<br>*Cond.* | avrèi costretto, avresti costretto, avrèbbe costretto;<br>avremmo costretto, avreste costretto, avrèbbero costretto | |
| *Past Subj.* | àbbia costretto, àbbia costretto, àbbia costretto;<br>abbiamo costretto, abbiate costretto, àbbiano costretto | |
| *Past Perf.*<br>*Subj.* | avessi costretto, avessi costretto, avesse costretto;<br>avéssimo costretto, aveste costretto, avéssero costretto | |
| *Impera-*<br>*tive* | costringi (non costríngere), costringa;<br>costringiamo, costringete, costríngano | |

| | | |
|---|---|---|
| *Pres. Ind.* | costruisco, costruisci, costruisce; costruiamo, costruite, costruíscono | *to build,* |
| *Imp. Ind.* | costruivo, costruivi, costruiva; costruivamo, costruivate, costruívano | *to construct* |
| *Past Abs.* | costruii, costruisti, costruí; costruimmo, costruiste, costruírono (*Also* costrussi, costrusse, costrússero) | |
| *Fut. Ind.* | costruirò, costruirai, costruirà; costruiremo, costruirete, costruiranno | |
| *Pres. Cond.* | costruirèi, costruiresti, costruirèbbe; costruiremmo, costruireste, costruirèbbero | |
| *Pres. Subj.* | costruisca, costruisca, costruisca; costruiamo, costruiate, costruíscano | |
| *Imp. Subj.* | costruissi, costruissi, costruisse; costruíssimo, costruiste, costruíssero | |
| *Pres. Perf.* | ho costruito, hai costruito, ha costruito; abbiamo costruito, avete costruito, hanno costruito | |
| *Past Perf.* | avevo costruito, avevi costruito, aveva costruito; avevamo costruito, avevate costruito, avévano costruito | |
| *Past Ant.* | èbbi costruito, avesti costruito, èbbe costruito; avemmo costruito, aveste costruito, èbbero costruito | |
| *Fut. Perf.* | avrò costruito, avrai costruito, avrà costruito; avremo costruito, avrete costruito, avranno costruito | |
| *Past Cond.* | avrèi costruito, avresti costruito, avrèbbe costruito; avremmo costruito, avreste costruito, avrèbbero costruito | |
| *Past Subj.* | àbbia costruito, àbbia costruito, àbbia costruito; abbiamo costruito, abbiate costruito, àbbiano costruito | |
| *Past Perf. Subj.* | avessi costruito, avessi costruito, avesse costruito; avéssimo costruito, aveste costruito, avéssero costruito | |
| *Impera- tive* | costruisci (non costruire), costruisca; costruiamo, costruite, costruíscano | |

| | | |
|---|---|---|
| *Pres. Ind.* | cresco, cresci, cresce; | |
| | cresciamo, crescete, créscono | *to grow,* |
| *Imp. Ind.* | crescevo, crescevi, cresceva; | *to increase* |
| | crescevamo, crescevate, crescévano | |

*Past Abs.* crebbi, crescesti, crebbe;
crescemmo, cresceste, crébbero

*Fut. Ind.* crescerò, crescerai, crescerà;
cresceremo, crescerete, cresceranno

*Pres.* crescerèi, cresceresti, crescerèbbe;
*Cond.* cresceremmo, crescereste, crescerèbbero

*Pres.* cresca, cresca, cresca;
*Subj.* cresciamo, cresciate, créscano

*Imp.Subj.* crescessi, crescessi, crescesse;
crescéssimo, cresceste, crescéssero

*Pres.Perf.* sono cresciuto, sèi cresciuto, è cresciuto;
siamo cresciuti, siète cresciuto(i), sono cresciuti

*Past Perf.* èro cresciuto, èri cresciuto, èra cresciuto;
eravamo cresciuti, eravate cresciuto(i), èrano cresciuti

*Past Ant.* fui cresciuto, fosti cresciuto, fu cresciuto;
fummo cresciuti, foste cresciuto(i), fúrono cresciuti

*Fut. Perf.* sarò cresciuto, sarai cresciuto, sarà cresciuto;
saremo cresciuti, sarete cresciuto(i), saranno cresciuti

*Past* sarèi cresciuto, saresti cresciuto, sarèbbe cresciuto;
*Cond.* saremmo cresciuti, sareste cresciuto(i), sarèbbero cresciuti

*Past Subj.* sia cresciuto, sia cresciuto, sia cresciuto;
siamo cresciuti, siate cresciuto(i), síano cresciuti

*Past Perf.* fossi cresciuto, fossi cresciuto, fosse cresciuto;
*Subj.* fóssimo cresciuti, foste cresciuto(i), fóssero cresciuti

*Impera-* cresci (non créscere), cresca;
*tive* cresciamo, crescete, créscano

* Like *créscere* are *accréscere* (with *avere*), *decréscere,* and *rincréscere.*

| | | |
|---|---|---|
| *Pres. Ind.* | cucio, cuci, cuce;<br>cuciamo, cucite, cúciono | *to sew* |
| *Imp. Ind.* | cucivo, cucivi, cuciva;<br>cucivamo, cucivate, cucívano | |
| *Past Abs.* | cucii, cucisti, cucí;<br>cucimmo, cuciste, cucírono | |
| *Fut. Ind.* | cucirò, cucirai, cucirà;<br>cuciremo, cucirete, cuciranno | |
| *Pres.*<br>*Cond.* | cucirèi, cuciresti, cucirèbbe;<br>cuciremmo, cucireste, cucirèbbero | |
| *Pres.*<br>*Subj.* | cucia, cucia, cucia;<br>cuciamo, cuciate, cúciano | |
| *Imp. Subj.* | cucissi, cucissi, cucisse;<br>cucíssimo, cuciste, cucíssero | |
| *Pres. Perf.* | ho cucito, hai cucito, ha cucito;<br>abbiamo cucito, avete cucito, hanno cucito | |
| *Past Perf.* | avevo cucito, avevi cucito, aveva cucito;<br>avevamo cucito, avevate cucito, avévano cucito | |
| *Past Ant.* | èbbi cucito, avesti cucito, èbbe cucito;<br>avemmo cucito, aveste cucito, èbbero cucito | |
| *Fut. Perf.* | avrò cucito, avrai cucito, avrà cucito;<br>avremo cucito, avrete cucito, avranno cucito | |
| *Past*<br>*Cond.* | avrèi cucito, avresti cucito, avrèbbe cucito;<br>avremmo cucito, avreste cucito, avrèbbero cucito | |
| *Past Subj.* | àbbia cucito, àbbia cucito, àbbia cucito;<br>abbiamo cucito, abbiate cucito, àbbiano cucito | |
| *Past Perf.*<br>*Subj.* | avessi cucito, avessi cucito, avesse cucito;<br>avéssimo cucito, aveste cucito, avéssero cucito | |
| *Impera-*<br>*tive* | cuci (non cucire), cucia;<br>cuciamo, cucite, cúciano | |

*Pres. Ind.*   cuòcio (cuòco), cuòci, cuòce;
cociamo (cuociamo), cocete (cuocete), cuòciono   *to cook*
(cuòcono)

*Imp. Ind.*   cocevo (cuocevo), cocevi (cuocevi), coceva (cuoceva);
cocevamo (cuocevamo), cocevate (cuocevate), cocévano (cuocévano)

*Past Abs.*   còssi, cocesti (cuocesti), còsse;
cocemmo (cuocemmo), coceste (cuoceste), còssero

*Fut. Ind.*   cocerò (cuocerò), cocerai (cuocerai), cocerà (cuocerà);
coceremo (cuoceremo), cocerete (cuocerete), coceranno (cuoceranno)

*Pres.*   cocerèi (cuocerèi), coceresti (cuoceresti), cocerèbbe (cuocerèbbe);
*Cond.*   coceremmo (cuoceremmo), cocereste (cuocereste), cocerèbbero (cuocerèbbero)

*Pres.*   cuòcia (cuòca), cuòcia (cuòca), cuòcia (cuòca);
*Subj.*   cociamo (cuociamo), cociate (cuociate), cuòciano (cuòcano)

*Imp. Subj.*   cocessi (cuocessi), cocessi (cuocessi), cocesse (cuocesse);
cocéssimo (cuocéssimo), coceste (cuoceste), cocéssero (cuocéssero)

*Pres. Perf.*   ho còtto, hai còtto, ha còtto;
abbiamo còtto, avete còtto, hanno còtto

*Past Perf.*   avevo còtto, avevi còtto, aveva còtto;
avevamo còtto, avevate còtto, avévano còtto

*Past Ant.*   èbbi còtto, avesti còtto, èbbe còtto;
avemmo còtto, aveste còtto, èbbero còtto

*Fut. Perf.*   avrò còtto, avrai còtto, avrà còtto;
avremo còtto, avrete còtto, avranno còtto

*Past*   avrèi còtto, avresti còtto, avrèbbe còtto;
*Cond.*   avremmo còtto, avreste còtto, avrèbbero còtto

*Past Subj.*   àbbia còtto, àbbia còtto, àbbia còtto;
abbiamo còtto, abbiate còtto, àbbiano còtto

*Past Perf.*   avessi còtto, avessi còtto, avesse còtto;
*Subj.*   avéssimo còtto, aveste còtto, avéssero còtto

*Impera-*   cuòci (non cuòcere), cuòcia (cuòca);
*tive*   cociamo (cuociamo), cocete (cuocete), cuòciano (cuòcano)

| | |
|---|---|
| *Pres. Ind.* | do, dai, dà;<br>diamo, date, danno |
| *Imp. Ind.* | davo, davi, dava;<br>davamo, davate, dàvano |
| *Past Abs.* | dièdi (dètti), desti, diède (dètte);<br>demmo, deste, dièdero (dèttero) |
| *Fut. Ind.* | darò, darai, darà;<br>daremo, darete, daranno |
| *Pres.*<br>*Cond.* | darèi, daresti, darèbbe;<br>daremmo, dareste, darèbbero |
| *Pres.*<br>*Subj.* | dia, dia, dia;<br>diamo, diate, díano |
| *Imp.Subj.* | dessi, dessi, desse;<br>déssimo, deste, déssero |
| *Pres.Perf.* | ho dato, hai dato, ha dato;<br>abbiamo dato, avete dato, hanno dato |
| *Past Perf.* | avevo dato, avevi dato, aveva dato;<br>avevamo dato, avevate dato, avévano dato |
| *Past Ant.* | èbbi dato, avesti dato, èbbe dato;<br>avemmo dato, aveste dato, èbbero dato |
| *Fut. Perf.* | avrò dato, avrai dato, avrà dato;<br>avremo dato, avrete dato, avranno dato |
| *Past*<br>*Cond.* | avrèi dato, avresti dato, avrèbbe dato;<br>avremmo dato, avreste dato, avrèbbero dato |
| *Past Subj.* | àbbia dato, àbbia dato, àbbia dato;<br>abbiamo dato, abbiate dato, àbbiano dato |
| *Past Perf.*<br>*Subj.* | avessi dato, avessi dato, avesse dato;<br>avéssimo dato, aveste dato, avéssero dato |
| *Impera-*<br>*tive* | da' (non dare), dia;<br>diamo, date, díano |

*to give*

| | |
|---|---|
| *Pres. Ind.* | decido, decidi, decide; | 
| | decidiamo, decidete, decídono |

*to decide*

| | |
|---|---|
| *Imp. Ind.* | decidevo, decidevi, decideva; |
| | decidevamo, decidevate, decidévano |
| *Past Abs.* | decisi, decidesti, decise; |
| | decidemmo, decideste, decísero |
| *Fut. Ind.* | deciderò, deciderai, deciderà; |
| | decideremo, deciderete, decideranno |
| *Pres.* | deciderèi, decideresti, deciderèbbe; |
| *Cond.* | decideremmo, decidereste, deciderèbbero |
| *Pres.* | decida, decida, decida; |
| *Subj.* | decidiamo, decidiate, decídano |
| *Imp.Subj.* | decidessi, decidessi, decidesse; |
| | decidéssimo, decideste, decidéssero |
| *Pres.Perf.* | ho deciso, hai deciso, ha deciso; |
| | abbiamo deciso, avete deciso, hanno deciso |
| *Past Perf.* | avevo deciso, avevi deciso, aveva deciso; |
| | avevamo deciso, avevate deciso, avévano deciso |
| *Past Ant.* | èbbi deciso, avesti deciso, èbbe deciso; |
| | avemmo deciso, aveste deciso, èbbero deciso |
| *Fut. Perf.* | avrò deciso, avrai deciso, avrà deciso; |
| | avremo deciso, avrete deciso, avranno deciso |
| *Past* | avrèi deciso, avresti deciso, avrèbbe deciso; |
| *Cond.* | avremmo deciso, avreste deciso, avrèbbero deciso |
| *Past Subj.* | àbbia deciso, àbbia deciso, àbbia deciso; |
| | abbiamo deciso, abbiate deciso, àbbiano deciso |
| *Past Perf.* | avessi deciso, avessi deciso, avesse deciso; |
| *Subj.* | avéssimo deciso, aveste deciso, avéssero deciso |
| *Impera-* | decidi (non decídere), decida; |
| *tive* | decidiamo, decidete, decídano |

| | | |
|---|---|---|
| *Pres. Ind.* | descrivo, descrivi, descrive;<br>descriviamo, descrivete, descrívono | *to describe* |
| *Imp. Ind.* | descrivevo, descrivevi, descriveva;<br>descrivevamo, descrivevate, descrivévano | |
| *Past. Abs.* | descrissi, descrivesti, descrisse;<br>descrivemmo, descriveste, descríssero | |
| *Fut. Ind.* | descriverò, descriverai, descriverà;<br>descriveremo, descriverete, descriveranno | |
| *Pres. Cond.* | descriverèi, descriveresti, descriverèbbe;<br>descriveremmo, descrivereste, descriverèbbero | |
| *Pres. Subj.* | descriva, descriva, descriva;<br>descriviamo, descriviate, descrívano | |
| *Imp.Subj.* | descrivessi, descrivessi, descrivesse;<br>descrivéssimo, descriveste, descrivéssero | |
| *Pres.Perf.* | ho descritto, hai descritto, ha descritto;<br>abbiamo descritto, avete descritto, hanno descritto | |
| *Past Perf.* | avevo descritto, avevi descritto, aveva descritto;<br>avevamo descritto, avevate descritto, avévano descritto | |
| *Past Ant.* | èbbi descritto, avesti descritto, èbbe descritto;<br>avemmo descritto, aveste descritto, èbbero descritto | |
| *Fut. Perf.* | avrò descritto, avrai descritto, avrà descritto;<br>avremo descritto, avrete descritto, avranno descritto | |
| *Past Cond.* | avrèi descritto, avresti descritto, avrèbbe descritto;<br>avremmo descritto, avreste descritto, avrèbbero descritto | |
| *Past Subj.* | àbbia descritto, àbbia descritto, àbbia descritto;<br>abbiamo descritto, abbiate descritto, àbbiano descritto | |
| *Past Perf. Subj.* | avessi descritto, avessi descritto, avesse descritto;<br>avéssimo descritto, aveste descritto, avéssero descritto | |
| *Imperative* | descrivi (non descrívere), descriva;<br>descriviamo, descrivete, descrívano | |

*Pres. Ind.* difèndo, difèndi, difènde;                    *to defend*
difendiamo, difendete, difèndono

*Imp. Ind.* difendevo, difendevi, difendeva;
difendevamo, difendevate, difendévano

*Past Abs.* difesi, difendesti, difese;
difendemmo, difendeste, difésero

*Fut. Ind.* difenderò, difenderai, difenderà;
difenderemo, difenderete, difenderanno

*Pres.* difenderèi, difenderesti, difenderèbbe;
*Cond.* difenderemmo, difendereste, difenderèbbero

*Pres.* difènda, difènda, difènda;
*Subj.* difendiamo, difendiate, difèndano

*Imp.Subj.* difendessi, difendessi, difendesse;
difendéssimo, difendeste, difendéssero

*Pres.Perf.* ho difeso, hai difeso, ha difeso;
abbiamo difeso, avete difeso, hanno difeso

*Past Perf.* avevo difeso, avevi difeso, aveva difeso;
avevamo difeso, avevate difeso, avévano difeso

*Past Ant.* èbbi difeso, avesti difeso, èbbe difeso;
avemmo difeso, aveste difeso, èbbero difeso

*Fut. Perf.* avrò difeso, avrai difeso, avrà difeso;
avremo difeso, avrete difeso, avranno difeso

*Past* avrèi difeso, avresti difeso, avrèbbe difeso;
*Cond.* avremmo difeso, avreste difeso, avrèbbero difeso

*Past Subj.* àbbia difeso, àbbia difeso, àbbia difeso;
abbiamo difeso, abbiate difeso, àbbiano difeso

*Past Perf.* avessi difeso, avessi difeso, avesse difeso;
*Subj.* avéssimo difeso, aveste difeso, avéssero difeso

*Impera-* difèndi (non difèndere), difènda;
*tive* difendiamo, difendete, difèndano

| | | |
|---|---|---|
| *Pres. Ind.* | diffondo, diffondi, diffonde; diffondiamo, diffondete, diffóndono | *to diffuse* |
| *Imp. Ind.* | diffondevo, diffondevi, diffondeva; diffondevamo, diffondevate, diffondévano | |
| *Past Abs.* | diffusi, diffondesti, diffuse; diffondemmo, diffondeste, diffúsero | |
| *Fut. Ind.* | diffonderò, diffonderai, diffonderà; diffonderemo, diffonderete, diffonderanno | |
| *Pres. Cond.* | diffonderèi, diffonderesti, diffonderèbbe; diffonderemmo, diffondereste, diffonderèbbero | |
| *Pres. Subj.* | diffonda, diffonda, diffonda; diffondiamo, diffondiate, diffóndano | |
| *Imp.Subj.* | diffondessi, diffondessi, diffondesse; diffondéssimo, diffondeste, diffondéssero | |
| *Pres.Perf.* | ho diffuso, hai diffuso, ha diffuso; abbiamo diffuso, avete diffuso, hanno diffuso | |
| *Past Perf.* | avevo diffuso, avevi diffuso, aveva diffuso; avevamo diffuso, avevate diffuso, avévano diffuso | |
| *Past Ant.* | èbbi diffuso, avesti diffuso, èbbe diffuso; avemmo diffuso, aveste diffuso, èbbero diffuso | |
| *Fut. Perf.* | avrò diffuso, avrai diffuso, avrà diffuso; avremo diffuso, avrete diffuso, avranno diffuso | |
| *Past Cond.* | avrèi diffuso, avresti diffuso, avrèbbe diffuso; avremmo diffuso, avreste diffuso, avrèbbero diffuso | |
| *Past Subj.* | àbbia diffuso, àbbia diffuso, àbbia diffuso; abbiamo diffuso, abbiate diffuso, àbbiano diffuso | |
| *Past Perf. Subj.* | avessi diffuso, avessi diffuso, avesse diffuso; avéssimo diffuso, aveste diffuso, avéssero diffuso | |
| *Impera- tive* | diffondi (non diffóndere), diffonda; diffondiamo, diffondete, diffóndano | |

| | |
|---|---|
| *Pres. Ind.* | dipèndo, dipèndi, dipènde;<br>dipendiamo, dipendete, dipèndono |
| *Imp. Ind.* | dipendevo, dipendevi, dipendeva;<br>dipendevamo, dipendevate, dipendévano |
| *Past Abs.* | dipesi, dipendesti, dipese;<br>dipendemmo, dipendeste, dipésero |
| *Fut. Ind.* | dipenderò, dipenderai, dipenderà;<br>dipenderemo, dipenderete, dipenderanno |
| *Pres.*<br>*Cond.* | dipenderèi, dipenderesti, dipenderèbbe;<br>dipenderemmo, dipendereste, dipenderèbbero |
| *Pres.*<br>*Subj.* | dipènda, dipènda, dipènda;<br>dipendiamo, dipendiate, dipèndano |
| *Imp.Subj.* | dipendessi, dipendessi, dipendesse;<br>dipendéssimo, dipendeste, dipendéssero |
| *Pres.Perf.* | sono dipeso, sèi dipeso, è dipeso;<br>siamo dipesi, siète dipeso(i), sono dipesi |
| *Past Perf.* | èro dipeso, èri dipeso, èra dipeso;<br>eravamo dipesi, eravate dipeso(i), èrano dipesi |
| *Past Ant.* | fui dipeso, fosti dipeso, fu dipeso;<br>fummo dipesi, foste dipeso(i), fúrono dipesi |
| *Fut. Perf.* | sarò dipeso, sarai dipeso, sarà dipeso;<br>saremo dipesi, sarete dipeso(i), saranno dipesi |
| *Past*<br>*Cond.* | sarèi dipeso, saresti dipeso, sarèbbe dipeso;<br>saremmo dipesi, sareste dipeso(i), sarèbbero dipesi |
| *Past Subj.* | sia dipeso, sia dipeso, sia dipeso;<br>siamo dipesi, siate dipeso(i), síano dipesi |
| *Past Perf.*<br>*Subj.* | fossi dipeso, fossi dipeso, fosse dipeso;<br>fóssimo dipesi, foste dipeso(i), fóssero dipesi |
| *Impera-*<br>*tive* | dipèndi (non dipèndere), dipènda;<br>dipendiamo, dipendete, dipèndano |

*to depend*

| | | |
|---|---|---|
| *Pres. Ind.* | dipingo, dipingi, dipinge;<br>dipingiamo, dipingete, dipíngono | *to paint,* |
| *Imp. Ind.* | dipingevo, dipingevi, dipingeva;<br>dipingevamo, dipingevate, dipingévano | *to depict* |
| *Past Abs.* | dipinsi, dipingesti, dipinse;<br>dipingemmo, dipingeste, dipínsero | |
| *Fut. Ind.* | dipingerò, dipingerai, dipingerà;<br>dipingeremo, dipingerete, dipingeranno | |
| *Pres.*<br>*Cond.* | dipingerèi, dipingeresti, dipingerèbbe;<br>dipingeremmo, dipingereste, dipingerèbbero | |
| *Pres.*<br>*Subj.* | dipinga, dipinga, dipinga;<br>dipingiamo, dipingiate, dipíngano | |
| *Imp.Subj.* | dipingessi, dipingessi, dipingesse;<br>dipingéssimo, dipingeste, dipingéssero | |
| *Pres.Perf.* | ho dipinto, hai dipinto, ha dipinto;<br>abbiamo dipinto, avete dipinto, hanno dipinto | |
| *Past Perf.* | avevo dipinto, avevi dipinto, aveva dipinto;<br>avevamo dipinto, avevate dipinto, avévano dipinto | |
| *Past Ant.* | èbbi dipinto, avesti dipinto, èbbe dipinto;<br>avemmo dipinto, aveste dipinto, èbbero dipinto | |
| *Fut. Perf.* | avrò dipinto, avrai dipinto, avrà dipinto;<br>avremo dipinto, avrete dipinto, avranno dipinto | |
| *Past*<br>*Cond.* | avrèi dipinto, avresti dipinto, avrèbbe dipinto;<br>avremmo dipinto, avreste dipinto, avrèbbero dipinto | |
| *Past Subj.* | àbbia dipinto, àbbia dipinto, àbbia dipinto;<br>abbiamo dipinto, abbiate dipinto, àbbiano dipinto | |
| *Past Perf.*<br>*Subj.* | avessi dipinto, avessi dipinto, avesse dipinto;<br>avéssimo dipinto, aveste dipinto, avéssero dipinto | |
| *Impera-*<br>*tive* | dipingi (non dipíngere), dipinga;<br>dipingiamo, dipingete, dipíngano | |

|  |  |  |
|---|---|---|
| *Pres. Ind.* | dico, dici, dice; <br> diciamo, dite, dícono | *to say,* |
| *Imp. Ind.* | dicevo, dicevi, diceva; <br> dicevamo, dicevate, dicévano | *to tell* |
| *Past Abs.* | dissi, dicesti, disse; <br> dicemmo, diceste, díssero | |
| *Fut. Ind.* | dirò, dirai, dirà; <br> diremo, direte, diranno | |
| *Pres. Cond.* | dirèi, diresti, dirèbbe; <br> diremmo, direste, dirèbbero | |
| *Pres. Subj.* | dica, dica, dica; <br> diciamo, diciate, dícano | |
| *Imp.Subj.* | dicessi, dicessi, dicesse; <br> dicéssimo, diceste, dicéssero | |
| *Pres.Perf.* | ho detto, hai detto, ha detto; <br> abbiamo detto, avete detto, hanno detto | |
| *Past Perf.* | avevo detto, avevi detto, aveva detto; <br> avevamo detto, avevate detto, avévano detto | |
| *Past Ant.* | èbbi detto, avesti detto, èbbe detto; <br> avemmo detto, aveste detto, èbbero detto | |
| *Fut. Perf.* | avrò detto, avrai detto, avrà detto; <br> avremo detto, avrete detto, avranno detto | |
| *Past Cond.* | avrèi detto, avresti detto, avrèbbe detto; <br> avremmo detto, avreste detto, avrèbbero detto | |
| *Past Subj.* | àbbia detto, àbbia detto, àbbia detto; <br> abbiamo detto, abbiate detto, àbbiano detto | |
| *Past Perf. Subj.* | avessi detto, avessi detto, avesse detto; <br> avéssimo detto, aveste detto, avéssero detto | |
| *Imperative* | di' (non dire), dica; <br> diciamo, dite, dícano | |

*Like *dire* are *disdire, interdire, predire,* and *ridire,* except for *diadici,* etc. in the Imperative.

| | | |
|---|---|---|
| *Pres. Ind.* | dirigo, dirigi, dirige;<br>dirigiamo, dirigete, dirígono | *to direct* |
| *Imp. Ind.* | dirigevo, dirigevi, dirigeva;<br>dirigevamo, dirigevate, dirigévano | |
| *Past Abs.* | dirèssi, dirigesti, dirèsse;<br>dirigemmo, dirigeste, dirèssero | |
| *Fut. Ind.* | dirigerò, dirigerai, dirigerà;<br>dirigeremo, dirigerete, dirigeranno | |
| *Pres.*<br>*Cond.* | dirigerèi, dirigeresti, dirigerèbbe;<br>dirigeremmo, dirigereste, dirigerèbbero | |
| *Pres.*<br>*Subj.* | diriga, diriga, diriga;<br>dirigiamo, dirigiate, dirígano | |
| *Imp.Subj.* | dirigessi, dirigessi, dirigesse;<br>dirigéssimo, dirigeste, dirigéssero | |
| *Pres.Perf.* | ho dirètto, hai dirètto, ha dirètto;<br>abbiamo dirètto, avete dirètto, hanno dirètto | |
| *Past Perf.* | avevo dirètto, avevi dirètto, aveva dirètto;<br>avevamo dirètto, avevate dirètto, avévano dirètto | |
| *Past Ant.* | èbbi dirètto, avesti dirètto, èbbe dirètto;<br>avemmo dirètto, aveste dirètto, èbbero dirètto | |
| *Fut. Perf.* | avrò dirètto, avrai dirètto, avrà diretto;<br>avremo dirètto, avrete dirètto, avranno dirètto | |
| *Past*<br>*Cond.* | avrèi dirètto, avresti dirètto, avrèbbe dirètto;<br>avremmo dirètto, avreste dirètto, avrèbbero dirètto | |
| *Past Subj.* | àbbia dirètto, àbbia dirètto, àbbia dirètto;<br>abbiamo dirètto, abbiate dirètto, àbbiano dirètto | |
| *Past Perf.*<br>*Subj.* | avessi dirètto, avessi dirètto, avesse dirètto;<br>avéssimo dirètto, aveste dirètto, avéssero dirètto | |
| *Impera-*<br>*tive* | dirigi (non dirígere), diriga;<br>dirigiamo, dirigete, dirígano | |

**59**

| | | |
|---|---|---|
| *Pres. Ind.* | discorro, discorri, discorre; discorriamo, discorrete, discórrono | *to talk,* |
| *Imp. Ind.* | discorrevo, discorrevi, discorreva; discorrevamo, discorrevate, discorrévano | *to chat* |
| *Past Abs.* | discorsi, discorresti, discorse; discorremmo, discorreste, discórsero | |
| *Fut. Ind.* | discorrerò, discorrerai, discorrerà; discorreremo, discorrerete, discorreranno | |
| *Pres. Cond.* | discorrerèi, discorreresti, discorrerèbbe; discorreremmo, discorrereste, discorrerèbbero | |
| *Pres. Subj.* | discorra, discorra, discorra; discorriamo, discorriate, discórrano | |
| *Imp.Subj.* | discorressi, discorressi, discorresse; discorréssimo, discorreste, discorréssero | |
| *Pres.Perf.* | ho discorso, hai discorso, ha discorso; abbiamo discorso, avete discorso, hanno discorso | |
| *Past Perf.* | avevo discorso, avevi discorso, aveva discorso; avevamo discorso, avevate discorso, avévano discorso | |
| *Past Ant.* | èbbi discorso, avesti discorso, èbbe discorso; avemmo discorso, aveste discorso, èbbero discorso | |
| *Fut. Perf.* | avrò discorso, avrai discorso, avrà discorso; avremo discorso, avrete discorso, avranno discorso | |
| *Past Cond.* | avrèi discorso, avresti discorso, avrèbbe discorso; avremmo discorso, avreste discorso, avrèbbero discorso | |
| *Past Subj.* | àbbia discorso, àbbia discorso, àbbia discorso; abbiamo discorso, abbiate discorso, àbbiano discorso | |
| *Past Perf. Subj.* | avessi discorso, avessi discorso, avesse discorso; avéssimo discorso, aveste discorso, avéssero discorso | |
| *Impera- tive* | discorri (non discórrere), discorra; discorriamo, discorrete, discórrano | |

| | | |
|---|---|---|
| *Pres. Ind* | discuto, discuti, discute;<br>discutiamo, discutete, discútono | *to discuss* |
| *Imp. Ind.* | discutevo, discutevi, discuteva;<br>discutevamo, discutevate, discutévano | |
| *Past Abs.* | discussi, discutesti, discusse;<br>discutemmo, discuteste, discússero | |
| *Fut. Ind.* | discuterò, discuterai, discuterà;<br>discuteremo, discuterete, discuteranno | |
| *Pres.*<br>*Cond.* | discuterèi, discuteresti, discuterèbbe;<br>discuteremmo, discutereste, discuterèbbero | |
| *Pres.*<br>*Subj.* | discuta, discuta, discuta;<br>discutiamo, discutiate, discútano | |
| *Imp.Subj.* | discutessi, discutessi, discutesse;<br>discutéssimo, discuteste, discutéssero | |
| *Pres.Perf.* | ho discusso, hai discusso, ha discusso;<br>abbiamo discusso, avete discusso, hanno discusso | |
| *Past Perf.* | avevo discusso, avevi discusso, aveva discusso;<br>avevamo discusso, avevate discusso, avévano discusso | |
| *Past Ant.* | èbbi discusso, avesti discusso, èbbe discusso;<br>avemmo discusso, aveste discusso, èbbero discusso | |
| *Fut. Perf.* | avrò discusso, avrai discusso, avrà discusso;<br>avremo discusso, avrete discusso, avranno discusso | |
| *Past*<br>*Cond.* | avrèi discusso, avresti discusso, avrèbbe discusso;<br>avremmo discusso, avreste discusso, avrèbbero discusso | |
| *Past Subj.* | àbbia discusso, àbbia discusso, àbbia discusso;<br>abbiamo discusso, abbiate discusso, àbbiano discusso | |
| *Past Perf.*<br>*Subj.* | avessi discusso, avessi discusso, avesse discusso;<br>avéssimo discusso, aveste discusso, avéssero discusso | |
| *Impera-*<br>*tive* | discuti (non discútere), discuta;<br>discutiamo, discutete, discútano | |

| | | |
|---|---|---|
| *Pres. Ind.* | disfaccio (disfò), disfai, disfà; disfacciamo, disfate, disfanno (*Or regular:* disfo, *etc.*) | *to undo* |

*Imp. Ind.* disfacevo, disfacevi, disfaceva; disfacevamo, disfacevate, disfacévano

*Past Abs.* disfeci, disfacesti, disfece; disfacemmo, disfaceste, disfécero

*Fut. Ind.* disfarò, disfarai, disfarà; disfaremo, disfarete, disfaranno (*Or regular:* disferò, *etc.*)

*Pres.* disfarèi, disfaresti, disfarèbbe;
*Cond.* disfaremmo, disfareste, disfarèbbero (*Or regular:* disferèi, *etc.*)

*Pres.* disfaccia, disfaccia, disfaccia;
*Subj.* disfacciamo, disfacciate, disfàcciano (*Or regular:* disfi, *etc.*)

*Imp.Subj.* disfacessi, disfacessi, disfacesse; disfacéssimo, disfaceste, disfacéssero

*Pres.Perf.* ho disfatto, hai disfatto, ha disfatto; abbiamo disfatto, avete disfatto, hanno disfatto

*Past Perf.* avevo disfatto, avevi disfatto, aveva disfatto; avevamo disfatto, avevate disfatto, avévano disfatto

*Past Ant.* èbbi disfatto, avesti disfatto, èbbe disfatto; avemmo disfatto, aveste disfatto, èbbero disfatto

*Fut. Perf.* avrò disfatto, avrai disfatto, avrà disfatto; avremo disfatto, avrete disfatto, avranno disfatto

*Past* avrèi disfatto, avresti disfatto, avrèbbe disfatto;
*Cond.* avremmo disfatto, avreste disfatto, avrèbbero disfatto

*Past Subj.* àbbia disfatto, àbbia disfatto, àbbia disfatto; abbiamo disfatto, abbiate disfatto, àbbiano disfatto

*Past Perf.* avessi disfatto, avessi disfatto, avesse disfatto;
*Subj.* avéssimo disfatto, aveste disfatto, avéssero disfatto

*Impera-* disfa' (non disfare), disfaccia (disfi);
*tive* disfacciamo (disfiamo), disfate, disfàcciano (dísfino)

| | | |
|---|---|---|
| *Pres. Ind.* | dispiaccio, dispiaci, dispiace; dispiacciamo (dispiaciamo), dispiacete, dispiàcciono | *to displease, to be sorry* |

*Imp. Ind.* dispiacevo, dispiacevi, dispiaceva; dispiacevamo, dispiacevate, dispiacévano

*Past Abs.* dispiacqui, dispiacesti, dispiacque; dispiacemmo, dispiaceste, dispiàcquero

*Fut. Ind.* dispiacerò, dispiacerai, dispiacerà; dispiaceremo, dispiacerete, dispiaceranno

*Pres.* dispiacerèi, dispiaceresti, dispiacerèbbe;
*Cond.* dispiaceremmo, dispiacereste, dispiacerèbbero

*Pres.* dispiaccia, dispiaccia, dispiaccia;
*Subj.* dispiacciamo (dispiaciamo), dispiacciate (dispiaciate), dispiàcciano

*Imp.Subj.* dispiacessi, dispiacessi, dispiacesse; dispiacéssimo, dispiaceste, dispiacéssero

*Pres.Perf.* sono dispiaciuto, sèi dispiaciuto, è dispiaciuto; siamo dispiaciuti, siète dispiaciuto(i), sono dispiaciuti

*Past Perf.* èro dispiaciuto, èri dispiaciuto, èra dispiaciuto; eravamo dispiaciuti, eravate dispiaciuto(i), èrano dispiaciuti

*Past Ant.* fui dispiaciuto, fosti dispiaciuto, fu dispiaciuto; fummo dispiaciuti, foste dispiaciuto(i), fúrono dispiaciuti

*Fut. Perf.* sarò dispiaciuto, sarai dispiaciuto, sarà dispiaciuto; saremo dispiaciuti, sarete dispiaciuto(i), saranno dispiaciuti

*Past* sarèi dispiaciuto, saresti dispiaciuto, sarèbbe dispiaciuto;
*Cond.* saremmo dispiaciuti, sareste dispiaciuto(i), sarèbbero dispiaciuti

*Past Subj.* sia dispiaciuto, sia dispiaciuto, sia dispiaciuto; siamo dispiaciuti, siate dispiaciuto(i), síano dispiaciuti

*Past Perf.* fossi dispiaciuto, fossi dispiaciuto, fosse dispiaciuto;
*Subj.* fóssimo dispiaciuti, foste dispiaciuto(i), fóssero dispiaciuti

*Impera-* dispiaci (non dispiacere), dispiaccia;
*tive* dispiacciamo (dispiaciamo), dispiacete, dispiàcciano

| | | |
|---|---|---|
| *Pres. Ind.* | dispongo, disponi, dispone; disponiamo, disponete, dispóngono | *to dispose* |
| *Imp. Ind.* | disponevo, disponevi, disponeva; disponevamo, disponevate, disponévano | |
| *Past Abs.* | disposi, disponesti, dispose; disponemmo, disponeste, dispósero | |
| *Fut. Ind.* | disporrò, disporrai, disporrà; disporremo, disporrete, disporranno | |
| *Pres. Cond.* | disporrèi, disporresti, disporrèbbe; disporremmo, disporreste, disporrèbbero | |
| *Pres. Subj.* | disponga, disponga, disponga; disponiamo, disponiate, dispóngano | |
| *Imp.Subj.* | disponessi, disponessi, disponesse; disponéssimo, disponeste, disponéssero | |
| *Pres.Perf.* | ho disposto, hai disposto, ha disposto; abbiamo disposto, avete disposto, hanno disposto | |
| *Past Perf.* | avevo disposto, avevi disposto, aveva disposto; avevamo disposto, avevate disposto, avévano disposto | |
| *Past Ant.* | èbbi disposto, avesti disposto, èbbe disposto; avemmo disposto, aveste disposto, èbbero disposto | |
| *Fut. Perf.* | avrò disposto, avrai disposto, avrà disposto; avremo disposto, avrete disposto, avranno disposto | |
| *Past Cond.* | avrèi disposto, avresti disposto, avrèbbe disposto; avremmo disposto, avreste disposto, avrèbbero disposto | |
| *Past Subj.* | àbbia disposto, àbbia disposto, àbbia disposto; abbiamo disposto, abbiate disposto, àbbiano disposto | |
| *Past Perf. Subj.* | avessi disposto, avessi disposto, avesse disposto; avéssimo disposto, aveste disposto, avéssero disposto | |
| *Imperative* | disponi (non disporre), disponga; disponiamo, disponete, dispóngano | |

| | | |
|---|---|---|
| *Pres. Ind.* | distinguo, distingui, distingue; distinguiamo, distinguete, distínguono | *to distinguish* |
| *Imp. Ind.* | distinguevo, distinguevi, distingueva; distinguevamo, distinguevate, distinguévano | |
| *Past Abs.* | distinsi, distinguesti, distinse; distinguemmo, distingueste, distínsero | |
| *Fut. Ind.* | distinguerò, distinguerai, distinguerà; distingueremo, distinguerete, distingueranno | |
| *Pres. Cond.* | distinguerèi, distingueresti, distinguerèbbe; distingueremmo, distinguereste, distinguerèbbero | |
| *Pres. Subj.* | distingua, distingua, distingua; distinguiamo, distinguiate, distínguano | |
| *Imp.Subj.* | distinguessi, distinguessi, distinguesse; distinguéssimo, distingueste, distinguéssero | |
| *Pres.Perf.* | ho distinto, hai distinto, ha distinto; abbiamo distinto, avete distinto, hanno distinto | |
| *Past Perf.* | avevo distinto, avevi distinto, aveva distinto; avevamo distinto, avevate distinto, avévano distinto | |
| *Past Ant.* | èbbi distinto, avesti distinto, èbbe distinto; avemmo distinto, aveste distinto, èbbero distinto | |
| *Fut. Perf.* | avrò distinto, avrai distinto, avrà distinto; avremo distinto, avrete distinto, avranno distinto | |
| *Past Cond.* | avrèi distinto, avresti distinto, avrèbbe distinto; avremmo distinto, avreste distinto, avrèbbero distinto | |
| *Past Subj.* | àbbia distinto, àbbia distinto, àbbia distinto; abbiamo distinto, abbiate distinto, àbbiano distinto | |
| *Past Perf. Subj.* | avessi distinto, avessi distinto, avesse distinto; avéssimo distinto, aveste distinto, avéssero distinto | |
| *Impera- tive* | distingui (non distínguere), distingua; distinguiamo, distinguete, distínguano | |

65

*Pres. Ind.* distraggo, distrai, distrae;        *to distract*
distraiamo (distragghiamo), distraete, di-
stràggono

*Imp. Ind.* distraevo, distraevi, distraeva;
distraevamo, distraevate, distraévano

*Past Abs.* distrassi, distraesti, distrasse;
distraemmo, distraeste, distràssero

*Fut. Ind.* distrarrò, distrarrai, distrarrà;
distrarremo, distrarrete, distrarranno

*Pres.* distrarrèi, distrarresti, distrarrèbbe;
*Cond.* distrarremmo, distrarreste, distrarrèbbero

*Pres.* distragga, distragga, distragga;
*Subj.* distraiamo (distragghiamo), distraiate (distragghiate), distràggano

*Imp.Subj.* distraessi, distraessi, distraesse;
distraéssimo, distraeste, distraéssero

*Pres.Perf.* ho distratto, hai distratto, ha distratto;
abbiamo distratto, avete distratto, hanno distratto

*Past Perf.* avevo distratto, avevi distratto, aveva distratto;
avevamo distratto, avevate distratto, avévano distratto

*Past Ant.* èbbi distratto, avesti distratto, èbbe distratto;
avemmo distratto, aveste distratto, èbbero distratto

*Fut. Perf.* avrò distratto, avrai distratto, avrà distratto;
avremo distratto, avrete distratto, avranno distratto

*Past* avrèi distratto, avresti distratto, avrèbbe distratto;
*Cond.* avremmo distratto, avreste distratto, avrèbbero distratto

*Past Subj.* àbbia distratto, àbbia distratto, àbbia distratto;
abbiamo distratto, abbiate distratto, àbbiano distratto

*Past Perf.* avessi distratto, avessi distratto, avesse distratto;
*Subj.* avéssimo distratto, aveste distratto, avéssero distratto

*Impera-* distrai (non distrarre), distragga;
*tive* distraiamo (distragghiamo), distraete, distràggano

| | | |
|---|---|---|
| *Pres. Ind.* | distruggo, distruggi, distrugge; distruggiamo, distruggete, distrúggono | *to destroy* |
| *Imp. Ind.* | distruggevo, distruggevi, distruggeva; distruggevamo, distruggevate, distruggévano | |
| *Past Abs.* | distrussi, distruggesti, distrusse; distruggemmo, distruggeste, distrússero | |
| *Fut. Ind.* | distruggerò, distruggerai, distruggerà; distruggeremo, distruggerete, distruggeranno | |

*Pres.* distruggerèi, distruggeresti, distruggerèbbe;
*Cond.* distruggeremmo, distruggereste, distruggerèbbero

*Pres.* distrugga, distrugga, distrugga;
*Subj.* distruggiamo, distruggiate, distrúggano

*Imp.Subj.* distruggessi, distruggessi, distruggesse;
distruggéssimo, distruggeste, distruggéssero

*Pres.Perf.* ho distrutto, hai distrutto, ha distrutto;
abbiamo distrutto, avete distrutto, hanno distrutto

*Past Perf.* avevo distrutto, avevi distrutto, aveva distrutto;
avevamo distrutto, avevate distrutto, avévano distrutto

*Past Ant.* èbbi distrutto, avesti distrutto, èbbe distrutto;
avemmo distrutto, aveste distrutto, èbbero distrutto

*Fut. Perf.* avrò distrutto, avrai distrutto, avrà distrutto;
avremo distrutto, avrete distrutto, avranno distrutto

*Past* avrèi distrutto, avresti distrutto, avrèbbe distrutto;
*Cond.* avremmo distrutto, avreste distrutto, avrèbbero distrutto

*Past Subj.* àbbia distrutto, àbbia distrutto, àbbia distrutto;
abbiamo distrutto, abbiate distrutto, àbbiano distrutto

*Past Perf.* avessi distrutto, avessi distrutto, avesse distrutto;
*Subj.* avéssimo distrutto, aveste distrutto, avéssero distrutto

*Impera-* distruggi (non distrúggere), distrugga;
*tive* distruggiamo, distruggete, distrúggano

| | | |
|---|---|---|
| *Pres. Ind.* | divèngo, divièni, diviène;<br>diveniamo, divenite, divèngono | *to become* |
| *Imp. Ind.* | divenivo, divenivi, diveniva;<br>divenivamo, divenivate, divenívano | |
| *Past Abs.* | divenni, divenisti, divenne;<br>divenimmo, diveniste, divénnero | |
| *Fut. Ind.* | diverrò, diverrai, diverrà;<br>diverremo, diverrete, diverranno | |
| *Pres.*<br>*Cond.* | diverrèi, diverresti, diverrèbbe;<br>diverremmo, diverreste, diverrèbbero | |
| *Pres.*<br>*Subj.* | divènga, divènga, divènga;<br>diveniamo, diveniate, divèngano | |
| *Imp.Subj.* | divenissi, divenissi, divenisse;<br>diveníssimo, diveniste, diveníssero | |
| *Pres.Perf.* | sono divenuto, sèi divenuto, è divenuto;<br>siamo divenuti, siète divenuto(i), sono divenuti | |
| *Past Perf.* | èro divenuto, èri divenuto, èra divenuto;<br>eravamo divenuti, eravate divenuto(i), èrano divenuti | |
| *Past Ant.* | fui divenuto, fosti divenuto, fu divenuto;<br>fummo divenuti, foste divenuto(i), fúrono divenuti | |
| *Fut. Perf.* | sarò divenuto, sarai divenuto, sarà divenuto;<br>saremo divenuti, sarete divenuto(i), saranno divenuti | |
| *Past*<br>*Cond.* | sarèi divenuto, saresti divenuto, sarèbbe divenuto;<br>saremmo divenuti, sareste divenuto(i), sarèbbero divenuti | |
| *Past Subj.* | sia divenuto, sia divenuto, sia divenuto;<br>siamo divenuti, siate divenuto(i), síano divenuti | |
| *Past Perf.*<br>*Subj.* | fossi divenuto, fossi divenuto, fosse divenuto;<br>fóssimo divenuti, foste divenuto(i), fóssero divenuti | |
| *Impera-*<br>*tive* | divièni (non divenire), divènga;<br>diveniamo, divenite, divèngano | |

*Pres. Ind.*   mi divèrto, ti divèrti, si divèrte;
ci divertiamo, vi divertite, si
divèrtono

*Imp. Ind.*   mi divertivo, ti divertivi, si
divertiva;
ci divertivamo, vi divertivate, si divertívano

*to have a good time,*
*to amuse oneself,*
*to enjoy onself*

*Past Abs.*   mi divertii, ti divertisti, si divertí;
ci divertimmo, vi divertiste, si divertírono

*Fut. Ind.*   mi divertirò, ti divertirai, si divertirà;
ci divertiremo, vi divertirete, si divertiranno

*Pres.*   mi divertirèi, ti divertiresti, si divertirèbbe;
*Cond.*   ci divertiremmo, vi divertireste, si divertirèbbero

*Pres.*   mi divèrta, ti divèrta, si divèrta;
*Subj.*   ci divertiamo, vi divertiate, si divèrtano

*Imp.Subj.*   mi divertissi, ti divertissi, si divertisse;
ci divertíssimo, vi divertiste, si divertíssero

*Pres.Perf.*   mi sono divertito, ti sèi divertito, si è divertito;
ci siamo divertiti, vi siète divertito(i), si sono divertiti

*Past Perf.*   mi èro divertito, ti èri divertito, si èra divertito;
ci eravamo divertiti, vi eravate divertito(i), si èrano divertiti

*Past Ant.*   mi fui divertito, ti fosti divertito, si fu divertito;
ci fummo divertiti, vi foste divertito(i), si fúrono divertiti

*Fut. Perf.*   mi sarò divertito, ti sarai divertito, si sarà divertito;
ci saremo divertiti, vi sarete divertito(i), si saranno divertiti

*Past*   mi sarèi divertito, ti saresti divertito, si sarèbbe divertito;
*Cond.*   ci saremmo divertiti, vi sareste divertito(i), si sarèbbero divertiti

*Past Subj.*   mi sia divertito, ti sia divertito, si sia divertito;
ci siamo divertiti, vi siate divertito(i), si síano divertiti

*Past Perf.*   mi fossi divertito, ti fossi divertito, si fosse divertito;
*Subj.*   ci fóssimo divertiti, vi foste divertito(i), si fóssero divertiti

*Impera-*   divèrtiti (non ti divertire), si divèrta;
*tive*   divertiàmoci, divertítevi, si divèrtano

| | |
|---|---|
| *Pres. Ind.* | divido, dividi, divide; dividiamo, dividete, divídono |
| *Imp. Ind.* | dividevo, dividevi, divideva; dividevamo, dividevate, dividévano |
| *Past Abs.* | divisi, dividesti, divise; dividemmo, divideste, divísero |
| *Fut. Ind.* | dividerò, dividerai, dividerà; divideremo, dividerete, divideranno |
| *Pres. Cond.* | dividerèi, divideresti, dividerèbbe; divideremmo, dividereste, dividerèbbero |
| *Pres. Subj.* | divida, divida, divida; dividiamo, dividiate, divídano |
| *Imp.Subj.* | dividessi, dividessi, dividesse; dividéssimo, divideste, dividéssero |
| *Pres.Perf.* | ho diviso, hai diviso, ha diviso; abbiamo diviso, avete diviso, hanno diviso |
| *Past Perf.* | avevo diviso, avevi diviso, aveva diviso; avevamo diviso, avevate diviso, avévano diviso |
| *Past Ant.* | èbbi diviso, avesti diviso, èbbe diviso; avemmo diviso, aveste diviso, èbbero diviso |
| *Fut. Perf.* | avrò diviso, avrai diviso, avrà diviso; avremo diviso, avrete diviso, avranno diviso |
| *Past Cond.* | avrèi diviso, avresti diviso, avrèbbe diviso; avremmo diviso, avreste diviso, avrèbbero diviso |
| *Past Subj.* | àbbia diviso, àbbia diviso, àbbia diviso; abbiamo diviso, abbiate diviso, àbbiano diviso |
| *Past Perf. Subj.* | avessi diviso, avessi diviso, avesse diviso; avéssimo diviso, aveste diviso, avéssero diviso |
| *Imperative* | dividi (non divídere), divida; dividiamo, dividete, divídano |

*to divide*

| | | |
|---|---|---|
| *Pres. Ind.* | dòlgo, duòli, duòle;<br>doliamo (dogliamo), dolete, dòlgono | *to suffer pain,* |
| *Imp. Ind.* | dolevo, dolevi, doleva;<br>dolevamo, dolevate, dolévano | *to ache* |
| *Past Abs.* | dòlsi, dolesti, dòlse;<br>dolemmo, doleste, dòlsero | |
| *Fut. Ind.* | dorrò, dorrai, dorrà;<br>dorremo, dorrete, dorranno | |
| *Pres.*<br>*Cond.* | dorrèi, dorresti, dorrèbbe;<br>dorremmo, dorreste, dorrèbbero | |
| *Pres.*<br>*Subj.* | dòlga, dòlga, dòlga;<br>doliamo (dogliamo), doliate (dogliate), dòlgano | |
| *Imp.Subj.* | dolessi, dolessi, dolesse;<br>doléssimo, doleste, doléssero | |
| *Pres.Perf.* | ho* doluto, hai doluto, ha doluto;<br>abbiamo doluto, avete doluto, hanno doluto | |
| *Past Perf.* | avevo doluto, avevi doluto, aveva doluto;<br>avevamo doluto, avevate doluto, avévano doluto | |
| *Past Ant.* | èbbi doluto, avesti doluto, èbbe doluto;<br>avemmo doluto, aveste doluto, èbbero doluto | |
| *Fut. Perf.* | avrò doluto, avrai doluto, avrà doluto;<br>avremo doluto, avrete doluto, avranno doluto | |
| *Past*<br>*Cond.* | avrèi doluto, avresti doluto, avrèbbe doluto;<br>avremmo doluto, avreste doluto, avrèbbero doluto | |
| *Past Subj.* | àbbia doluto, àbbia doluto, àbbia doluto;<br>abbiamo doluto, abbiate doluto, àbbiano doluto | |
| *Past Perf.*<br>*Subj.* | avessi doluto, avessi doluto, avesse doluto;<br>avéssimo doluto, aveste doluto, avéssero doluto | |
| *Impera-*<br>*tive* | duòli (non dolere), dòlga;<br>doliamo (dogliamo), dolete, dòlgano | |

\* *Dolere* is also conjugated with *èssere.*

| | | |
|---|---|---|
| *Pres. Ind.* | devo (debbo), devi, deve;<br>dobbiamo, dovete, dévono (débbono) | *to have to,* |
| *Imp. Ind.* | dovevo, dovevi, doveva;<br>dovevamo, dovevate, dovévano | *must,* |
| *Past Abs.* | dovei (dovètti), dovesti, dové (dovètte);<br>dovemmo, doveste, dovérono (dovèttero) | *ought,*<br>*owe,* |
| *Fut. Ind.* | dovrò, dovrai, dovrà;<br>dovremo, dovrete, dovranno | *should* |
| *Pres.*<br>*Cond.* | dovrèi, dovresti, dovrèbbe;<br>dovremmo, dovreste, dovrèbbero | |
| *Pres.*<br>*Subj.* | deva (debba), deva (debba), deva (debba);<br>dobbiamo, dobbiate, dévano (débbano) | |
| *Imp.*<br>*Subj.* | dovessi, dovessi, dovesse;<br>dovéssimo, doveste, dovéssero | |
| *Pres.Perf.* | ho* dovuto, hai dovuto, ha dovuto;<br>abbiamo dovuto, avete dovuto, hanno dovuto | |
| *Past Perf.* | avevo dovuto, avevi dovuto, aveva dovuto;<br>avevamo dovuto, avevate dovuto, avévano dovuto | |
| *Past Ant.* | èbbi dovuto, avesti dovuto, èbbe dovuto;<br>avemmo dovuto, aveste dovuto, èbbero dovuto | |
| *Fut. Perf.* | avrò dovuto, avrai dovuto, avrà dovuto;<br>avremo dovuto, avrete dovuto, avranno dovuto | |
| *Past*<br>*Cond.* | avrèi dovuto, avresti dovuto, avrèbbe dovuto;<br>avremmo dovuto, avreste dovuto, avrèbbero dovuto | |
| *Past Subj.* | àbbia dovuto, àbbia dovuto, àbbia dovuto;<br>abbiamo dovuto, abbiate dovuto, àbbiano dovuto | |
| *Past Perf.*<br>*Subj.* | avessi dovuto, avessi dovuto, avesse dovuto;<br>avéssimo dovuto, aveste dovuto, avéssero dovuto | |
| *Impera-*<br>*tive* | ———————— | |

\* *Dovere* takes *èssere* when the following infinitive requires it.

| | | |
|---|---|---|
| *Pres. Ind.* | elèggo, elèggi, elègge;<br>eleggiamo, eleggete, elèggono | *to elect,* |
| *Imp. Ind.* | eleggevo, eleggevi, eleggeva;<br>eleggevamo, eleggevate, eleggévano | *to choose* |
| *Past Abs.* | elèssi, eleggesti, elèsse;<br>eleggemmo, eleggeste, elèssero | |
| *Fut. Ind.* | eleggerò, eleggerai, eleggerà;<br>eleggeremo, eleggerete, eleggeranno | |
| *Pres.*<br>*Cond.* | eleggerèi, eleggeresti, eleggerèbbe;<br>eleggeremmo, eleggereste, eleggerèbbero | |
| *Pres.*<br>*Subj.* | elègga, elègga, elègga;<br>eleggiamo, eleggiate, elèggano | |
| *Imp.Subj.* | eleggessi, eleggessi, eleggesse;<br>eleggéssimo, eleggeste, eleggéssero | |
| *Pres.Perf.* | ho elètto, hai elètto, ha elètto;<br>abbiamo elètto, avete elètto, hanno elètto | |
| *Past Perf.* | avevo elètto, avevi elètto, aveva elètto;<br>avevamo elètto, avevate elètto, avévano elètto | |
| *Past Abs.* | èbbi elètto, avesti elètto, èbbe elètto;<br>avemmo elètto, aveste elètto, èbbero elètto | |
| *Fut. Perf.* | avrò elètto, avrai elètto, avrà elètto;<br>avremo elètto, avrete elètto, avranno elètto | |
| *Past*<br>*Cond.* | avrèi elètto, avresti elètto, avrèbbe elètto;<br>avremmo elètto, avreste elètto, avrèbbero elètto | |
| *Past Subj.* | àbbia elètto, àbbia elètto, àbbia elètto;<br>abbiamo elètto, abbiate elètto, àbbiano elètto | |
| *Past Perf.*<br>*Subj.* | avessi elètto, avessi elètto, avesse elètto;<br>avéssimo elètto, aveste elètto, avéssero elètto | |
| *Impera-*<br>*tive* | elèggi (non elèggere), elègga;<br>eleggiamo, eleggete, elèggano | |

*Pres. Ind.* emèrgo, emèrgi, emèrge ;
emergiamo, emergete, emèrgono

*Imp. Ind.* emergevo, emergevi, emergeva ;
emergevamo, emergevate, emergévano

*Past Abs.* emèrsi, emergesti, emèrse ;
emergemmo, emergeste, emèrsero

*Fut. Ind.* emergerò, emergerai, emergerà ;
emergeremo, emergerete, emergeranno

*Pres.* emergerèi, emergeresti, emergerèbbe ;
*Cond.* emergeremmo, emergereste, emergerèbbero

*Pres.* emèrga, emèrga, emèrga ;
*Subj.* emergiamo, emergiate, emèrgano

*Imp.Subj.* emergessi, emergessi, emergesse ;
emergéssimo, emergeste, emergéssero

*Pres.Perf.* sono emèrso, sèi emèrso, è emèrso ;
siamo emèrsi, siète emèrso(i), sono emèrsi

*Past Perf.* èro emèrso, èri emèrso, èra emèrso ;
eravamo emèrsi, eravate emèrso(i), èrano emèrsi

*Past Ant.* fui emèrso, fosti emèrso, fu emèrso ;
fummo emèrsi, foste emèrso(i), fúrono emèrsi

*Fut. Perf.* sarò emèrso, sarai emèrso, sarà emèrso ;
saremo emèrsi, sarete emèrso(i), saranno emèrsi

*Past* sarèi emèrso, saresti emèrso, sarèbbe emèrso ;
*Cond.* saremmo emèrsi, sareste emèrso(i), sarèbbero emèrsi

*Past Subj.* sia emèrso, sia emèrso, sia emèrso ;
siamo emèrsi, siate emèrso(i), síano emèrsi

*Past Perf.* fossi emèrso, fossi emèrso, fosse emèrso ;
*Subj.* fóssimo emèrsi, foste emèrso(i), fóssero emèrsi

*Impera-* emèrgi (non emèrgere), emèrga ;
*tive* emergiamo, emergete, emèrgano

*to emerge*

*Pres. Ind.* esprimo, esprimi, esprime;
esprimiamo, esprimete, esprímono

*to express*

*Imp. Ind.* esprimevo, esprimevi, esprimeva;
esprimevamo, esprimevate, esprimévano

*Past Abs.* esprèssi, esprimesti, esprèsse;
esprimemmo, esprimeste, esprèssero

*Fut. Ind.* esprimerò, esprimerai, esprimerà;
esprimeremo, esprimerete, esprimeranno

*Pres.* esprimerèi, esprimeresti, esprimerèbbe;
*Cond.* esprimeremmo, esprimereste, esprimerèbbero

*Pres.* esprima, esprima, esprima;
*Subj.* esprimiamo, esprimiate, esprímano

*Imp.Subj.* esprimessi, esprimessi, esprimesse;
espriméssimo, esprimeste, espriméssero

*Pres.Perf.* ho esprèsso, hai esprèsso, ha esprèsso;
abbiamo esprèsso, avete esprèsso, hanno esprèsso

*Past Perf.* avevo esprèsso, avevi esprèsso, aveva esprèsso;
avevamo esprèsso, avevate esprèsso, avévano esprèsso

*Past Ant.* èbbi esprèsso, avesti esprèsso, èbbe esprèsso;
avemmo esprèsso, aveste esprèsso, èbbero esprèsso

*Fut. Perf.* avrò esprèsso, avrai esprèsso, avrà esprèsso;
avremo esprèsso, avrete esprèsso, avranno esprèsso

*Past* avrèi esprèsso, avresti esprèsso, avrèbbe esprèsso;
*Cond.* avremmo esprèsso, avreste esprèsso, avrèbbero esprèsso

*Past Subj.* àbbia esprèsso, àbbia esprèsso, àbbia esprèsso;
abbiamo esprèsso, abbiate esprèsso, àbbiano esprèsso

*Past Perf.* avessi esprèsso, avessi esprèsso, avesse esprèsso;
*Subj.* avéssimo esprèsso, aveste esprèsso, avéssero esprèsso

*Impera-* esprimi (non esprímere), esprima;
*tive* esprimiamo, esprimete, esprímano

*Pres. Ind.* sono, sèi, è ;
siamo, sièté, sono

*Imp. Ind.* èro, èri, èra ;
eravamo, eravate, èrano

*Past Abs.* fui, fosti, fu ;
fummo, foste, fúrono

*Fut. Ind.* sarò, sarai, sarà ;
saremo, sarete, saranno

*Pres.*　sarèi, saresti, sarèbbe ;
*Cond.*　saremmo, sareste, sarèbbero

*Pres.*　sia, sia, sia ;
*Subj.*　siamo, siate, síano

*Imp.Subj.* fossi, fossi, fosse ;
fóssimo, foste, fóssero

*Pres.Perf.* sono stato, sèi stato, è stato ;
siamo stati, sièté stato(i), sono stati

*Past Perf.* èro stato, èri stato, èra stato ;
eravamo stati, eravate stato(i), èrano stati

*Past Ant.* fui stato, fosti stato, fu stato ;
fummo stati, foste stato(i), fúrono stati

*Fut. Perf.* sarò stato, sarai stato, sarà stato ;
saremo stati, sarete stato(i), saranno stati

*Past*　sarèi stato, saresti stato, sarèbbe stato ;
*Cond.*　saremmo stati, sareste stato(i), sarèbbero stati

*Past Subj.* sia stato, sia stato, sia stato ;
siamo stati, siate stato(i), síano stati

*Past Perf.* fossi stato, fossi stato, fosse stato ;
*Subj.*　fóssimo stati, foste stato(i), fóssero stati

*Impera-* sii (non èssere), sia ;
*tive* siamo, siate, síano

**to be**

| | | |
|---|---|---|
| ***Pres. Ind.*** | estèndo, estèndi, estènde;<br>estendiamo, estendete, estèndono | *to extend* |
| ***Imp. Ind.*** | estendevo, estendevi, esténdeva;<br>estendevamo, estendevate, estendévano | |
| ***Past Abs.*** | estesi, estendesti, estese;<br>estendemmo, estendeste, estésero | |
| ***Fut. Ind.*** | estenderò, estenderai, estenderà;<br>estenderemo, estenderete, estenderanno | |
| ***Pres.***<br>***Cond.*** | estenderèi, estenderesti, estenderèbbe;<br>estenderemmo, estendereste, estenderèbbero | |
| ***Pres.***<br>***Subj.*** | estènda, estènda, estènda;<br>estendiamo, estendiate, estèndano | |
| ***Imp.Subj.*** | estendessi, estendessi, estendesse;<br>estendéssimo, estendeste, estendéssero | |
| ***Pres.Perf.*** | ho esteso, hai esteso, ha esteso;<br>abbiamo esteso, avete esteso, hanno esteso | |
| ***Past Perf.*** | avevo esteso, avevi esteso, aveva esteso;<br>avevamo esteso, avevate esteso, avévano esteso | |
| ***Past Ant.*** | èbbi esteso, avesti esteso, èbbe esteso;<br>avemmo esteso, aveste esteso, èbbero esteso | |
| ***Fut. Perf.*** | avrò esteso, avrai esteso, avrà esteso;<br>avremo esteso, avrete esteso, avranno esteso | |
| ***Past***<br>***Cond.*** | avrèi esteso, avresti esteso, avrèbbe esteso;<br>avremmo esteso, avreste esteso, avrèbbero esteso | |
| ***Past Subj.*** | àbbia esteso, àbbia esteso, àbbia esteso;<br>abbiamo esteso, abbiate esteso, àbbiano esteso | |
| ***Past Perf.***<br>***Subj.*** | avessi esteso, avessi esteso, avesse esteso;<br>avéssimo esteso, aveste esteso, avéssero esteso | |
| ***Impera-***<br>***tive*** | estèndi (non estèndere), estènda;<br>estendiamo, estendete, estèndano | |

| | | |
|---|---|---|
| *Pres. Ind.* | faccio (fo), fai, fa ; <br> facciamo, fate, fanno | *to do,* |
| *Imp. Ind.* | facevo, facevi, faceva ; <br> facevamo, facevate, facévano | *to make* |
| *Past Abs.* | feci, facesti, fece ; <br> facemmo, faceste, fécero | |
| *Fut. Ind.* | farò, farai, farà ; <br> faremo, farete, faranno | |
| *Pres.* <br> *Cond.* | farèi, faresti, farèbbe ; <br> faremmo, fareste, farèbbero | |
| *Pres.* <br> *Subj.* | faccia, faccia, faccia ; <br> facciamo, facciate, fàcciano | |
| *Imp.Subj.* | facessi, facessi, facesse ; <br> facéssimo, faceste, facéssero | |
| *Pres.Perf.* | ho fatto, hai fatto, ha fatto ; <br> abbiamo fatto, avete fatto, hanno fatto | |
| *Past Perf.* | avevo fatto, avevi fatto, aveva fatto ; <br> avevamo fatto, avevate fatto, avévano fatto | |
| *Past Ant.* | èbbi fatto, avesti fatto, èbbe fatto ; <br> avemmo fatto, aveste fatto, èbbero fatto | |
| *Fut. Perf.* | avrò fatto, avrai fatto, avrà fatto ; <br> avremo fatto, avrete fatto, avranno fatto | |
| *Past* <br> *Cond.* | avrèi fatto, avresti fatto, avrèbbe fatto ; <br> avremmo fatto, avreste fatto, avrèbbero fatto | |
| *Past Subj.* | àbbia fatto, àbbia fatto, àbbia fatto ; <br> abbiamo fatto, abbiate fatto, àbbiano fatto | |
| *Past Perf.* <br> *Subj.* | avessi fatto, avessi fatto, avesse fatto ; <br> avéssimo fatto, aveste fatto, avéssero fatto | |
| *Impera-* <br> *tive* | fa' (non fare), faccia ; <br> facciamo, fate, fàcciano | |

*Like *fare* are *contraffare, rifare, sfare, sopraffare,* and *stupefare;* but all these compounds (except *sfare*) require an accent on the forms in *-fo* and *-fa.*

| | | |
|---|---|---|
| *Pres. Ind.* | figgo, figgi, figge;<br>figgiamo, figgete, fíggono | *to fix,* |
| *Imp. Ind.* | figgevo, figgevi, figgeva;<br>figgevamo, figgevate, figgévano | *to fasten* |
| *Past Abs.* | fissi, figgesti, fisse;<br>figgemmo, figgeste, físsero | |
| *Fut. Ind.* | figgerò, figgerai, figgerà;<br>figgeremo, figgerete, figgeranno | |
| *Pres.*<br>*Cond.* | figgerèi, figgeresti, figgerèbbe;<br>figgeremmo, figgereste, figgerèbbero | |
| *Pres.*<br>*Subj.* | figga, figga, figga;<br>figgiamo, figgiate, fíggano | |
| *Imp.Subj.* | figgessi, figgessi, figgesse;<br>figgéssimo, figgeste, figgéssero | |
| *Pres.Perf.* | ho fitto, hai fitto, ha fitto;<br>abbiamo fitto, avete fitto, hanno fitto | |
| *Past Perf.* | avevo fitto, avevi fitto, aveva fitto;<br>avevamo fitto, avevate fitto, avévano fitto | |
| *Past Ant.* | èbbi fitto, avesti fitto, èbbe fitto;<br>avemmo fitto, aveste fitto, èbbero fitto | |
| *Fut. Perf.* | avrò fitto, avrai fitto, avrà fitto;<br>avremo fitto, avrete fitto, avranno fitto | |
| *Past*<br>*Cond.* | avrèi fitto, avresti fitto, avrèbbe fitto;<br>avremmo fitto, avreste fitto, avrèbbero fitto | |
| *Past Subj.* | àbbia fitto, àbbia fitto, àbbia fitto;<br>abbiamo fitto, abbiate fitto, àbbiano fitto | |
| *Past Perf.*<br>*Subj.* | avessi fitto, avessi fitto, avesse fitto;<br>avéssimo fitto, aveste fitto, avéssero fitto | |
| *Impera-*<br>*tive* | figgi (non fíggere), figga;<br>figgiamo, figgete, fíggano | |

*The compounds of *figgere* are the same except for some past participles. The past participles of the compounds are as follows: *affisso, confitto, crocefisso, prefisso, sconfitto, trafitto.*

| | | |
|---|---|---|
| *Pres. Ind.* | fingo, fingi, finge;<br>fingiamo, fingete, fíngono | *to feign,* |
| *Imp. Ind.* | fingevo, fingevi, fingeva;<br>fingevamo, fingevate, fingévano | *to pretend* |
| *Past Abs.* | finsi, fingesti, finse;<br>fingemmo, fingeste, fínsero | |
| *Fut. Ind.* | fingerò, fingerai, fingerà;<br>fingeremo, fingerete, fingeranno | |
| *Pres.*<br>*Cond.* | fingerèi, fingeresti, fingerèbbe;<br>fingeremmo, fingereste, fingerèbbero | |
| *Pres.*<br>*Subj.* | finga, finga, finga;<br>fingiamo, fingiate, fíngano | |
| *Imp.Subj.* | fingessi, fingessi, fingesse;<br>fingéssimo, fingeste, fingéssero | |
| *Pres.Perf.* | ho finto, hai finto, ha finto;<br>abbiamo finto, avete finto, hanno finto | |
| *Past Perf.* | avevo finto, avevi finto, aveva finto;<br>avevamo finto, avevate finto, avévano finto | |
| *Past Ant.* | èbbi finto, avesti finto, èbbe finto;<br>avemmo finto, aveste finto, èbbero finto | |
| *Fut. Perf.* | avrò finto, avrai finto, avrà finto;<br>avremo finto, avrete finto, avranno finto | |
| *Past*<br>*Cond.* | avrèi finto, avresti finto, avrèbbe finto;<br>avremmo finto, avreste finto, avrèbbero finto | |
| *Past Subj.* | àbbia finto, àbbia finto, àbbia finto;<br>abbiamo finto, abbiate finto, àbbiano finto | |
| *Past Perf.*<br>*Subj.* | avessi finto, avessi finto, avesse finto;<br>avéssimo finto, aveste finto, avéssero finto | |
| *Impera-*<br>*tive* | fingi (non fíngere), finga;<br>fingiamo, fingete, fíngano | |

| | | |
|---|---|---|
| *Pres. Ind.* | fondo, fondi, fonde;<br>fondiamo, fondete, fóndono | *to fuse,* |
| *Imp. Ind.* | fondevo, fondevi, fondeva;<br>fondevamo, fondevate, fondévano | *to melt* |
| *Past Abs.* | fusi, fondesti, fuse;<br>fondemmo, fondeste, fúsero | |
| *Fut. Ind.* | fonderò, fonderai, fonderà;<br>fonderemo, fonderete, fonderanno | |
| *Pres.*<br>*Cond.* | fonderèi, fonderesti, fonderèbbe;<br>fonderemmo, fondereste, fonderèbbero | |
| *Pres.*<br>*Subj.* | fonda, fonda, fonda;<br>fondiamo, fondiate, fóndano | |
| *Imp.Subj.* | fondessi, fondessi, fondesse;<br>fondéssimo, fondeste, fondéssero | |
| *Pres.Perf.* | ho fuso, hai fuso, ha fuso;<br>abbiamo fuso, avete fuso, hanno fuso | |
| *Past Perf.* | avevo fuso, avevi fuso, aveva fuso;<br>avevamo fuso, avevate fuso, avévano fuso | |
| *Past Ant.* | èbbi fuso, avesti fuso, èbbe fuso;<br>avemmo fuso, aveste fuso, èbbero fuso | |
| *Fut. Perf.* | avrò fuso, avrai fuso, avrà fuso;<br>avremo fuso, avrete fuso, avranno fuso | |
| *Past*<br>*Cond.* | avrèi fuso, avresti fuso, avrèbbe fuso;<br>avremmo fuso, avreste fuso, avrèbbero fuso | |
| *Past Subj.* | àbbia fuso, àbbia fuso, àbbia fuso;<br>abbiamo fuso, abbiate fuso, àbbiano fuso | |
| *Past Perf.*<br>*Subj.* | avessi fuso, avessi fuso, avesse fuso;<br>avéssimo fuso, aveste fuso, avéssero fuso | |
| *Impera-*<br>*tive* | fondi (non fóndere), fonda;<br>fondiamo, fondete, fóndano | |

*Like *fóndere* are *confóndere, diffóndere, infóndere, rifóndere, trasfóndere,* etc.

| | |
|---|---|
| *Pres. Ind.* | friggo, friggi, frigge;<br>friggiamo, friggete, fríggono |
| *Imp. Ind.* | friggevo, friggevi, friggeva;<br>friggevamo, friggevate, friggévano |
| *Past Abs.* | frissi, friggesti, frisse;<br>friggemmo, friggeste, fríssero |
| *Fut. Ind.* | friggerò, friggerai, friggerà;<br>friggeremo, friggerete, friggeranno |
| *Pres.*<br>*Cond.* | friggerèi, friggeresti, friggerèbbe;<br>friggeremmo, friggereste, friggerèbbero |
| *Pres.*<br>*Subj.* | frigga, frigga, frigga;<br>friggiamo, friggiate, fríggano |
| *Imp.Subj.* | friggessi, friggessi, friggesse;<br>friggéssimo, friggeste, friggéssero |
| *Pres.Perf.* | ho fritto, hai fritto, ha fritto;<br>abbiamo fritto, avete fritto, hanno fritto |
| *Past Perf.* | avevo fritto, avevi fritto, aveva fritto;<br>avevamo fritto, avevate fritto, avévano fritto |
| *Past Ant.* | èbbi fritto, avesti fritto, èbbe fritto;<br>avemmo fritto, aveste fritto, èbbero fritto |
| *Fut. Perf.* | avrò fritto, ávrai fritto, avrà fritto;<br>avremo fritto, avrete fritto, avranno fritto |
| *Past*<br>*Cond.* | avrèi fritto, avresti fritto, avrèbbe fritto;<br>avremmo fritto, avreste fritto, avrèbbero fritto |
| *Past Subj.* | àbbia fritto, àbbia fritto, àbbia fritto;<br>abbiamo fritto, abbiate fritto, àbbiano fritto |
| *Past Perf.*<br>*Subj.* | avessi fritto, avessi fritto, avesse fritto;<br>avéssimo fritto, aveste fritto, avéssero fritto |
| *Impera-*<br>*tive* | friggi (non fríggere), frigga;<br>friggiamo, friggete, fríggano |

*to fry*

| | | |
|---|---|---|
| *Pres. Ind.* | giaccio, giaci, giace;<br>giacciamo (giaciamo), giacete, giàcciono | *to lie* |
| *Imp. Ind.* | giacevo, giacevi, giaceva;<br>giacevamo, giacevate, giacévano | |
| *Past Abs.* | giacqui, giacesti, giacque;<br>giacemmo, giaceste, giàcquero | |
| *Fut. Ind.* | giacerò, giacerai, giacerà;<br>giaceremo, giacerete, giaceranno | |
| *Pres.<br>Cond.* | giacerèi, giaceresti, giacerèbbe;<br>giaceremmo, giacereste, giacerèbbero | |
| *Pres.<br>Subj.* | giaccia, giaccia, giaccia;<br>giacciamo (giaciamo), giacciate (giaciate), giàcciano | |
| *Imp.Subj.* | giacessi, giacessi, giacesse;<br>giacéssimo, giaceste, giacéssero | |
| *Pres.Perf.* | sono giaciuto, sèi giaciuto, è giaciuto;<br>siamo giaciuti, siète giaciuto(i), sono giaciuti | |
| *Past Perf.* | èro giaciuto, èri giaciuto, èra giaciuto;<br>eravamo giaciuti, eravate giaciuto(i), èrano giaciuti | |
| *Past Ant.* | fui giaciuto, fosti giaciuto, fu giaciuto;<br>fummo giaciuti, foste giaciuto(i), fúrono giaciuti | |
| *Fut. Perf.* | sarò giaciuto, sarai giaciuto, sarà giaciuto;<br>saremo giaciuti, sarete giaciuto(i), saranno giaciuti | |
| *Past<br>Cond.* | sarèi giaciuto, saresti giaciuto, sarèbbe giaciuto;<br>saremmo giaciuti, sareste giaciuto(i), sarèbbero giaciuti | |
| *Past Subj.* | sia giaciuto, sia giaciuto, sia giaciuto;<br>siamo giaciuti, siate giaciuto(i), síano giaciuti | |
| *Past Perf.<br>Subj.* | fossi giaciuto, fossi giaciuto, fosse giaciuto;<br>fóssimo giaciuti, foste giaciuto(i), fóssero giaciuti | |
| *Impera-<br>tive* | giaci (non giacere), giaccia;<br>giacciamo (giaciamo), giacete, giàcciano | |

| | | |
|---|---|---|
| *Pres. Ind.* | giungo, giungi, giunge ;<br>giungiamo, giungete, giúngono | *to arrive* |
| *Imp. Ind.* | giungevo, giungevi, giungeva ;<br>giungevamo, giungevate, giungévano | |
| *Past Abs.* | giunsi, giungesti, giunse ;<br>giungemmo, giungeste, giúnsero | |
| *Fut. Ind.* | giungerò, giungerai, giungerà ;<br>giungeremo, giungerete, giungeranno | |
| *Pres.*<br>*Cond.* | giungerèi, giungeresti, giungerèbbe ;<br>giungeremmo, giungereste, giungerèbbero | |
| *Pres.*<br>*Subj.* | giunga, giunga, giunga ;<br>giungiamo, giungiate, giúngano | |
| *Imp.Subj.* | giungessi, giungessi, giungesse ;<br>giungéssimo, giungeste, giungéssero | |
| *Pres.Perf.* | sono giunto, sèi giunto, è giunto ;<br>siamo giunti, siète giunto(i), sono giunti | |
| *Past Perf.* | èro giunto, èri giunto, èra giunto ;<br>eravamo giunti, eravate giunto(i), èrano giunti | |
| *Past Ant.* | fui giunto, fosti giunto, fu giunto ;<br>fummo giunti, foste giunto(i), fúrono giunti | |
| *Fut. Perf.* | sarò giunto, sarai giunto, sarà giunto ;<br>saremo giunti, sarete giunto(i), saranno giunti | |
| *Past*<br>*Cond.* | sarèi giunto, saresti giunto, sarèbbe giunto ;<br>saremmo giunti, sareste giunto(i), sarèbbero giunti | |
| *Past Subj.* | sia giunto, sia giunto, sia giunto ;<br>siamo giunti, siate giunto(i), síano giunti | |
| *Past Perf.*<br>*Subj.* | fossi giunto, fossi giunto, fosse giunto ;<br>fóssimo giunti, foste giunto(i), fóssero giunti | |
| *Impera-*<br>*tive* | giungi (non giúngere), giunga ;<br>giungiamo, giungete, giúngano | |

*Like *giúngere,* are *aggiúngere, congiúngere, disgiúngere, raggiúngere, raggiúngere, soggiúngere,* and *sopraggiúngere,* all of which (except the last) require *avere.*

| | |
|---|---|
| *Pres. Ind.* | gòdo, gòdi, gòde ;<br>godiamo, godete, gòdono |
| *Imp. Ind.* | godevo, godevi, godeva ;<br>godevamo, godevate, godévano |
| *Past Abs.* | godei (godètti), godesti, godé (godètte) ;<br>godemmo, godeste, godérono (godèttero) |
| *Fut. Ind.* | godrò, godrai, godrà ;<br>godremo, godrete, godranno |
| *Pres.*<br>*Cond.* | godrèi, godresti, godrèbbe ;<br>godremmo, godreste, godrèbbero |
| *Pres.*<br>*Subj.* | gòda, gòda, gòda ;<br>godiamo, godiate, gòdano |
| *Imp.Subj.* | godessi, godessi, godesse ;<br>godéssimo, godeste, godéssero |
| *Pres.Perf.* | ho goduto, hai goduto, ha goduto ;<br>abbiamo goduto, avete goduto, hanno goduto |
| *Past Perf.* | avevo goduto, avevi goduto, aveva goduto ;<br>avevamo goduto, avevate goduto, avévano goduto |
| *Past Ant.* | èbbi goduto, avesti goduto, èbbe goduto ;<br>avemmo goduto, aveste goduto, èbbero goduto |
| *Fut. Perf.* | avrò goduto, avrai goduto, avrà goduto ;<br>avremo goduto, avrete goduto, avranno goduto |
| *Past*<br>*Cond.* | avrèi goduto, avresti goduto, avrèbbe goduto ;<br>avremmo goduto, avreste goduto, avrèbbero goduto |
| *Past Subj.* | àbbia goduto, àbbia goduto, àbbia goduto ;<br>abbiamo goduto, abbiate goduto, àbbiano goduto |
| *Past Perf.*<br>*Subj.* | avessi goduto, avessi goduto, avesse goduto ;<br>avéssimo goduto, aveste goduto, avéssero goduto |
| *Impera-*<br>*tive* | gòdi (non godere), gòda ;<br>godiamo, godete, gòdano |

*to enjoy*

| | | |
|---|---|---|
| *Pres. Ind.* | illudo, illudi, illude;<br>illudiamo, illudete, illúdono | *to deceive,* |
| *Imp. Ind.* | illudevo, illudevi, illudeva;<br>illudevamo, illudevate, illudévano | *to delude* |
| *Past Abs.* | illusi, illudesti, illuse;<br>illudemmo, illudeste, illúsero | |
| *Fut. Ind.* | illuderò, illuderai, illuderà;<br>illuderemo, illuderete, illuderanno | |
| *Pres.*<br>*Cond.* | illuderèi, illuderesti, illuderèbbe;<br>illuderemmo, illudereste, illuderèbbero | |
| *Pres.*<br>*Subj.* | illuda, illuda, illuda;<br>illudiamo, illudiate, illúdano | |
| *Imp.Subj.* | illudessi, illudessi, illudesse;<br>illudéssimo, illudeste, illudéssero | |
| *Pres.Perf.* | ho illuso, hai illuso, ha illuso;<br>abbiamo illuso, avete illuso, hanno illuso | |
| *Past Perf.* | avevo illuso, avevi illuso, aveva illuso;<br>avevamo illuso, avevate illuso, avévano illuso | |
| *Past Ant.* | èbbi illuso, avesti illuso, èbbe illuso;<br>avemmo illuso, aveste illuso, èbbero illuso | |
| *Fut. Perf.* | avrò illuso, avrai illuso, avrà illuso;<br>avremo illuso, avrete illuso, avranno illuso | |
| *Past*<br>*Cond.* | avrèi illuso, avresti illuso, avrèbbe illuso;<br>avremmo illuso, avreste illuso, avrèbbero illuso | |
| *Past Subj.* | àbbia illuso, àbbia illuso, àbbia illuso;<br>abbiamo illuso, abbiate illuso, àbbiano illuso | |
| *Past Perf.*<br>*Subj.* | avessi illuso, avessi illuso, avesse illuso;<br>avéssimo illuso, aveste illuso, avéssero illuso | |
| *Impera-*<br>*tive* | illudi (non illúdere), illuda;<br>illudiamo, illudete, illúdano | |

| | | |
|---|---|---|
| *Pres. Ind.* | immèrgo, immèrgi, immèrge; immergiamo, immergete, immèrgono | *to plunge,* |
| *Imp. Ind.* | immergevo, immergevi, immergeva; immergevamo, immergevate, immergévano | *to immerse* |
| *Past Abs.* | immèrsi, immergesti, immèrse; immergemmo, immergeste, immèrsero | |
| *Fut. Ind.* | immergerò, immergerai, immergerà; immergeremo, immergerete, immergeranno | |
| *Pres. Cond.* | immergerèi, immergeresti, immergerèbbe; immergeremmo, immergereste, immergerèbbero | |
| *Pres. Subj.* | immèrga, immèrga, immèrga; immergiamo, immergiate, immèrgano | |
| *Imp.Subj.* | immergessi, immergessi, immergesse; immergéssimo, immergeste, immergéssero | |
| *Pres.Perf.* | ho immèrso, hai immèrso, ha immèrso; abbiamo immèrso, avete immèrso, hanno immèrso | |
| *Past Perf.* | avevo immèrso, avevi immèrso, aveva immèrso; avevamo immèrso, avevate immèrso, avévano immèrso | |
| *Past Ant.* | èbbi immèrso, avesti immèrso, èbbe immèrso; avemmo immèrso, aveste immèrso, èbbero immèrso | |
| *Fut. Perf.* | avrò immèrso, avrai immèrso, avrà immèrso; avremo immèrso, avrete immèrso, avranno immèrso | |
| *Past Cond.* | avrèi immèrso, avresti immèrso, avrèbbe immèrso; avremmo immèrso, avreste immèrso, avrèbbero immèrso | |
| *Past Subj.* | àbbia immèrso, àbbia immèrso, àbbia immèrso; abbiamo immèrso, abbiate immèrso, àbbiano immèrso | |
| *Past Perf. Subj.* | avessi immèrso, avessi immèrso, avesse immèrso; avéssimo immèrso, aveste immèrso, avéssero immèrso | |
| *Impera- tive* | immèrgi (non immèrgere), immèrga; immergiamo, immergete, immèrgano | |

| | | |
|---|---|---|
| *Pres. Ind.* | impongo, imponi, impone; imponiamo, imponete, impóngono | *to impose* |
| *Imp. Ind.* | imponevo, imponevi, imponeva; imponevamo, imponevate, imponévano | |
| *Past Abs.* | imposi, imponesti, impose; imponemmo, imponeste, impósero | |
| *Fut. Ind.* | imporrò, imporrai, imporrà; imporremo, imporrete, imporranno | |
| *Pres. Cond.* | imporrèi, imporresti, imporrèbbe; imporremmo, imporreste, imporrèbbero | |
| *Pres. Subj.* | imponga, imponga, imponga; imponiamo, imponiate, impóngano | |
| *Imp.Subj.* | imponessi, imponessi, imponesse; imponéssimo, imponeste, imponéssero | |
| *Pres.Perf.* | ho imposto, hai imposto, ha imposto; abbiamo imposto, avete imposto, hanno imposto | |
| *Past Perf.* | avevo imposto, avevi imposto, aveva imposto; avevamo imposto, avevate imposto, avévano imposto | |
| *Past Ant.* | èbbi imposto, avesti imposto, èbbe imposto; avemmo imposto, aveste imposto, èbbero imposto | |
| *Fut. Perf.* | avrò imposto, avrai imposto, avrà imposto; avremo imposto, avrete imposto, avranno imposto | |
| *Past Cond.* | avrèi imposto, avresti imposto, avrèbbe imposto; avremmo imposto, avreste imposto, avrèbbero imposto | |
| *Past Subj.* | àbbia imposto, àbbia imposto, àbbia imposto; abbiamo imposto, abbiate imposto, àbbiano imposto | |
| *Past Perf. Subj.* | avessi imposto, avessi imposto, avesse imposto; avéssimo imposto, aveste imposto, avéssero imposto | |
| *Impera- tive* | imponi (non imporre), imponga; imponiamo, imponete, impóngano | |

| | | |
|---|---|---|
| *Pres. Ind.* | imprimo, imprimi, imprime; imprimiamo, imprimete, imprímono | *to impress,* |
| *Imp. Ind.* | imprimevo, imprimevi, imprimeva; imprimevamo, imprimevate, imprimévano | *to print,* |
| *Past Abs.* | imprèssi, imprimesti, imprèsse; imprimemmo, imprimeste, imprèssero | *to stamp* |

*Fut. Ind.* imprimerò, imprimerai, imprimerà; imprimeremo, imprimerete, imprimeranno

*Pres. Cond.* imprimerèi, imprimeresti, imprimerèbbe; imprimeremmo, imprimereste, imprimerèbbero

*Pres. Subj.* imprima, imprima, imprima; imprimiamo, imprimiate, imprímano

*Imp.Subj.* imprimessi, imprimessi, imprimesse; impriméssimo, imprimeste, impriméssero

*Pres.Perf.* ho imprèsso, hai imprèsso, ha imprèsso; abbiamo imprèsso, avete imprèsso, hanno imprèsso

*Past Perf.* avevo imprèsso, avevi imprèsso, aveva imprèsso; avevamo imprèsso, avevate imprèsso, avévano imprèsso

*Past Ant.* èbbi imprèsso, avesti imprèsso, èbbe imprèsso; avemmo imprèsso, aveste imprèsso, èbbero imprèsso

*Fut. Perf.* avrò imprèsso, avrai imprèsso, avrà imprèsso; avremo imprèsso, avrete imprèsso, avranno imprèsso

*Past Cond.* avrèi imprèsso, avresti imprèsso, avrèbbe imprèsso; avremmo imprèsso, avreste imprèsso, avrèbbero imprèsso

*Past Subj.* àbbia imprèsso, àbbia imprèsso, àbbia imprèsso; abbiamo imprèsso, abbiate imprèsso, àbbiano imprèsso

*Past Perf. Subj.* avessi imprèsso, avessi imprèsso, avesse imprèsso; avéssimo imprèsso, aveste imprèsso, avéssero imprèsso

*Impera-tive* imprimi (non imprímere), imprima; imprimiamo, imprimete, imprímano

| | | |
|---|---|---|
| *Pres. Ind.* | includo, includi, include ; includiamo, includete, inclúdono | *to include* |
| *Imp. Ind.* | includevo, includevi, includeva ; includevamo, includevate, includévano | |
| *Past Abs.* | inclusi, includesti, incluse ; includemmo, includeste, inclúsero | |
| *Fut. Ind.* | includerò, includerai, includerà ; includeremo, includerete, includeranno | |
| *Pres. Cond.* | includerèi, includeresti, includerèbbe ; includeremmo, includereste, includerèbbero | |
| *Pres. Subj.* | includa, includa, includa ; includiamo, includiate, inclúdano | |
| *Imp.Subj.* | includessi, includessi, includesse ; includéssimo, includeste, includéssero | |
| *Pres.Perf.* | ho incluso, hai incluso, ha incluso ; abbiamo incluso, avete incluso, hanno incluso | |
| *Past Perf.* | avevo incluso, avevi incluso, aveva incluso ; avevamo incluso, avevate incluso, avévano incluso | |
| *Past Ant.* | èbbi incluso, avesti incluso, èbbe incluso ; avemmo incluso, aveste incluso, èbbero incluso | |
| *Fut. Perf.* | avrò incluso, avrai incluso, avrà incluso ; avremo incluso, avrete incluso, avranno incluso | |
| *Past Cond.* | avrèi incluso, avresti incluso, avrèbbe incluso ; avremmo incluso, avreste incluso, avrèbbero incluso | |
| *Past Subj.* | àbbia incluso, àbbia incluso, àbbia incluso ; abbiamo incluso, abbiate incluso, àbbiano incluso | |
| *Past Perf. Subj.* | avessi incluso, avessi incluso, avesse incluso ; avéssimo incluso, aveste incluso, avéssero incluso | |
| *Imperative* | includi (non inclúdere), includa ; includiamo, includete, inclúdano | |

| | | |
|---|---|---|
| *Pres. Ind.* | infliggo, infliggi, infligge ;<br>infliggiamo, infliggete, inflíggono | *to inflict* |
| *Imp. Ind.* | infliggevo, infliggevi, infliggeva ;<br>infliggevamo, infliggevate, infliggévano | |
| *Past Abs.* | inflissi, infliggesti, inflisse ;<br>infliggemmo, infliggeste, inflíssero | |
| *Fut. Ind.* | infliggerò, infliggerai, infliggerà ;<br>infliggeremo, infliggerete, infliggeranno | |
| *Pres.*<br>*Cond.* | infliggerèi, infliggeresti, infliggerèbbe ;<br>infliggeremmo, infliggereste, infliggerèbbero | |
| *Pres.*<br>*Subj.* | infligga, infligga, infligga ;<br>infliggiamo, infliggiate, inflíggano | |
| *Imp.Subj.* | infliggessi, infliggessi, infliggesse ;<br>infliggéssimo, infliggeste, infliggéssero | |
| *Pres.Perf.* | ho inflitto, hai inflitto, ha inflitto ;<br>abbiamo inflitto, avete inflitto, hanno inflitto | |
| *Past Perf.* | avevo inflitto, avevi inflitto, aveva inflitto ;<br>avevamo inflitto, avevate inflitto, avévano inflitto | |
| *Past Ant.* | èbbi inflitto, avesti inflitto, èbbe inflitto ;<br>avemmo inflitto, aveste inflitto, èbbero inflitto | |
| *Fut. Perf.* | avrò inflitto, avrai inflitto, avrà inflitto ;<br>avremo inflitto, avrete inflitto, avranno inflitto | |
| *Past*<br>*Cond.* | avrèi inflitto, avresti inflitto, avrèbbe inflitto ;<br>avremmo inflitto, avreste inflitto, avrèbbero inflitto | |
| *Past Subj.* | àbbia inflitto, àbbia inflitto, àbbia inflitto ;<br>abbiamo inflitto, abbiate inflitto, àbbiano inflitto | |
| *Past Perf.*<br>*Subj.* | avessi inflitto, avessi inflitto, avesse inflitto ;<br>avéssimo inflitto, aveste inflitto, avéssero inflitto | |
| *Impera-*<br>*tive* | infliggi (non inflíggere), infligga ;<br>infliggiamo, infliggete, inflíggano | |

| | | |
|---|---|---|
| *Pres. Ind.* | intèndo, intèndi, intènde;<br>intendiamo, intendete, intèndono | *to understand,* |
| *Imp. Ind.* | intendevo, intendevi, intendeva;<br>intendevamo, intendevate, intendévano | *to mean* |
| *Past Abs.* | intesi, intendesti, intese;<br>intendemmo, intendeste, intésero | |
| *Fut. Ind.* | intenderò, intenderai, intenderà;<br>intenderemo, intenderete, intenderanno | |
| *Pres.*<br>*Cond.* | intenderèi, intenderesti, intenderèbbe;<br>intenderemmo, intendereste, intenderèbbero | |
| *Pres.*<br>*Subj.* | intènda, intènda, intènda;<br>intendiamo, intendiate, intèndano | |
| *Imp.Subj.* | intendessi, intendessi, intendesse;<br>intendéssimo, intendeste, intendéssero | |
| *Pres.Perf.* | ho inteso, hai inteso, ha inteso;<br>abbiamo inteso, avete inteso, hanno inteso | |
| *Past Perf.* | avevo inteso, avevi inteso, aveva inteso;<br>avevamo inteso, avevate inteso, avévano inteso | |
| *Past Ant.* | èbbi inteso, avesti inteso, èbbe inteso;<br>avemmo inteso, aveste inteso, èbbero inteso | |
| *Fut. Perf.* | avrò inteso, avrai inteso, avrà inteso;<br>avremo inteso, avrete inteso, avranno inteso | |
| *Past*<br>*Cond.* | avrèi inteso, avresti inteso, avrèbbe inteso;<br>avremmo inteso, avreste inteso, avrèbbero inteso | |
| *Past Subj.* | àbbia inteso, àbbia inteso, àbbia inteso;<br>abbiamo inteso, abbiate inteso, àbbiano inteso | |
| *Past Perf.*<br>*Subj.* | avessi inteso, avessi inteso, avesse inteso;<br>avéssimo inteso, aveste inteso, avéssero inteso | |
| *Impera-*<br>*tive* | intèndi (non intèndere), intènda;<br>intendiamo, intendete, intèndano | |

| | | |
|---|---|---|
| *Pres. Ind.* | interrompo, interrompi, interrompe;<br>interrompiamo, interrompete, interrómpono | *to interrupt* |
| *Imp. Ind.* | interrompevo, interrompevi, interrompeva;<br>interrompevamo, interrompevate, interrompévano | |
| *Past Abs.* | interruppi, interrompesti, interruppe;<br>interrompemmo, interrompeste, interrúppero | |
| *Fut. Ind.* | interromperò, interromperai, interromperà;<br>interromperemo, interromperete, interromperanno | |
| *Pres.*<br>*Cond.* | interromperèi, interromperesti, interromperèbbe;<br>interromperemmo, interrompereste, interromperèbbero | |
| *Pres.*<br>*Subj.* | interrompa, interrompa, interrompa;<br>interrompiamo, interrompiate, interrómpano | |
| *Imp.Subj.* | interrompessi, interrompessi, interrompesse;<br>interrompéssimo, interrompeste, interrompéssero | |
| *Pres.Perf.* | ho interrotto, hai interrotto, ha interrotto;<br>abbiamo interrotto, avete interrotto, hanno interrotto | |
| *Past Perf.* | avevo interrotto, avevi interrotto, aveva interrotto;<br>avevamo interrotto, avevate interrotto, avévano interrotto | |
| *Past Ant.* | èbbi interrotto, avesti interrotto, èbbe interrotto;<br>avemmo interrotto, aveste interrotto, èbbero interrotto | |
| *Fut. Perf.* | avrò interrotto, avrai interrotto, avrà interrotto;<br>avremo interrotto, avrete interrotto, avranno interrotto | |
| *Past*<br>*Cond.* | avrèi interrotto, avresti interrotto, avrèbbe interrotto;<br>avremmo interrotto, avreste interrotto, avrèbbero interrotto | |
| *Past Subj.* | àbbia interrotto, àbbia interrotto, àbbia interrotto;<br>abbiamo interrotto, abbiate interrotto, àbbiano interrotto | |
| *Past Perf.*<br>*Subj.* | avessi interrotto, avessi interrotto, avesse interrotto;<br>avéssimo interrotto, aveste interrotto, avéssero interrotto | |
| *Impera-*<br>*tive* | interrompi (non interrómpere), interrompa;<br>interrompiamo, interrompete, interrómpano | |

| | | |
|---|---|---|
| *Pres. Ind.* | introduco, introduci, introduce; introduciamo, introducete, introdúcono | *to introduce,* |
| *Imp. Ind.* | introducevo, introducevi, introduceva; introducevamo, introducevate, introducévano | *to insert* |
| *Past Abs.* | introdussi, introducesti, introdusse; introducemmo, introduceste, introdússero | |
| *Fut. Ind.* | introdurrò, introdurrai, introdurrà; introdurremo, introdurrete, introdurranno | |
| *Pres.*<br>*Cond.* | introdurrèi, introdurresti, introdurrèbbe; introdurremmo, introdurreste, introdurrèbbero | |
| *Pres.*<br>*Subj.* | introduca, introduca, introduca; introduciamo, introduciate, introdúcano | |
| *Imp.Subj.* | introducessi, introducessi, introducesse; introducéssimo, introduceste, introducéssero | |
| *Pres.Perf.* | ho introdotto, hai introdotto, ha introdotto; abbiamo introdotto, avete introdotto, hanno introdotto | |
| *Past Perf.* | avevo introdotto, avevi introdotto, aveva introdotto; avevamo introdotto, avevate introdotto, avévano introdotto | |
| *Past Ant.* | èbbi introdotto, avesti introdotto, èbbe introdotto; avemmo introdotto, aveste introdotto, èbbero introdotto | |
| *Fut. Perf.* | avrò introdotto, avrai introdotto, avrà introdotto; avremo introdotto, avrete introdotto, avranno introdotto | |
| *Past*<br>*Cond.* | avrèi introdotto, avresti introdotto, avrèbbe introdotto; avremmo introdotto, avreste introdotto, avrèbbero introdotto | |
| *Past Subj.* | àbbia introdotto, àbbia introdotto, àbbia introdotto; abbiamo introdotto, abbiate introdotto, àbbiano introdotto | |
| *Past Perf.*<br>*Subj.* | avessi introdotto, avessi introdotto, avesse introdotto; avéssimo introdotto, aveste introdotto, avéssero introdotto | |
| *Impera-*<br>*tive* | introduci (non introdurre), introduca; introduciamo, introducete, introdúcano | |

| | | |
|---|---|---|
| *Pres. Ind.* | invado, invadi, invade; invadiamo, invadete, invàdono | *to invade* |

*Imp. Ind.* invadevo, invadevi, invadeva; invadevamo, invadevate, invadévano

*Past Abs.* invasi, invadesti, invase; invademmo, invadeste, invàsero

*Fut. Ind.* invaderò, invaderai, invaderà; invaderemo, invaderete, invaderanno

*Pres.* invaderèi, invaderesti, invaderèbbe;
*Cond.* invaderemmo, invadereste, invaderèbbero

*Pres.* invada, invada, invada;
*Subj.* invadiamo, invadiate, invàdano

*Imp.Subj.* invadessi, invadessi, invadesse; invadéssimo, invadeste, invadéssero

*Pres.Perf.* ho invaso, hai invaso, ha invaso; abbiamo invaso, avete invaso, hanno invaso

*Past Perf.* avevo invaso, avevi invaso, aveva invaso; avevamo invaso, avevate invaso, avévano invaso

*Past Ant.* èbbi invaso, avesti invaso, èbbe invaso; avemmo invaso, aveste invaso, èbbero invaso

*Fut. Perf.* avrò invaso, avrai invaso, avrà invaso; avremo invaso, avrete invaso, avranno invaso

*Past* avrèi invaso, avresti invaso, avrèbbe invaso;
*Cond.* avremmo invaso, avreste invaso, avrèbbero invaso

*Past Subj.* àbbia invaso, àbbia invaso, àbbia invaso; abbiamo invaso, abbiate invaso, àbbiano invaso

*Past Perf.* avessi invaso, avessi invaso, avesse invaso;
*Subj.* avéssimo invaso, aveste invaso, avéssero invaso

*Impera-* invadi (non invàdere), invada;
*tive* invadiamo, invadete, invàdano

| | | |
|---|---|---|
| *Pres. Ind.* | istruisco, istruisci, istruisce; istruiamo, istruite, istruíscono | *to teach,* |
| *Imp. Ind.* | istruivo, istruivi, istruiva; istruivamo, istruivate, istruívano | *to instruct* |
| *Past Abs.* | istruii, istruisti, istruí; istruimmo, istruiste, istruírono | |
| *Fut. Ind.* | istruirò, istruirai, istruirà; istruiremo, istruirete, istruiranno | |
| *Pres. Cond.* | istruirèi, istruiresti, istruirèbbe; istruiremmo, istruireste, istruirèbbero | |
| *Pres. Subj.* | istruisca, istruisca, istruisca; istruiamo, istruiate, istruíscano | |
| *Imp.Subj.* | istruissi, istruissi, istruisse; istruíssimo, istruiste, istruíssero | |
| *Pres.Perf.* | ho istruito, hai istruito, ha istruito; abbiamo istruito, avete istruito, hanno istruito | |
| *Past Perf.* | avevo istruito, avevi istruito, aveva istruito; avevamo istruito, avevate istruito, avévano istruito | |
| *Past Ant.* | èbbi istruito, avesti istruito, èbbe istruito; avemmo istruito, aveste istruito, èbbero istruito | |
| *Fut. Perf.* | avrò istruito, avrai istruito, avrà istruito; avremo istruito, avrete istruito, avranno istruito | |
| *Past Cond.* | avrèi istruito, avresti istruito, avrèbbe istruito; avremmo istruito, avreste istruito, avrèbbero istruito | |
| *Past Subj.* | àbbia istruito, àbbia istruito, àbbia istruito; abbiamo istruito, abbiate istruito, àbbiano istruito | |
| *Past Perf. Subj.* | avessi istruito, avessi istruito, avesse istruito; avéssimo istruito, aveste istruito, avéssero istruito | |
| *Imperative* | istruisci (non istruire), istruisca; istruiamo, istruite, istruíscano | |

| | | |
|---|---|---|
| *Pres. Ind.* | lascio, lasci, lascia;<br>lasciamo, lasciate, làsciano | *to leave,* |
| *Imp. Ind.* | lasciavo, lasciavi, lasciava;<br>lasciavamo, lasciavate, lasciàvano | *to let* |
| *Past Abs.* | lasciai, lasciasti, lasciò;<br>lasciammo, lasciaste, lasciàrono | |
| *Fut. Ind.* | lascerò, lascerai, lascerà;<br>lasceremo, lascerete, lasceranno | |
| *Pres. Cond.* | lascerèi, lasceresti, lascerèbbe;<br>lasceremmo, lascereste, lascerèbbero | |
| *Pres. Subj.* | lasci, lasci, lasci;<br>lasciamo, lasciate, làscino | |
| *Imp. Subj.* | lasciassi, lasciassi, lasciasse;<br>lasciàssimo, lasciaste, lasciàssero | |
| *Pres. Perf.* | ho lasciato, hai lasciato, ha lasciato;<br>abbiamo lasciato, avete lasciato, hanno lasciato | |
| *Past Perf.* | avevo lasciato, avevi lasciato, aveva lasciato;<br>avevamo lasciato, avevate lasciato, avévano lasciato | |
| *Past Ant.* | èbbi lasciato, avesti lasciato, èbbe lasciato;<br>avemmo lasciato, aveste lasciato, èbbero lasciato | |
| *Fut. Perf.* | avrò lasciato, avrai lasciato, avrà lasciato;<br>avremo lasciato, avrete lasciato, avranno lasciato | |
| *Past Cond.* | avrèi lasciato, avresti lasciato, avrèbbe lasciato;<br>avremmo lasciato, avreste lasciato, avrèbbero lasciato | |
| *Past Subj.* | àbbia lasciato, àbbia lasciato, àbbia lasciato;<br>abbiamo lasciato, abbiate lasciato, àbbiano lasciato | |
| *Past Perf. Subj.* | avessi lasciato, avessi lasciato, avesse lasciato;<br>avéssimo lasciato, aveste lasciato, avéssero lasciato | |
| *Imperative* | lascia (non lasciare), lasci;<br>lasciamo, lasciate, làscino | |

| | | |
|---|---|---|
| *Pres. Ind.* | lèggo, lèggi, lègge;<br>leggiamo, leggete, lèggono | *to read* |
| *Imp. Ind.* | leggevo, leggevi, leggeva;<br>leggevamo, leggevate, leggévano | |
| *Past Abs.* | lèssi, leggesti, lèsse;<br>leggemmo, leggeste, lèssero | |
| *Fut. Ind.* | leggerò, leggerai, leggerà;<br>leggeremo, leggerete, leggeranno | |
| *Pres.<br>Cond.* | leggerèi, leggeresti, leggerèbbe;<br>leggeremmo, leggereste, leggerèbbero | |
| *Pres.<br>Subj.* | lègga, lègga, lègga;<br>leggiamo, leggiate, lèggano | |
| *Imp. Subj.* | leggessi, leggessi, leggesse;<br>leggéssimo, leggeste, leggéssero | |
| *Pres. Perf.* | ho lètto, hai lètto, ha lètto;<br>abbiamo lètto, avete lètto, hanno lètto | |
| *Past Perf.* | avevo lètto, avevi lètto, aveva lètto;<br>avevamo lètto, avevate lètto, avévano lètto | |
| *Past Ant.* | èbbi lètto, avesti lètto, èbbe lètto;<br>avemmo lètto, aveste lètto, èbbero lètto | |
| *Fut. Perf.* | avrò lètto, avrai lètto, avrà lètto;<br>avremo lètto, avrete lètto, avranno lètto | |
| *Past<br>Cond.* | avrèi lètto, avresti lètto, avrèbbe lètto;<br>avremmo lètto, avreste lètto, avrèbbero lètto | |
| *Past Subj.* | àbbia lètto, àbbia lètto, àbbia lètto;<br>abbiamo lètto, abbiate lètto, àbbiano lètto | |
| *Past Perf.<br>Subj.* | avessi lètto, avessi lètto, avesse lètto;<br>avéssimo lètto, aveste lètto, avéssero lètto | |
| *Impera-<br>tive* | lèggi (non lèggere), lègga;<br>leggiamo, leggete, lèggano | |

| | |
|---|---|
| *Pres. Ind.* | maledico, maledici, maledice;<br>malediciamo, maledite, maledícono |
| | *to curse* |
| *Imp. Ind.* | maledicevo, maledicevi, malediceva;<br>maledicevamo, maledicevate, maledicévano<br>(*Or regular:* maledivo, *etc.*) |
| *Past Abs.* | maledissi, maledicesti, maledisse;<br>maledicemmo, malediceste, maledíssero<br>(*Or regular:* maledii, *etc.*) |
| *Fut. Ind.* | maledirò, maledirai, maledirà;<br>malediremo, maledirete, malediranno |
| *Pres.*<br>*Cond.* | maledirèi, malediresti, maledirèbbe;<br>malediremmo, maledireste, maledirèbbero |
| *Pres.*<br>*Subj.* | maledica, maledica, maledica;<br>malediciamo, malediciate, maledícano |
| *Imp.Subj.* | maledicessi, maledicessi, maledicesse;<br>maledicéssimo, malediceste, maledicéssero<br>(*Or regular:* maledissi, *etc.*) |
| *Pres.Perf.* | ho maledetto, hai maledetto, ha maledetto;<br>abbiamo maledetto, avete maledetto, hanno maledetto |
| *Past Perf.* | avevo maledetto, avevi maledetto, aveva maledetto;<br>avevamo maledetto, avevate maledetto, avévano maledetto |
| *Past Ant.* | èbbi maledetto, avesti maledetto, èbbe maledetto;<br>avemmo maledetto, aveste maledetto, èbbero maledetto |
| *Fut. Perf.* | avrò maledetto, avrai maledetto, avrà maledetto;<br>avremo maledetto, avrete maledetto, avranno maledetto |
| *Past*<br>*Cond.* | avrèi maledetto, avresti maledetto, avrèbbe maledetto;<br>avremmo maledetto, avreste maledetto, avrèbbero maledetto |
| *Past Subj.* | àbbia maledetto, àbbia maledetto, àbbia maledetto;<br>abbiamo maledetto, abbiate maledetto, àbbiano maledetto |
| *Past Perf.*<br>*Subj.* | avessi maledetto, avessi maledetto, avesse maledetto;<br>avéssimo maledetto, aveste maledetto, avéssero maledetto |
| *Impera-*<br>*tive* | maledici' (non maledire), maledica;<br>malediciamo, maledite, maledícano |

| | | |
|---|---|---|
| *Pres. Ind.* | mangio, mangi, mangia;<br>mangiamo, mangiate, màngiano | *to eat* |
| *Imp. Ind.* | mangiavo, mangiavi, mangiava;<br>mangiavamo, mangiavate, mangiàvano | |
| *Past Abs.* | mangiai, mangiasti, mangiò;<br>mangiammo, mangiaste, mangiàrono | |
| *Fut. Ind.* | mangerò, mangerai, mangerà;<br>mangeremo, mangerete, mangeranno | |
| *Pres.*<br>*Cond.* | mangerèi, mangeresti, mangerèbbe;<br>mangeremmo, mangereste, mangerèbbero | |
| *Pres.*<br>*Subj.* | mangi, mangi, mangi;<br>mangiamo, mangiate, màngino | |
| *Imp.Subj.* | mangiassi, mangiassi, mangiasse;<br>mangiàssimo, mangiaste, mangiàssero | |
| *Pres.Perf.* | ho mangiato, hai mangiato, ha mangiato;<br>abbiamo mangiato, avete mangiato, hanno mangiato | |
| *Past Perf.* | avevo mangiato, avevi mangiato, aveva mangiato;<br>avevamo mangiato, avevate mangiato, avévano mangiato | |
| *Past Ant.* | èbbi mangiato, avesti mangiato, èbbe mangiato;<br>avemmo mangiato, aveste mangiato, èbbero mangiato | |
| *Fut. Perf.* | avrò mangiato, avrai mangiato, avrà mangiato;<br>avremo mangiato, avrete mangiato, avranno mangiato | |
| *Past*<br>*Cond.* | avrèi mangiato, avresti mangiato, avrèbbe mangiato;<br>avremmo mangiato, avreste mangiato, avrèbbero mangiato | |
| *Past Subj.* | àbbia mangiato, àbbia mangiato, àbbia mangiato;<br>abbiamo mangiato, abbiate mangiato, àbbiano mangiato | |
| *Past Perf.*<br>*Subj.* | avessi mangiato, avessi mangiato, avesse mangiato;<br>avéssimo mangiato, aveste mangiato, avéssero mangiato | |
| *Impera-*<br>*tive* | mangia (non mangiare), mangi;<br>mangiamo, mangiate, màngino | |

| | | |
|---|---|---|
| *Pres. Ind.* | mantèngo, mantièni, mantiène; manteniamo, mantenete, mantèngono | *to maintain,* |
| *Imp. Ind.* | mantenevo, mantenevi, manteneva; mantenevamo, mantenevate, mantenévano | *to keep,* |
| *Past Abs.* | mantenni, mantenesti, mantenne; mantenemmo, manteneste, manténnero | *to preserve* |
| *Fut. Ind.* | manterrò, manterrai, manterrà; manterremo, manterrete, manterranno | |
| *Pres. Cond.* | manterrèi, manterresti, manterrèbbe; manterremmo, manterreste, manterrèbbero | |
| *Pres. Subj.* | mantènga, mantènga, mantènga; mantiniamo, manteniate, mantèngano | |
| *Imp.Subj.* | mantenessi, mantenessi, mantenesse; manténéssimo, manteneste, mantenéssero | |
| *Pres.Perf.* | ho mantenuto, hai mantenuto, ha mantenuto; abbiamo mantenuto, avete mantenuto, hanno mantenuto | |
| *Past Perf.* | avevo mantenuto, avevi mantenuto, aveva mantenuto; avevamo mantenuto, avevate mantenuto, avévano mantenuto | |
| *Past Ant.* | èbbi mantenuto, avesti mantenuto, èbbe mantenuto; avemmo mantenuto, aveste mantenuto, èbbero mantenuto | |
| *Fut. Perf.* | avrò mantenuto, avrai mantenuto, avrà mantenuto; avremo mantenuto, avrete mantenuto, avranno mantenuto | |
| *Past Cond.* | avrèi mantenuto, avresti mantenuto, avrèbbe mantenuto; avremmo mantenuto, avreste mantenuto, avrèbbero mantenuto | |
| *Past Subj.* | àbbia mantenuto, àbbia mantenuto, àbbia mantenuto; abbiamo mantenuto, abbiate mantenuto, àbbiano mantenuto | |
| *Past Perf. Subj.* | avessi mantenuto, avessi mantenuto, avesse mantenuto; avéssimo mantenuto, aveste mantenuto, avéssero mantenuto | |
| *Imperative* | mantièni (non mantenere), mantènga; mantiniamo, mantenete, mantèngano | |

# méttere*

| | | |
|---|---|---|
| *Pres. Ind.* | metto, metti, mette;<br>mettiamo, mettete, méttono | |
| *Imp. Ind.* | mettevo, mettevi, metteva;<br>mettevamo, mettevate, mettévano | *to put,*<br>*to place,*<br>*to set* |
| *Past Abs.* | misi, mettesti, mise;<br>mettemmo, metteste, mísero | |
| *Fut. Ind.* | metterò, metterai, metterà;<br>metteremo, metterete, metteranno | |
| *Pres.*<br>*Cond.* | metterèi, metteresti, metterèbbe;<br>metteremmo, mettereste, metterèbbero | |
| *Pres.*<br>*Subj.* | metta, metta, metta;<br>mettiamo, mettiate, méttano | |
| *Imp.Subj.* | mettessi, mettessi, mettesse;<br>mettéssimo, metteste, mettéssero | |
| *Pres.Perf.* | ho messo, hai messo, ha messo;<br>abbiamo messo, avete messo, hanno messo | |
| *Past Perf.* | avevo messo, avevi messo, aveva messo;<br>avevamo messo, avevate messo, avévano messo | |
| *Past Ant.* | èbbi messo, avesti messo, èbbe messo;<br>avemmo messo, aveste messo, èbbero messo | |
| *Fut. Perf.* | avrò messo, avrai messo, avrà messo;<br>avremo messo, avrete messo, avranno messo | |
| *Past*<br>*Cond.* | avrèi messo, avresti messo, avrèbbe messo;<br>avremmo messo, avreste messo, avrèbbero messo | |
| *Past Subj.* | àbbia messo, àbbia messo, àbbia messo;<br>abbiamo messo, abbiate messo, àbbiano messo | |
| *Past Perf.*<br>*Subj.* | avessi messo, avessi messo, avesse messo;<br>avéssimo messo, aveste messo, avéssero messo | |
| *Impera-*<br>*tive* | metti (non méttere), metta;<br>mettiamo, mettete, méttano | |

\* Like *méttere* are *amméttere, comméttere, comprométtere, diméttere, ométtere, perméttere, prométtere, riméttere, scomméttere, sméttere, somméttere, sottométtere, trasméttere,* etc.

*Pres. Ind.* mòrdo, mòrdi, mòrde ;
mordiamo, mordete, mòrdono

*to bite*

*Imp. Ind.* mordevo, mordevi, mordeva ;
mordevamo, mordevate, mordévano

*Past Abs.* mòrsi, mordesti, mòrse ;
mordemmo, mordeste, mòrsero

*Fut. Ind.* morderò, morderai, morderà ;
morderemo, morderete, morderanno

*Pres.* morderèi, morderesti, morderèbbe ;
*Cond.* morderemmo, mordereste, morderèbbero

*Pres.* mòrda, mòrda, mòrda ;
*Subj.* mordiamo, mordiate, mòrdano

*Imp.Subj.* mordessi, mordessi, mordesse ;
mordéssimo, mordeste, mordéssero

*Pres.Perf.* ho mòrso, hai mòrso, ha mòrso ;
abbiamo mòrso, avete mòrso, hanno mòrso

*Past Perf.* avevo mòrso, avevi mòrso, aveva mòrso ;
avevamo mòrso, avevate mòrso, avévano mòrso

*Past Ant.* èbbi mòrso, avesti mòrso, èbbe mòrso ;
avemmo mòrso, aveste mòrso, èbbero mòrso

*Fut. Perf.* avrò mòrso, avrai mòrso, avrà mòrso ;
avremo mòrso, avrete mòrso, avranno mòrso

*Past* avrèi mòrso, avresti mòrso, avrèbbe mòrso ;
*Cond.* avremmo mòrso, avreste mòrso, avrèbbero mòrso

*Past Subj.* àbbia mòrso, àbbia mòrso, àbbia mòrso ;
abbiamo mòrso, abbiate mòrso, àbbiano mòrso

*Past Perf.* avessi mòrso, avessi mòrso, avesse mòrso ;
*Subj.* avéssimo mòrso, aveste mòrso, avéssero mòrso

*Impera-* mòrdi (non mòrdere), mòrda ;
*tive* mordiamo, mordete, mòrdano

| | | |
|---|---|---|
| *Pres. Ind.* | muòio, muòri, muòre ;<br>moriamo, morite, muòiono | *to die* |
| *Imp. Ind.* | morivo, morivi, moriva ;<br>morivamo, morivate, morívano | |
| *Past Abs.* | morii, moristi, morí ;<br>morimmo, moriste, morírono | |
| *Fut. Ind.* | morrò (morirò), morrai (morirai), morrà (morirà) ;<br>morremo (moriremo), morrete (morirete), morranno (moriranno) | |
| *Pres.*<br>*Cond.* | morrèi (morirèi), morresti (moriresti), morrèbbe (morirèbbe) ;<br>morremmo (moriremmo), morreste (morireste), morrèbbero (morirèbbero) | |
| *Pres.*<br>*Subj.* | muòia, muòia, muòia ;<br>moriamo, moriate, muòiano | |
| *Imp.Subj.* | morissi, morissi, morisse ;<br>moríssimo, moriste, moríssero | |
| *Pres.Perf.* | sono mòrto, sèi mòrto, è mòrto ;<br>siamo mòrti, siète mòrto(i), sono mòrti | |
| *Past Perf.* | èro mòrto, èri mòrto, èra mòrto ;<br>eravamo mòrti, eravate mòrto(i), èrano mòrti | |
| *Past Ant.* | fui mòrto, fosti mòrto, fu mòrto ;<br>fummo mòrti, foste mòrto(i), fúrono mòrti | |
| *Fut. Perf.* | sarò mòrto, sarai mòrto, sarà mòrto ;<br>saremo mòrti, sarete mòrto(i), saranno mòrti | |
| *Past*<br>*Cond.* | sarèi mòrto, saresti mòrto, sarèbbe mòrto ;<br>saremmo mòrti, sareste mòrto(i), sarèbbero mòrti | |
| *Past Subj.* | sia mòrto, sia mòrto, sia mòrto ;<br>siamo mòrti, siate mòrto(i), síano mòrti | |
| *Past Perf.*<br>*Subj.* | fossi mòrto, fossi mòrto, fosse mòrto ;<br>fóssimo mòrti, foste mòrto(i), fóssero mòrti | |
| *Impera-*<br>*tive* | muòri (non morire), muòia ;<br>moriamo, morite, muòiano | |

*Pres. Ind.*   muòvo, muòvi, muòve;
      moviamo (muoviamo), movete (muovete),      *to move,*
      muòvono                                    *to stir*

*Imp. Ind.*   movevo (muovevo), movevi (muovevi), moveva
      (muoveva);
      movevamo (muovevamo), movevate (muove-
      vate), movévano (muovévano)

*Past Abs.*   mòssi, movesti (muovesti), mòsse;
      movemmo (muovemmo), moveste (muoveste), mòssero

*Fut. Ind.*   moverò (muoverò), moverai (muoverai), moverà (muoverà);
      moveremo (muoveremo), moverete (muoverete), moveranno
      (muoveranno)

*Pres.*   moverèi (muoverèi), moveresti (muoveresti), moverèbbe
*Cond.*   (muoverèbbe);
      moveremmo (muoveremmo), movereste (muovereste), moverèb-
      bero (muoverèbbero)

*Pres.*   muòva, muòva, muòva;
*Subj.*   moviamo (muoviamo), moviate (muoviate), muòvano

*Imp.Subj.*   movessi (muovessi), movessi (muovessi), movesse (muovesse);
      movéssimo (muovéssimo), moveste (muoveste), movéssero
      (muovéssero)

*Pres.Perf.*   ho mòsso, hai mòsso, ha mòsso;
      abbiamo mòsso, avete mòsso, hanno mòsso

*Past Perf.*   avevo mòsso, avevi mòsso, aveva mòsso;
      avevamo mòsso, avevate mòsso, avévano mòsso

*Past Ant.*   èbbi mòsso, avesti mòsso, èbbe mòsso;
      avemmo mòsso, aveste mòsso, èbbero mòsso

*Fut. Perf.*   avrò mòsso, avrai mòsso, avrà mòsso;
      avremo mòsso, avrete mòsso, avranno mòsso

*Past*   avrèi mòsso, avresti mòsso, avrèbbe mòsso;
*Cond.*   avremmo mòsso, avreste mòsso, avrèbbero mòsso

*Past Subj.*   àbbia mòsso, àbbia mòsso, àbbia mòsso;
      abbiamo mòsso, abbiate mòsso, àbbiano mòsso

*Past Perf.*   avessi mòsso, avessi mòsso, avesse mòsso;
*Subj.*   avéssimo mòsso, aveste mòsso, avéssero mòsso

*Impera-*   muòvi (non muòvere), muòva;
*tive*   moviamo (muoviamo), movete (muovete), muòvano

---

\* Like *muòvere* are *commuòvere, promuòvere, rimuòvere, smuòvere,* and
*sommuòvere.*

| | | |
|---|---|---|
| *Pres. Ind.* | nasco, nasci, nasce;<br>nasciamo, nascete, nàscono | *to be born* |
| *Imp. Ind.* | nascevo, nascevi, nasceva;<br>nascevamo, nascevate, nasçévano | |
| *Past Abs.* | nacqui, nascesti, nacque;<br>nascemmo, nasceste, nàcquero | |
| *Fut. Ind.* | nascerò, nascerai, nascerà;<br>nasceremo, nascerete, nasceranno | |
| *Pres.*<br>*Cond.* | nascerèi, nasceresti, nascerèbbe;<br>nasceremmo, nascereste, nascerèbbero | |
| *Pres.*<br>*Subj.* | nasca, nasca, nasca;<br>nasciamo, nasciate, nàscano | |
| *Imp.Subj.* | nascessi, nascessi, nascesse;<br>nascéssimo, nasceste, nascéssero | |
| *Pres.Perf.* | sono nato, sèi nato, è nato;<br>siamo nati, siète nato(i), sono nati | |
| *Past Perf.* | èro nato, èri nato, èra nato;<br>eravamo nati, eravate nato(i), èrano nati | |
| *Past Ant.* | fui nato, fosti nato, fu nato;<br>fummo nati, foste nato(i), fúrono nati | |
| *Fut. Perf.* | sarò nato, sarai nato, sarà nato;<br>saremo nati, sarete nato(i), saranno nati | |
| *Past*<br>*Cond.* | sarèi nato, saresti nato, sarèbbe nato;<br>saremmo nati, sareste nato(i), sarèbbero nati | |
| *Past Subj.* | sia nato, sia nato, sia nato;<br>siamo nati, siate nato(i), síano nati | |
| *Past Perf.*<br>*Subj.* | fossi nato, fossi nato, fosse nato;<br>fóssimo nati, foste nato(i), fóssero nati | |
| *Impera-*<br>*tive* | nasci (non nàscere), nasca;<br>nasciamo, nascete, nàscano | |

\* Like *nàscere* is *rinàscere*.

| | | |
|---|---|---|
| *Pres. Ind.* | nascondo, nascondi, nasconde; nascondiamo, nascondete, nascóndono | *to hide* |
| *Imp. Ind.* | nascondevo, nascondevi, nascondeva; nascondevamo, nascondevate, nascondévano | |
| *Past Abs.* | nascosi, nascondesti, nascose; nascondemmo, nascondeste, nascósero | |
| *Fut. Ind.* | nasconderò, nasconderai, nasconderà; nasconderemo, nasconderete, nasconderanno | |
| *Pres. Cond.* | nasconderèi, nasconderesti, nasconderèbbe; nasconderemmo, nascondereste, nasconderèbbero | |
| *Pres. Subj.* | nasconda, nasconda, nasconda; nascondiamo, nascondiate, nascóndano | |
| *Imp. Subj.* | nascondessi, nascondessi, nascondesse; nascondéssimo, nascondeste, nascondéssero | |
| *Pres. Perf.* | ho nascosto, hai nascosto, ha nascosto; abbiamo nascosto, avete nascosto, hanno nascosto | |
| *Past Perf.* | avevo nascosto, avevi nascosto, aveva nascosto; avevamo nascosto, avevate nascosto, avévano nascosto | |
| *Past Ant.* | èbbi nascosto, avesti nascosto, èbbe nascosto; avemmo nascosto, aveste nascosto, èbbero nascosto | |
| *Fut. Perf.* | avrò nascosto, avrai nascosto, avrà nascosto; avremo nascosto, avrete nascosto, avranno nascosto | |
| *Past Cond.* | avrèi nascosto, avresti nascosto, avrèbbe nascosto; avremmo nascosto, avreste nascosto, avrèbbero nascosto | |
| *Past Subj.* | àbbia nascosto, àbbia nascosto, àbbia nascosto; abbiamo nascosto, abbiate nascosto, àbbiano nascosto | |
| *Past Perf. Subj.* | avessi nascosto, avessi nascosto, avesse nascosto; avéssimo nascosto, aveste nascosto, avéssero nascosto | |
| *Imperative* | nascondi (non nascóndere), nasconda; nascondiamo, nascondete, nascóndano | |

| | | |
|---|---|---|
| ***Pres. Ind.*** | nòccio (nuòco) nuòci, nuòce; nociamo (nuociamo), nocete (nuocete), nòcciono (nuòcono) | *to harm,* |
| ***Imp. Ind.*** | nocevo (nuocevo), nocevi (nuocevi), noceva (nuoceva); nocevamo (nuocevamo), nocevate (nuocevate), nocévano (nuocévano) | *to hurt,* *to injure* |

***Past Abs.*** nòcqui, nocesti (nuocesti), nòcque; nocemmo (nuocemmo), noceste (nuoceste), nòcquero

***Fut. Ind.*** nocerò (nuocerò), nocerai (nuocerai), nocerà (nuocerà); noceremo (nuoceremo), nocerete (nuocerete), noceranno (nuoceranno)

***Pres.*** nocerèi (nuocerèi), noceresti (nuoceresti), nocerèbbe (nuocerèbbe);
***Cond.*** noceremmo (nuoceremmo), nocereste (nuocereste), nocerèbbero (nuocerèbbero)

***Pres.*** nòccia (nuòca), nòccia (nuòca), nòccia (nuòca);
***Subj.*** nociamo (nuociamo), nociate (nuociate), nòcciano (nuòcano)

***Imp. Subj.*** nocessi (nuocessi), nocessi (nuocessi), nocesse (nuocesse); nocéssimo (nuocéssimo), noceste (nuoceste), nocéssero (nuocéssero)

***Pres. Perf.*** ho nociuto (nuociuto), hai nociuto, ha nociuto; abbiamo nociuto, avete nociuto, hanno nociuto

***Past Perf.*** avevo nociuto, avevi nociuto, aveva nociuto; avevamo nociuto, avevate nociuto, avévano nociuto

***Past Ant.*** èbbi nociuto, avesti nociuto, èbbe nociuto; avemmo nociuto, aveste nociuto, èbbero nociuto

***Fut. Perf.*** avrò nociuto, avrai nociuto, avrà nociuto; avremo nociuto, avrete nociuto, avranno nociuto

***Past*** avrèi nociuto, avresti nociuto, avrèbbe nociuto;
***Cond.*** avremmo nociuto, avreste nociuto, avrèbbero nociuto

***Past Subj.*** àbbia nociuto, àbbia nociuto, àbbia nociuto; abbiamo nociuto, abbiate nociuto, àbbiano nociuto

***Past Perf.*** avessi nociuto, avessi nociuto, avesse nociuto;
***Subj.*** avéssimo nociuto, aveste nociuto, avéssero nociuto

***Impera-*** nuòci (non nuòcere), nòccia (nuòca);
***tive*** nociamo (nuociamo), nocete (nuocete), nòcciano (nuòcano)

| | |
|---|---|
| *Pres. Ind.* | offèndo, offèndi, offènde; offendiamo, offendete, offèndono |
| *Imp. Ind.* | offendevo, offendevi, offendeva; offendevamo, offendevate, offendévano |
| *Past Abs.* | offesi, offendesti, offese; offendemmo, offendeste, offésero |
| *Fut. Ind.* | offenderò, offenderai, offenderà; offenderemo, offenderete, offenderanno |
| *Pres. Cond.* | offenderèi, offenderesti, offenderèbbe; offenderemmo, offendereste, offenderèbbero |
| *Pres. Subj.* | offènda, offènda, offènda; offendiamo, offendiate, offèndano |
| *Imp.Subj.* | offendessi, offendessi, offendesse; offendéssimo, offendeste, offendéssero |
| *Pres.Perf.* | ho offeso, hai offeso, ha offeso; abbiamo offeso, avete offeso, hanno offeso |
| *Past Perf.* | avevo offeso, avevi offeso, aveva offeso; avevamo offeso, avevate offeso, avévano offeso |
| *Past Ant.* | èbbi offeso, avesti offeso, èbbe offeso; avemmo offeso, aveste offeso, èbbero offeso |
| *Fut. Perf.* | avrò offeso, avrai offeso, avrà offeso; avremo offeso, avrete offeso, avranno offeso |
| *Past Cond.* | avrèi offeso, avresti offeso, avrèbbe offeso; avremmo offeso, avreste offeso, avrèbbero offeso |
| *Past Subj.* | àbbia offeso, àbbia offeso, àbbia offeso; abbiamo offeso, abbiate offeso, àbbiano offeso |
| *Past Perf. Subj.* | avessi offeso, avessi offeso, avesse offeso; avéssimo offeso, aveste offeso, avéssero offeso |
| *Imperative* | offèndi (non offèndere), offènda; offendiamo, offendete, offèndano |

*to offend*

| | |
|---|---|
| *Pres. Ind.* | òffro, òffri, òffre; offriamo, offrite, òffrono |
| *Imp. Ind.* | offrivo, offrivi, offriva; offrivamo, offrivate, offrívano |
| *Past Abs.* | offèrsi, offristi, offèrse; offrimmo, offriste, offèrsero (*Or regular:* offrii, *etc.*) |
| *Fut. Ind.* | offrirò, offrirai, offrirà; offriremo, offrirete, offriranno |
| *Pres. Cond.* | offrirèi, offriresti, offrirèbbe; offriremmo, offrireste, offrirèbbero |
| *Pres. Subj.* | òffra, òffra, òffra; offriamo, offriate, òffrano |
| *Imp.Subj.* | offrissi, offrissi, offrisse; offríssimo, offriste, offríssero |
| *Pres.Perf.* | ho offèrto, hai offèrto, ha offèrto; abbiamo offèrto, avete offèrto, hanno offèrto |
| *Past Perf.* | avevo offèrto, avevi offèrto, aveva offèrto; avevamo offèrto, avevate offèrto, avévano offèrto |
| *Past Ant.* | èbbi offèrto, avesti offèrto, èbbe offèrto; avemmo offèrto, aveste offèrto, èbbero offèrto |
| *Fut. Perf.* | avrò offèrto, avrai offèrto, avrà offèrto; avremo offèrto, avrete offèrto, avranno offèrto |
| *Past Cond.* | avrei offerto, avresti offèrto, avrèbbe offèrto; avremmo offèrto, avreste offèrto, avrèbbero offèrto |
| *Past Subj.* | àbbia offèrto, àbbia offèrto, àbbia offèrto; abbiamo offèrto, abbiate offèrto, àbbiano offèrto |
| *Past Perf. Subj.* | avessi offèrto, avessi offèrto, avesse offèrto; avéssimo offèrto, aveste offèrto, avéssero offèrto |
| *Impera- tive* | òffri (non offrire), òffra; offriamo, offrite, òffrano |

*to offer*

| | | |
|---|---|---|
| *Pres. Ind.* | ometto, ometti, omette;<br>omettiamo, omettete, omèttono | *to omit* |
| *Imp. Ind.* | omettevo, omettevi, ometteva;<br>omettevamo, omettevate, omettévano | |
| *Past Abs.* | omisi, omettesti, omise;<br>omettemmo, ometteste, omísero | |
| *Fut. Ind.* | ometterò, ometterai, ometterà;<br>ometteremo, ometterete, ometteranno | |
| *Pres.*<br>*Cond.* | ometterèi, ometteresti, ometterèbbe;<br>ometteremmo, omettereste, ometterèbbero | |
| *Pres.*<br>*Subj.* | ometta, ometta, ometta;<br>omettiamo, omettiate, omèttano | |
| *Imp.Subj.* | omettessi, omettessi, omettesse;<br>omettéssimo, ometteste, omettéssero | |
| *Pres.Perf.* | ho omesso, hai omesso, ha omesso;<br>abbiamo omesso, avete omesso, hanno omesso | |
| *Past Perf.* | avevo omesso, avevi omesso, aveva omesso;<br>avevamo omesso, avevate omesso, avévano omesso | |
| *Past Ant.* | èbbi omesso, avesti omesso, èbbe omesso;<br>avemmo omesso, aveste omesso, èbbero omesso | |
| *Fut. Perf.* | avrò omesso, avrai omesso, avrà omesso;<br>avremo omesso, avrete omesso, avranno omesso | |
| *Past*<br>*Cond.* | avrèi omesso, avresti omesso, avrèbbe omesso;<br>avremmo omesso, avreste omesso, avrèbbero omesso | |
| *Past Subj.* | àbbia omesso, àbbia omesso, àbbia omesso;<br>abbiamo omesso, abbiate omesso, àbbiano omesso | |
| *Past Perf.*<br>*Subj.* | avessi omesso, avessi omesso, avesse omesso;<br>avéssimo omesso, aveste omesso, avéssero omesso | |
| *Impera-*<br>*tive* | ometti (non omèttere), ometta;<br>omettiamo, omettete, omèttano | |

| | | |
|---|---|---|
| *Pres. Ind.* | oppongo, opponi, oppone;<br>opponiamo, opponete, oppóngono | *to oppose* |
| *Imp. Ind.* | opponevo, opponevi, opponeva;<br>opponevamo, opponevate, opponévano | |
| *Past Abs.* | opposi, opponesti, oppose;<br>opponemmo, opponeste, oppósero | |
| *Fut. Ind.* | opporrò, opporrai, opporrà;<br>opporremo, opporrete, opporranno | |
| *Pres.<br>Cond.* | opporrèi, opporresti, opporrèbbe;<br>opporremmo, opporreste, opporrèbbero | |
| *Pres.<br>Subj.* | opponga, opponga, opponga;<br>opponiamo, opponiate, oppóngano | |
| *Imp.Subj.* | opponessi, opponessi, opponesse;<br>opponéssimo, opponeste, opponéssero | |
| *Pres.Perf.* | ho opposto, hai opposto, ha opposto;<br>abbiamo opposto, avete opposto, hanno opposto | |
| *Past Perf.* | avevo opposto, avevi opposto, aveva opposto;<br>avevamo opposto, avevate opposto, avévano opposto | |
| *Past Ant.* | èbbi opposto, avesti opposto, èbbe opposto;<br>avemmo opposto, aveste opposto, èbbero opposto | |
| *Fut. Perf.* | avrò opposto, avrai opposto, avrà opposto;<br>avremo opposto, avrete opposto, avranno opposto | |
| *Past<br>Cond.* | avrèi opposto, avresti opposto, avrèbbe opposto;<br>avremmo opposto, avreste opposto, avrèbbero opposto | |
| *Past Subj.* | àbbia opposto, àbbia opposto, àbbia opposto;<br>abbiamo opposto, abbiate opposto, àbbiano opposto | |
| *Past Perf.<br>Subj.* | avessi opposto, avessi opposto, avesse opposto;<br>avéssimo opposto, aveste opposto, avéssero opposto | |
| *Impera-<br>tive* | opponi (non opporre), opponga;<br>opponiamo, opponete, oppóngano | |

| | | |
|---|---|---|
| *Pres. Ind.* | ottèngo, ottièni, ottiène;<br>otteniamo, ottenete, ottèngono | *to obtain,* |
| *Imp. Ind.* | ottenevo, ottenevi, otteneva;<br>ottenevamo, ottenevate, ottenévano | *to get* |
| *Past Abs.* | ottenni, ottenesti, ottenne;<br>ottenemmo, otteneste, otténnero | |
| *Fut. Ind.* | otterrò, otterrai, otterrà;<br>otterremo, otterrete, otterranno | |
| *Pres.*<br>*Cond.* | otterrèi, otterresti, otterrèbbe;<br>otterremmo, otterreste, otterrèbbero | |
| *Pres.*<br>*Subj.* | ottènga, ottènga, ottènga;<br>otteniamo, otteniate, ottèngano | |
| *Imp.Subj.* | ottenessi, ottenessi, ottenesse;<br>ottenéssimo, otteneste, ottenéssero | |
| *Pres.Perf.* | ho ottenuto, hai ottenuto, ha ottenuto;<br>abbiamo ottenuto, avete ottenuto, hanno ottenuto | |
| *Past Perf.* | avevo ottenuto, avevi ottenuto, aveva ottenuto;<br>avevamo ottenuto, avevate ottenuto, avévano ottenuto | |
| *Past Ant.* | èbbi ottenuto, avesti ottenuto, èbbe ottenuto;<br>avemmo ottenuto, aveste ottenuto, èbbero ottenuto | |
| *Fut. Perf.* | avrò ottenuto, avrai ottenuto, avrà ottenuto;<br>avremo ottenuto, avrete ottenuto, avranno ottenuto | |
| *Past*<br>*Cond.* | avrèi ottenuto, avresti ottenuto, avrèbbe ottenuto;<br>avremmo ottenuto, avreste ottenuto, avrèbbero ottenuto | |
| *Past Subj.* | àbbia ottenuto, àbbia ottenuto, àbbia ottenuto;<br>abbiamo ottenuto, abbiate ottenuto, àbbiano ottenuto | |
| *Past Perf.*<br>*Subj.* | avessi ottenuto, avessi ottenuto, avesse ottenuto;<br>avéssimo ottenuto, aveste ottenuto, avéssero ottenuto | |
| *Impera-*<br>*tive* | ottièni (non ottenere), ottènga;<br>otteniamo, ottenete, ottèngano | |

**113**

| | | |
|---|---|---|
| *Pres. Ind.* | paio, pari, pare;<br>paiamo (pariamo), parete, pàiono | *to appear,* |
| *Imp. Ind.* | parevo, parevi, pareva;<br>parevamo, parevate, parévano | *to seem* |
| *Past Abs.* | parvi, paresti, parve;<br>paremmo, pareste, pàrvero | |
| *Fut. Ind.* | parrò, parrai, parrà;<br>parremo, parrete, parranno | |
| *Pres.*<br>*Cond.* | parrèi, parresti, parrèbbe;<br>parremmo, parreste, parrèbbero | |
| *Pres.*<br>*Subj.* | paia, paia, paia;<br>paiamo (pariamo), paiate (pariate), pàiano | |
| *Imp.Subj.* | paressi, paressi, paresse;<br>paréssimo, pareste, paréssero | |
| *Pres.Perf.* | sono parso, sèi parso, è parso;<br>siamo parsi, siète parso(i), sono parsi | |
| *Past Perf.* | èro parso, èri parso, èra parso;<br>eravamo parsi, eravate parso(i), èrano parsi | |
| *Past Ant.* | fui parso, fosti parso, fu parso;<br>fummo parsi, foste parso(i), fúrono parsi | |
| *Fut. Perf.* | sarò parso, sarai parso, sarà parso;<br>saremo parsi, sarete parso(i), saranno parsi | |
| *Past*<br>*Cond.* | sarèi parso, saresti parso, sarèbbe parso;<br>saremmo parsi, sareste parso(i), sarèbbero parsi | |
| *Past Subj.* | sia parso, sia parso, sia parso;<br>siamo parsi, siate parso(i), síano parsi | |
| *Past Perf.*<br>*Subj.* | fossi parso, fossi parso, fosse parso;<br>fóssimo parsi, foste parso(i), fóssero parsi | |
| *Impera-*<br>*tive* | pari (non parere), paia;<br>paiamo (pariamo), parete, pàiano | |

\* The compounds of *parere* are conjugated with *-ire:* e.g., *apparire, comparire, scomparire.* As for *sparire,* it is regular in its present tenses: i.e., *sparisco, sparisca,* etc.

| | | |
|---|---|---|
| *Pres. Ind.* | pèndo, pèndi, pènde;<br>pendiamo, pendete, pèndono | *to hang* |
| *Imp. Ind.* | pendevo, pendevi, pendeva;<br>pendevamo, pendevate, pendévano | |
| *Past Abs.* | pendei (pendètti), pendesti, pendé (pendètte);<br>pendemmo, pendeste, pendérono (pendèttero) | |
| *Fut. Ind.* | penderò, penderai, penderà;<br>penderemo, penderete, penderanno | |
| *Pres.*<br>*Cond.* | penderèi, penderesti, penderèbbe;<br>penderemmo, pendereste, penderèbbero | |
| *Pres.*<br>*Subj.* | pènda, pènda, pènda;<br>pendiamo, pendiate, pèndano | |
| *Imp.Subj.* | pendessi, pendessi, pendesse;<br>pendéssimo, pendeste, pendéssero | |
| *Pres.Perf.* | ho penduto, hai penduto, ha penduto;<br>abbiamo penduto, avete penduto, hanno penduto | |
| *Past Perf.* | avevo penduto, avevi penduto, aveva penduto;<br>avevamo penduto, avevate penduto, avévano penduto | |
| *Past Ant.* | èbbi penduto, avesti penduto, èbbe penduto;<br>avemmo penduto, aveste penduto, èbbero penduto | |
| *Fut. Perf.* | avrò penduto, avrai penduto, avrà penduto;<br>avremo penduto, avrete penduto, avranno penduto | |
| *Past*<br>*Cond.* | avrèi penduto, avresti penduto, avrèbbe penduto;<br>avremmo penduto, avreste penduto, avrèbbero penduto | |
| *Past Subj.* | àbbia penduto, àbbia penduto, àbbia penduto;<br>abbiamo penduto, abbiate penduto, àbbiano penduto | |
| *Past Perf.*<br>*Subj.* | avessi penduto, avessi penduto, avesse penduto;<br>avéssimo penduto, aveste penduto, avéssero penduto | |
| *Impera-*<br>*tive* | pèndi (non pèndere), pènda;<br>pendiamo, pendete, pèndano | |

| | | |
|---|---|---|
| *Pres. Ind.* | pèrdo, pèrdi, pèrde;<br>perdiamo, perdete, pèrdono | *to lose,* |
| *Imp. Ind.* | perdevo, perdevi, perdeva;<br>perdevamo, perdevate, perdévano | *to waste* |

*Past Abs.*    pèrsi, perdesti, pèrse;
            perdemmo, perdeste, pèrsero
            (*Or regular:* perdei (perdètti), *etc.*)

*Fut. Ind.*    perderò, perderai, perderà;
            perderemo, perderete, perderanno

*Pres.*    perderèi, perderesti, perderèbbe;
*Cond.*    perderemmo, perdereste, perderèbbero

*Pres.*    pèrda, pèrda, pèrda;
*Subj.*    perdiamo, perdiate, pèrdano

*Imp. Subj.*    perdessi, perdessi, perdesse;
            perdéssimo, perdeste, perdéssero

*Pres. Perf.*    ho perduto (pèrso), hai perduto, ha perduto;
            abbiamo perduto, avete perduto, hanno perduto

*Past Perf.*    avevo perduto, avevi perduto, aveva perduto;
            avevamo perduto, avevate perduto, avévano perduto

*Past Ant.*    èbbi perduto, avesti perduto, èbbe perduto
            avemmo perduto, aveste perduto, èbbero perduto

*Fut. Perf.*    avrò perduto, avrai perduto, avrà perduto;
            avremo perduto, avrete perduto, avranno perduto

*Past*    avrèi perduto, avresti perduto, avrèbbe perduto;
*Cond.*    avremmo perduto, avreste perduto, avrèbbero perduto

*Past Subj.*    àbbia perduto, àbbia perduto, àbbia perduto;
            abbiamo perduto, abbiate perduto, àbbiano perduto

*Past Perf.*    avessi perduto, avessi perduto, avesse perduto;
*Subj.*    avéssimo perduto, aveste perduto, avéssero perduto

*Impera-*    pèrdi (non pèrdere), pèrda;
*tive*    perdiamo, perdete, pèrdano

---

\* The Past Absolute of *dispèrdere* is *dispèrsi,* and its Past Participle is *dispèrso.*

| | | |
|---|---|---|
| *Pres. Ind.* | permetto, permetti, permette;<br>permettiamo, permettete, perméttono | *to permit,* |
| *Imp. Ind.* | permettevo, permettevi, permetteva;<br>permettevamo, permettevate, permettévano | *to allow* |
| *Past Abs.* | permisi, permettesti, permise;<br>permettemmo, permetteste, permísero | |
| *Fut. Ind.* | permetterò, permetterai, permetterà;<br>permetteremo, permetterete, permetteranno | |
| *Pres.*<br>*Cond.* | permetterèi, permetteresti, permetterèbbe;<br>permetteremmo, permettereste, permetterèbbero | |
| *Pres.*<br>*Subj.* | permetta, permetta, permetta;<br>permettiamo, permettiate, perméttano | |
| *Imp.Subj.* | permettessi, permettessi, permettesse;<br>permettéssimo, permetteste, permettéssero | |
| *Pres.Perf.* | ho permesso, hai permesso, ha permesso;<br>abbiamo permesso, avete permesso, hanno permesso | |
| *Past Perf.* | avevo permesso, avevi permesso, aveva permesso;<br>avevamo permesso, avevate permesso, avévano permesso | |
| *Past Ant.* | èbbi permesso, avesti permesso, èbbe permesso;<br>avemmo permesso, aveste permesso, èbbero permesso | |
| *Fut. Perf.* | avrò permesso, avrai permesso, avrà permesso;<br>avremo permesso, avrete permesso, avranno permesso | |
| *Past*<br>*Cond.* | avrèi permesso, avresti permesso, avrèbbe permesso;<br>avremmo permesso, avreste permesso, avrèbbero permesso | |
| *Past Subj.* | àbbia permesso, àbbia permesso, àbbia permesso;<br>abbiamo permesso, abbiate permesso, àbbiano permesso | |
| *Past Perf.*<br>*Subj.* | avessi permesso, avessi permesso, avesse permesso;<br>avéssimo permesso, aveste permesso, avéssero permesso | |
| *Impera-*<br>*tive* | permetti (non perméttere), permetta;<br>permettiamo, permettete, perméttano | |

*Pres. Ind.* persuado, persuadi, persuade;
persuadiamo, persuadete, persuàdono                    *to persuade*

*Imp. Ind.* persuadevo, persuadevi, persuadeva;
persuadevamo, persuadevate, persuadévano

*Past Abs.* persuasi, persuadesti, persuase;
persuademmo, persuadeste, persuàsero

*Fut. Ind.* persuaderò, persuaderai, persuaderà;
persuaderemo, persuaderete, persuaderanno

*Pres.* persuaderèi, persuaderesti, persuaderèbbe;
*Cond.* persuaderemmo, persuadereste, persuaderèbbero

*Pres.* persuada, persuada, persuada;
*Subj.* persuadiamo, persuadiate, persuàdano

*Imp.Subj.* persuadessi, persuadessi, persuadesse;
persuadéssimo, persuadeste, persuadéssero

*Pres.Perf.* ho persuaso, hai persuaso, ha persuaso;
abbiamo persuaso, avete persuaso, hanno persuaso

*Past Perf.* avevo persuaso, avevi persuaso, aveva persuaso;
avevamo persuaso, avevate persuaso, avévano persuaso

*Past Ant.* èbbi persuaso, avesti persuaso, èbbe persuaso;
avemmo persuaso, aveste persuaso, èbbero persuaso

*Fut. Perf.* avrò persuaso, avrai persuaso, avrà persuaso;
avremo persuaso, avrete persuaso, avranno persuaso

*Past* avrèi persuaso, avresti persuaso, avrèbbe persuaso;
*Cond.* avremmo persuaso, avreste persuaso, avrèbbero persuaso

*Past Subj.* àbbia persuaso, àbbia persuaso, àbbia persuaso;
abbiamo persuaso, abbiate persuaso, àbbiano persuaso

*Past Perf.* avessi persuaso, avessi persuaso, avesse persuaso;
*Subj.* avéssimo persuaso, aveste persuaso, avéssero persuaso

*Impera-* persuadi (non persuadere), persuada;
*tive* persuadiamo, persuadete, persuàdano

* Like *persuadere* is *dissuadere.*

| | | |
|---|---|---|
| *Pres. Ind.* | piaccio, piaci, piace;<br>piacciamo (piaciamo), piacete, piàcciono | *to please,* |
| *Imp. Ind.* | piacevo, piacevi, piaceva;<br>piacevamo, piacevate, piacévano | *to like* |
| *Past Abs.* | piacqui, piacesti, piacque;<br>piacemmo, piaceste, piàcquero | |
| *Fut. Ind.* | piacerò, piacerai, piacerà;<br>piaceremo, piacerete, piaceranno | |
| *Pres.*<br>*Cond.* | piacerèi, piaceresti, piacerèbbe;<br>piaceremmo, piacereste, piacerèbbero | |
| *Pres.*<br>*Subj.* | piaccia, piaccia, piaccia;<br>piacciamo (piaciamo), piacciate (piaciate), piàcciano | |
| *Imp.Subj.* | piacessi, piacessi, piacesse;<br>piacéssimo, piaceste, piacéssero | |
| *Pres.Perf.* | sono piaciuto, sèi piaciuto, è piaciuto;<br>siamo piaciuti, siète piaciuto(i), sono piaciuti | |
| *Past Perf.* | èro piaciuto, èri piaciuto, èra piaciuto;<br>eravamo piaciuti, eravate piaciuto(i), èrano piaciuti | |
| *Past Ant.* | fui piaciuto, fosti piaciuto, fu piaciuto;<br>fummo piaciuti, foste piaciuto(i), fúrono piaciuti | |
| *Fut. Perf.* | sarò piaciuto, sarai piaciuto, sarà piaciuto;<br>saremo piaciuti, sarete piaciuto(i), saranno piaciuti | |
| *Past.*<br>*Cond.* | sarèi piaciuto, saresti piaciuto, sarèbbe piaciuto;<br>saremmo piaciuti, sareste piaciuto(i), sarèbbero piaciuti | |
| *Past Subj.* | sia piaciuto, sia piaciuto, sia piaciuto;<br>siamo piaciuti, siate piaciuto(i), síano piaciuti | |
| *Past Perf.*<br>*Subj.* | fossi piaciuto, fossi piaciuto, fosse piaciuto;<br>fóssimo piaciuti, foste piaciuto(i), fóssero piaciuti | |
| *Impera-*<br>*tive* | piaci (non piacere), piaccia;<br>piacciamo (piaciamo), piacete, piàcciano | |

*Like *piacere* are *compiacere* (conjugated with *avere*), *dispiacere,* and *spiacere.*

| | | |
|---|---|---|
| *Pres. Ind.* | piango, piangi, piange;<br>piangiamo, piangete, piàngono | *to weep,* |
| *Imp. Ind.* | piangevo, piangevi, piangeva;<br>piangevamo, piangevate, piangévano | *to cry* |
| *Past Abs.* | piansi, piangesti, pianse;<br>piangemmo, piangeste, piànsero | |
| *Fut. Ind.* | piangerò, piangerai, piangerà;<br>piangeremo, piangerete, piangeranno | |
| *Pres.*<br>*Cond.* | piangerèi, piangeresti, piangerèbbe;<br>piangeremmo, piangereste, piangerèbbero | |
| *Pres.*<br>*Subj.* | pianga, pianga, pianga;<br>piangiamo, piangiate, piàngano | |
| *Imp.Subj.* | piangessi, piangessi, piangesse;<br>piangéssimo, piangeste, piangéssero | |
| *Pres.Perf.* | ho pianto, hai pianto, ha pianto;<br>abbiamo pianto, avete pianto, hanno pianto | |
| *Past Perf.* | avevo pianto, avevi pianto, aveva pianto;<br>avevamo pianto, avevate pianto, avévano pianto | |
| *Past Ant.* | èbbi pianto, avesti pianto, èbbe pianto;<br>avemmo pianto, aveste pianto, èbbero pianto | |
| *Fut. Perf.* | avrò pianto, avrai pianto, avrà pianto;<br>avremo pianto, avrete pianto, avranno pianto | |
| *Past*<br>*Cond.* | avrèi pianto, avresti pianto, avrèbbe pianto;<br>avremmo pianto, avreste pianto, avrèbbero pianto | |
| *Past Subj.* | àbbia pianto, àbbia pianto, àbbia pianto;<br>abbiamo pianto, abbiate pianto, àbbiano pianto | |
| *Past Perf.*<br>*Subj.* | avessi pianto, avessi pianto, avesse pianto;<br>avéssimo pianto, aveste pianto, avéssero pianto | |
| *Impera-*<br>*tive* | piangi (non piàngere), pianga;<br>piangiamo, piangete, piàngano | |

| | | |
|---|---|---|
| *Pres. Ind.* | piòve;<br>piòvono | *to rain* |
| *Imp. Ind.* | pioveva;<br>piovévano | |
| *Past Abs.* | piòvve;<br>piòvvero | |
| *Fut. Ind.* | pioverà;<br>pioveranno | |
| *Pres.*<br>*Cond.* | pioverèbbe;<br>pioverèbbero | |
| *Pres.*<br>*Subj.* | piòva;<br>piòvano | |
| *Imp.Subj.* | piovesse;<br>piovéssero | |
| *Pres.Perf.* | è* piovuto;<br>sono piovuti | |
| *Past Perf.* | èra piovuto;<br>èrano piovuti | |
| *Past Ant.* | fu piovuto;<br>fúrono piovuti | |
| *Fut. Perf.* | sarà piovuto;<br>saranno piovuti | |
| *Past*<br>*Cond.* | sarèbbe piovuto;<br>sarèbbero piovuti | |
| *Past Subj.* | sia piovuto;<br>síano piovuti | |
| *Past Perf.*<br>*Subj.* | fosse piovuto;<br>fóssero piovuti | |
| *Impera-*<br>*tive* | ———————— | |

\* *Piòvere* may be conjugated with *avere*.

| | | |
|---|---|---|
| *Pres. Ind.* | pòrgo, pòrgi, pòrge; <br> porgiamo, porgete, pòrgono | *to hand,* |
| *Imp. Ind.* | porgevo, porgevi, porgeva; <br> porgevamo, porgevate, porgévano | *to offer,* |
| *Past Abs.* | pòrsi, porgesti, pòrse; <br> porgemmo, porgeste, pòrsero | *to hold out* |
| *Fut. Ind.* | porgerò, porgerai, porgerà; <br> porgeremo, porgerete, porgeranno | |
| *Pres. Cond.* | porgerèi, porgeresti, porgerèbbe; <br> porgeremmo, porgereste, porgerèbbero | |
| *Pres. Subj.* | pòrga, pòrga, pòrga; <br> porgiamo, porgiate, pòrgano | |
| *Imp.Subj.* | porgessi, porgessi, porgesse; <br> porgéssimo, porgeste, porgéssero | |
| *Pres.Perf.* | ho pòrto, hai pòrto, ha pòrto; <br> abbiamo pòrto, avete pòrto, hanno pòrto | |
| *Past Perf.* | avevo pòrto, avevi pòrto, aveva pòrto; <br> avevamo pòrto, avevate pòrto, avévano pòrto | |
| *Past Ant.* | èbbi pòrto, avesti pòrto, èbbe pòrto; <br> avemmo pòrto, aveste pòrto, èbbero pòrto | |
| *Fut. Perf.* | avrò pòrto, avrai pòrto, avrà pòrto; <br> avremo pòrto, avrete pòrto, avranno pòrto | |
| *Past Cond.* | avrèi pòrto, avresti pòrto, avrèbbe pòrto; <br> avremmo pòrto, avreste pòrto, avrèbbero pòrto | |
| *Past Subj.* | àbbia pòrto, àbbia pòrto, àbbia pòrto; <br> abbiamo pòrto, abbiate pòrto, àbbiano pòrto | |
| *Past Perf. Subj.* | avessi pòrto, avessi pòrto, avesse pòrto; <br> avéssimo pòrto, aveste pòrto, avéssero pòrto | |
| *Imperative* | pòrgi (non pòrgere), pòrga; <br> porgiamo, porgete, pòrgano | |

| | | |
|---|---|---|
| *Pres. Ind.* | pongo, poni, pone;<br>poniamo, ponete, póngono | *to put,* |
| *Imp. Ind.* | ponevo, ponevi, poneva;<br>ponevamo, ponevate, ponévano | *to place,*<br>*to set* |
| *Past Abs.* | posi, ponesti, pose;<br>ponemmo, poneste, pósero | |
| *Fut. Ind.* | porrò, porrai, porrà;<br>porremo, porrete, porranno | |
| *Pres.*<br>*Cond.* | porrèi, porresti, porrèbbe;<br>porremmo, porreste, porrèbbero | |
| *Pres.*<br>*Subj.* | ponga, ponga, ponga;<br>poniamo, poniate, póngano | |
| *Imp.Subj.* | ponessi, ponessi, ponesse;<br>ponéssimo, poneste, ponéssero | |
| *Pres.Perf.* | ho posto, hai posto, ha posto;<br>abbiamo posto, avete posto, hanno posto | |
| *Past Perf.* | avevo posto, avevi posto, aveva posto;<br>avevamo posto, avevate posto, avévano posto | |
| *Past Ant.* | èbbi posto, avesti posto, èbbe posto;<br>avemmo posto, aveste posto, èbbero posto | |
| *Fut. Perf.* | avrò posto, avrai posto, avrà posto;<br>avremo posto, avrete posto, avranno posto | |
| *Past*<br>*Cond.* | avrèi posto, avresti posto, avrèbbe posto;<br>avremmo posto, avreste posto, avrèbbero posto | |
| *Past Subj.* | àbbia posto, àbbia posto, àbbia posto;<br>abbiamo posto, abbiate posto, àbbiano posto | |
| *Past Perf.*<br>*Subj.* | avessi posto, avessi posto, avesse posto;<br>avéssimo posto, aveste posto, avéssero posto | |
| *Impera-*<br>*tive* | poni (non porre), ponga;<br>poniamo, ponete, póngano | |

\* Like *porre* are *comporre, disporre, esporre, frapporre, imporre, opporre, posporre, proporre, riporre, scomporre, supporre, trasporre,* etc.

*Pres. Ind.*  possièdo (possèggo), possièdi, possiède;
posdediamo, possedete, possièdono (possèggono)   *to possess*

*Imp. Ind.*  possedevo, possedevi, possedeva;
possedevamo, possedevate, possedévano

*Past Abs.*  possedètti, possedesti, possedètte;
possedemmo, possedeste, possedèttero

*Fut. Ind.*  possederò, possederai, possederà;
possederemo, possederete, possederanno

*Pres.*  possederèi, possederesti, possederèbbe;
*Cond.*  possederemmo, possedereste, possederèbbero

*Pres.*  possièda (possègga), possièda (possègga), possièda (possègga);
*Subj.*  possediamo, possediate, possièdano (possèggano)

*Imp.Subj.*  possedessi, possedessi, possedesse;
possedéssimo, possedeste, possedéssero

*Pres.Perf.*  ho posseduto, hai posseduto, ha posseduto;
abbiamo posseduto, avete posseduto, hanno posseduto

*Past Perf.*  avevo posseduto, avevi posseduto, aveva posseduto;
avevamo posseduto, avevate posseduto, avévano posseduto

*Past Ant.*  èbbi posseduto, avesti posseduto, èbbe posseduto;
avemmo posseduto, aveste posseduto, èbbero posseduto

*Fut. Perf.*  avrò posseduto, avrai posseduto, avrà posseduto;
avremo posseduto, avrete posseduto, avranno posseduto

*Past*  avrèi posseduto, avresti posseduto, avrèbbe posseduto;
*Cond.*  avremmo posseduto, avreste posseduto, avrèbbero posseduto

*Past Subj.*  àbbia posseduto, àbbia posseduto, àbbia posseduto;
abbiamo posseduto, abbiate posseduto, àbbiano posseduto

*Past Perf.*  avessi posseduto, avessi posseduto, avesse posseduto;
*Subj.*  avéssimo posseduto, aveste posseduto, avéssero posseduto

*Impera-*  possièdi (non possedere), possièda (possègga);
*tive*  possediamo, possedete, possièdano (possèggano)

| | | |
|---|---|---|
| *Pres. Ind.* | pòsso, puòi, può; posssiamo, potete, pòssono | *to be able,* |
| *Imp. Ind.* | potevo, potevi, poteva; potevamo, potevate, potévano | *can,* |
| *Past Abs.* | potei, potesti, poté; potemmo, poteste, potérono | *may* |
| *Fut. Ind.* | potrò, potrai, potrà; potremo, potrete, potranno | |
| *Pres. Cond.* | potrèi, potresti, potrèbbe; potremmo, potreste, potrèbbero | |
| *Pres. Subj.* | pòssa, pòssa, pòssa; possiamo, possiate, pòssano | |
| *Imp. Subj.* | potessi, potessi, potesse; potéssimo, poteste, potéssero | |
| *Pres. Perf.* | ho* potuto, hai potuto, ha potuto; abbiamo potuto, avete potuto, hanno potuto | |
| *Past Perf.* | avevo potuto, avevi potuto, aveva potuto; avevamo potuto, avevate potuto, avévano potuto | |
| *Past Ant.* | èbbi potuto, avesti potuto, èbbe potuto; avemmo potuto, aveste potuto, èbbero potuto | |
| *Fut. Perf.* | avrò potuto, avrai potuto, avrà potuto; avremo potuto, avrete potuto, avranno potuto | |
| *Past Cond.* | avrèi potuto, avresti potuto, avrèbbe potuto; avremmo potuto, avreste potuto, avrèbbero potuto | |
| *Past Subj.* | àbbia potuto, àbbia potuto, àbbia potuto; abbiamo potuto, abbiate potuto, àbbiano potuto | |
| *Past Perf. Subj.* | avessi potuto, avessi potuto, avesse potuto; avéssimo potuto, aveste potuto, avéssero potuto | |
| *Imperative* | ——————— | |

* *Potere* takes *èssere* when the following infinitive requires it.

| | |
|---|---|
| *Pres. Ind.* | prèmo, prèmi, prème; premiamo, premete, prèmono |
| *Imp. Ind.* | premevo, premevi, premeva; premevamo, premevate, premévano |
| *Past Abs.* | premei (premètti), premesti, premé (premètte); prememmo, premeste, premérono (premèttero) |
| *Fut. Ind.* | premerò, premerai, premerà; premeremo, premerete, premeranno |
| *Pres. Cond.* | premerèi, premeresti, premerèbbe; premeremmo, premereste, premerèbbero |
| *Pres. Subj.* | prèma, prèma, prèma; premiamo, premiate, prèmano |
| *Imp.Subj.* | premessi, premessi, premesse; preméssimo, premeste, preméssero |
| *Pres.Perf.* | ho premuto, hai premuto, ha premuto; abbiamo premuto, avete premuto, hanno premuto |
| *Past Perf.* | avevo premuto, avevi premuto, aveva premuto; avevamo premuto, avevate premuto, avévano premuto |
| *Past Ant.* | èbbi premuto, avesti premuto, èbbe premuto; avemmo premuto, aveste premuto, èbbero premuto |
| *Fut. Perf.* | avrò premuto, avrai premuto, avrà premuto; avremo premuto, avrete premuto, avranno premuto |
| *Past Cond.* | avrèi premuto, avresti premuto, avrèbbe premuto; avremmo premuto, avreste premuto, avrèbbero premuto |
| *Past Subj.* | àbbia premuto, àbbia premuto, àbbia premuto; abbiamo premuto, abbiate premuto, àbbiano premuto |
| *Past Perf. Subj.* | avessi premuto, avessi premuto, avesse premuto; avéssimo premuto, aveste premuto, avéssero premuto |
| *Imperative* | prèmi (non prèmere), prèma; premiamo, premete, prèmano |

*to press,*
*to squeeze,*
*to be urgent*

---

*The compounds of *prèmere* are *comprímere, deprímere, esprímere, imprímere, opprímere, reprímere, sopprímere,* all irregular in the Past Absolute and Past Participle, and the regular *sprèmere.*

| | | |
|---|---|---|
| *Pres. Ind.* | prèndo, prèndi, prènde;<br>prendiamo, prendete, prèndono | *to take* |
| *Imp. Ind.* | prendevo, prendevi, prendeva;<br>prendevamo, prendevate, prendévano | |
| *Past Abs.* | presi, prendesti, prese;<br>prendemmo, prendeste, présero | |
| *Fut. Ind.* | prenderò, prenderai, prenderà;<br>prenderemo, prenderete, prenderanno | |
| *Pres.*<br>*Cond.* | prenderèi, prenderesti, prenderèbbe;<br>prenderemmo, prendereste, prenderèbbero | |
| *Pres.*<br>*Subj.* | prènda, prènda, prènda;<br>prendiamo, prendiate, prèndano | |
| *Imp.Subj.* | prendessi, prendessi, prendesse;<br>prendéssimo, prendeste, prendéssero | |
| *Pres.Perf.* | ho preso, hai preso, ha preso;<br>abbiamo preso, avete preso, hanno preso | |
| *Past Perf.* | avevo preso, avevi preso, aveva preso;<br>avevamo preso, avevate preso, avévano preso | |
| *Past Ant.* | èbbi preso, avesti preso, èbbe preso;<br>avemmo preso, aveste preso, èbbero preso | |
| *Fut. Perf.* | avrò preso, avrai preso, avrà preso;<br>avremo preso, avrete preso, avranno preso | |
| *Past*<br>*Cond.* | avrèi preso, avresti preso, avrèbbe preso;<br>avremmo preso, avreste preso, avrèbbero preso | |
| *Past Subj.* | àbbia preso, àbbia preso, àbbia preso;<br>abbiamo preso, abbiate preso, àbbiano preso | |
| *Past Perf.*<br>*Subj.* | avessi preso, avessi preso, avesse preso;<br>avéssimo preso, aveste preso, avéssero preso | |
| *Impera-*<br>*tive* | prèndi (non prèndere), prènda;<br>prendiamo, prendete, prèndano | |

* Like *prèndere* are *apprèndere, comprèndere, intraprèndere, riprèndere, sorprèndere,* etc.

**prestare**

| | | |
|---|---|---|
| *Pres. Ind.* | prèsto, prèsti, prèsta;<br>prestiamo, prestate, prèstano | *to lend* |
| *Imp. Ind.* | prestavo, prestavi, prestava;<br>prestavamo, prestavate, prestàvano | |
| *Past Abs.* | prestai, prestasti, prestò;<br>prestammo, prestaste, prestàrono | |
| *Fut. Ind.* | presterò, presterai, presterà;<br>presteremo, presterete, presteranno | |
| *Pres.<br>Cond.* | presterèi, presteresti, presterèbbe;<br>presteremmo, prestereste, presterèbbero | |
| *Pres.<br>Subj.* | prèsti, prèsti, prèsti;<br>prestiamo, prestiate, prèstino | |
| *Imp.Subj.* | prestassi, prestassi, prestasse;<br>prestàssimo, prestaste, prestàssero | |
| *Pres.Perf.* | ho prestato, hai prestato, ha prestato;<br>abbiamo prestato, avete prestato, hanno prestato | |
| *Past Perf.* | avevo prestato, avevi prestato, aveva prestato;<br>avevamo prestato, avevate prestato, avévano prestato | |
| *Past Ant.* | èbbi prestato, avesti prestato, èbbe prestato;<br>avemmo prestato, aveste prestato, èbbero prestato | |
| *Fut. Perf.* | avrò prestato, avrai prestato, avrà prestato;<br>avremo prestato, avrete prestato, avranno prestato | |
| *Past<br>Cond.* | avrèi prestato, avresti prestato, avrèbbe prestato;<br>avremmo prestato, avreste prestato, avrèbbero prestato | |
| *Past Subj.* | àbbia prestato, àbbia prestato, àbbia prestato;<br>abbiamo prestato, abbiate prestato, àbbiano prestato | |
| *Past Perf.<br>Subj.* | avessi prestato, avessi prestato, avesse prestato;<br>avéssimo prestato, aveste prestato, avéssero prestato | |
| *Impera-<br>tive* | prèsta (non prestare), prèsti;<br>prestiamo, prestate, prèstino | |

| | | |
|---|---|---|
| *Pres. Ind.* | pretèndo, pretèndi, pretènde ;<br>pretendiamo, pretendete, pretèndono | *to claim,* |
| *Imp. Ind.* | pretendevo, pretendevi, pretendeva ;<br>pretendevamo, pretendevate, pretendévano | *to contend,*<br>*to demand* |
| *Past Abs.* | pretesi, pretendesti, pretese ;<br>pretendemmo, pretendeste, pretésero | |
| *Fut. Ind.* | pretenderò, pretenderai, pretenderà ;<br>pretenderemo, pretenderete, pretenderanno | |
| *Pres.*<br>*Cond.* | pretenderèi, pretenderesti, pretenderèbbe ;<br>pretenderemmo, pretendereste, pretenderèbbero | |
| *Pres.*<br>*Subj.* | pretènda, pretènda, pretènda ;<br>pretendiamo, pretendiate, pretèndano | |
| *Imp.Subj.* | pretendessi, pretendessi, pretendesse ;<br>pretendéssimo, pretendeste, pretendéssero | |
| *Pres.Perf.* | ho preteso, hai preteso, ha preteso ;<br>abbiamo preteso, avete preteso, hanno preteso | |
| *Past Perf.* | avevo preteso, avevi preteso, aveva preteso ;<br>avevamo preteso, avevate preteso, avévano preteso | |
| *Past Ant.* | èbbi preteso, avesti preteso, èbbe preteso ;<br>avemmo preteso, aveste preteso, èbbero preteso | |
| *Fut. Perf.* | avrò preteso, avrai preteso, avrà preteso ;<br>avremo preteso, avrete preteso, avranno preteso | |
| *Past*<br>*Cond.* | avrèi preteso, avresti preteso, avrèbbe preteso ;<br>avremmo preteso, avreste preteso, avrèbbero preteso | |
| *Past Subj.* | àbbia preteso, àbbia preteso, àbbia preteso ;<br>abbiamo preteso, abbiate preteso, àbbiano preteso | |
| *Past Perf.*<br>*Subj.* | avessi preteso, avessi preteso, avesse preteso ;<br>avéssimo preteso, aveste preteso, avéssero preteso | |
| *Impera-*<br>*tive* | pretèndi (non pretèndere), pretènda ;<br>pretendiamo, pretendete, pretèndano | |

*Pres. Ind.*  prevalgo, prevali, prevale;
              prevaliamo, prevalete, prevàlgono               *to prevail*

*Imp. Ind.*   prevalevo, prevalevi, prevaleva;
              prevalevamo, prevalevate, prevalévano

*Past Abs.*   prevalsi, prevalesti, prevalse;
              prevalemmo, prevaleste, prevàlsero

*Fut. Ind.*   prevarrò, prevarrai, prevarrà;
              prevarremo, prevarrete, prevarranno

*Pres.*       prevarrèi, prevarresti, prevarrèbbe;
*Cond.*       prevarremmo, prevarreste, prevarrèbbero

*Pres.*       prevalga, prevalga, prevalga;
*Subj.*       prevaliamo, prevaliate, prevàlgano

*Imp.Subj.*   prevalessi, prevalessi, prevalesse;
              prevaléssimo, prevaleste, prevaléssero

*Pres.Perf.*  ho* prevalso, hai prevalso, ha prevalso;
              abbiamo prevalso, avete prevalso, hanno prevalso

*Past Perf.*  avevo prevalso, avevi prevalso, aveva prevalso;
              avevamo prevalso, avevate prevalso, avévano prevalso

*Past Ant.*   èbbi prevalso, avesti prevalso, èbbe prevalso;
              avemmo prevalso, aveste prevalso, èbbero prevalso

*Fut. Perf.*  avrò prevalso, avrai prevalso, avrà prevalso;
              avremo prevalso, avrete prevalso, avranno prevalso

*Past*        avrèi prevalso, avresti prevalso, avrèbbe prevalso;
*Cond.*       avremmo prevalso, avreste prevalso, avrèbbero prevalso

*Past Subj.*  àbbia prevalso, àbbia prevalso, àbbia prevalso;
              abbiamo prevalso, abbiate prevalso, àbbiano prevalso

*Past Perf.*  avessi prevalso, avessi prevalso, avesse prevalso;
*Subj.*       avéssimo prevalso, aveste prevalso, avéssero prevalso

*Impera-*     prevali (non prevalere), prevalga;
*tive*        prevaliamo, prevalete, prevàlgano

* *Prevalere* may be conjugated with *èssere*.

| | |
|---|---|
| *Pres. Ind.* | prevedo (preveggo), prevedi, prevede; prevediamo, prevedete, prevédono (prevéggono) |
| *Imp. Ind.* | prevedevo, prevedevi, prevedeva; prevedevamo, prevedevate, prevedévano |
| *Past Abs.* | previdi, prevedesti, previde; prevedemmo, prevedeste, prevídero |
| *Fut. Ind.* | prevederò, prevederai, prevederà; prevederemo, prevederete, prevederanno |
| *Pres. Cond.* | prevederèi, prevederesti, prevederèbbe; prevederemmo, prevedereste, prevederèbbero |
| *Pres. Subj.* | preveda (prevegga), preveda (prevegga), preveda (prevegga); prevediamo, prevediate, prevédano (prevéggano) |
| *Imp. Subj.* | prevedessi, prevedessi, prevedesse; prevedéssimo, prevedeste, prevedéssero |
| *Pres. Perf.* | ho preveduto (previsto), hai preveduto, ha preveduto; abbiamo preveduto, avete preveduto, hanno preveduto |
| *Past Perf.* | avevo preveduto, avevi preveduto, aveva preveduto; avevamo preveduto, avevate preveduto, avévano preveduto |
| *Past Ant.* | èbbi preveduto, avesti preveduto, èbbe preveduto; avemmo preveduto, aveste preveduto, èbbero preveduto |
| *Fut. Perf.* | avrò preveduto, avrai preveduto, avrà preveduto; avremo preveduto, avrete preveduto, avranno preveduto |
| *Past Cond.* | avrèi preveduto, avresti preveduto, avrèbbe preveduto; avremmo preveduto, avreste preveduto, avrèbbero preveduto |
| *Past Subj.* | àbbia preveduto, àbbia preveduto, àbbia preveduto; abbiamo preveduto, abbiate preveduto, àbbiano preveduto |
| *Past Perf. Subj.* | avessi preveduto, avessi preveduto, avesse preveduto; avéssimo preveduto, aveste preveduto, avéssero preveduto |
| *Imperative* | prevedi (non prevedere), preveda (prevegga); prevediamo, prevedete, prevédano (prevéggano) |

*to foresee*

| | | |
|---|---|---|
| *Pres. Ind.* | produco, produci, produce; produciamo, producete, prodúcono | *to produce* |
| *Imp. Ind.* | producevo, producevi, produceva; producevamo, producevate, producévano | |
| *Past Abs.* | produssi, producesti, produsse; producemmo, produceste, prodússero | |
| *Fut. Ind.* | produrrò, produrrai, produrrà; produrremo, produrrete, produrranno | |
| *Pres. Cond.* | produrrèi, produrresti, produrrèbbe; produrremmo, produrreste, produrrèbbero | |
| *Pres. Subj.* | produca, produca, produca; produciamo, produciate, prodúcano | |
| *Imp.Subj.* | producessi, producessi, producesse; producéssimo, produceste, producéssero | |
| *Pres.Perf.* | ho prodotto, hai prodotto, ha prodotto; abbiamo prodotto, avete prodotto, hanno prodotto | |
| *Past Perf.* | avevo prodotto, avevi prodotto, aveva prodotto; avevamo prodotto, avevate prodotto, avévano prodotto | |
| *Past Ant.* | èbbi prodotto, avesti prodotto, èbbe prodotto; avemmo prodotto, aveste prodotto, èbbero prodotto | |
| *Fut. Perf.* | avrò prodotto, avrai prodotto, avrà prodotto; avremo prodotto, avrete prodotto, avranno prodotto | |
| *Past Cond.* | avrèi prodotto, avresti prodotto, avrèbbe prodotto; avremmo prodotto, avreste prodotto, avrèbbero prodotto | |
| *Past Subj.* | àbbia prodotto, àbbia prodotto, àbbia prodotto; abbiamo prodotto, abbiate prodotto, àbbiano prodotto | |
| *Past Perf. Subj.* | avessi prodotto, avessi prodotto, avesse prodotto; avéssimo prodotto, aveste prodotto, avéssero prodotto | |
| *Imperative* | produci (non produrre), produca; produciamo, producete, prodúcano | |

| | | |
|---|---|---|
| *Pres. Ind.* | prometto, prometti, promette; promettiamo, promettete, prométtono | *to promise* |
| *Imp. Ind.* | promettevo, promettevi, prometteva; promettevamo, promettevate, promettévano | |
| *Past Abs.* | promisi, promettesti, promise; promettemmo, prometteste, promísero | |
| *Fut. Ind.* | prometterò, prometterai, prometterà; prometteremo, prometterete, prometteranno | |
| *Pres. Cond.* | prometterèi, prometteresti, prometterèbbe; prometteremmo, promettereste, prometterèbbero | |
| *Pres. Subj.* | prometta, prometta, prometta; prommettiamo, promettiate, prométtano | |
| *Imp.Subj.* | promettessi, promettessi, promettesse; promettéssimo, prometteste, promettéssero | |
| *Pres.Perf.* | ho promesso, hai promesso, ha promesso; abbiamo promesso, avete promesso, hanno promesso | |
| *Past Perf.* | avevo promesso, avevi promesso, aveva promesso; avevamo promesso, avevate promesso, avévano promesso | |
| *Past Ant.* | èbbi promesso, avesti promesso, èbbe promesso; avemmo promesso, aveste promesso, èbbero promesso | |
| *Fut. Perf.* | avrò promesso, avrai promesso, avrà promesso; avremo promesso, avrete promesso, avranno promesso | |
| *Past Cond.* | avrèi promesso, avresti promesso, avrèbbe promesso; avremmo promesso, avreste promesso, avrèbbero promesso | |
| *Past Subj.* | àbbia promesso, àbbia promesso, àbbia promesso; abbiamo promesso, abbiate promesso, àbbiano promesso | |
| *Past Perf. Subj.* | avessi promesso, avessi promesso, avesse promesso; avéssimo promesso, aveste promesso, avéssero promesso | |
| *Imperative* | prometti (non prométtere), prometta; promettiamo, promettete, prométtano | |

*Pres. Ind.* promuòvo, promuòvi, promuòve;
promoviamo (promuoviamo), promovete   *to promote*
(promuovete), promuòvono

*Imp. Ind.* promovevo (promuovevo), promovevi (promuovevi), promoveva
(promuoveva);
promovevamo (promuovevamo), promovevate (promuovevate),
promovévano (promuovévano)

*Past Abs.* promòssi, promovesti (promuovesti), promòsse;
promovemmo (promuovemmo), promoveste (promuoveste), pro-
mòssero

*Fut. Ind.* promoverò (promuoverò), promoverai (promuoverai), promoverà
(promuoverà);
promoveremo (promuoveremo), promoverete (promuoverete), pro-
moveranno (promuoveranno)

*Pres.* promoverèi (promuoverèi), promoveresti (promuoveresti), pro-
*Cond.* moverèbbe (promuoverèbbe);
promoveremmo (promuoveremmo), promovereste (promuove-
reste), promoverèbbero (promuoverèbbero)

*Pres.* promuòva, promuòva, promuòva;
*Subj.* promoviamo (promuoviamo), promoviate (promuoviate), pro-
muòvano

*Imp.Subj.* promovessi (promuovessi), promovessi (promuovessi), promovesse
(promuovesse);
promovéssimo (promuovéssimo), promoveste (promuoveste), pro-
movéssero (promuovéssero)

*Pres.Perf.* ho promòsso, hai promòsso, ha promòsso;
abbiamo promòsso, avete promòsso, hanno promòsso

*Past Perf.* avevo promòsso, avevi promòsso, aveva promòsso;
avevamo promòsso, avevate promòsso, avévano promòsso

*Past Ant.* èbbi promòsso, avesti promòsso, èbbe promòsso;
avemmo promòsso, aveste promòsso, èbbero promòsso

*Fut. Perf.* avrò promòsso, avrai promòsso, avrà promòsso;
avremo promòsso, avrete promòsso, avranno promòsso

*Past* avrèi promòsso, avresti promòsso, avrèbbe promòsso;
*Cond.* avremmo promòsso, avreste promòsso, avrèbbero promòsso

*Past Subj.* àbbia promòsso, àbbia promòsso, àbbia promòsso;
abbiamo promòsso, abbiate promòsso, àbbiano promòsso

*Past Perf.* avessi promòsso, avessi promòsso, avesse promòsso;
*Subj.* avéssimo promòsso, aveste promòsso, avéssero promòsso

*Impera-* promuòvi (non promuòvere), promuòva;
*tive* promoviamo (promuoviamo), promovete (promuovete), pro-
muòvano

| | | |
|---|---|---|
| *Pres. Ind.* | propongo, proponi, propone;<br>proponiamo, proponete, propóngono | *to propose* |
| *Imp. Ind.* | proponevo, proponevi, proponeva;<br>proponevamo, proponevate, proponévano | |
| *Past Abs.* | proposi, proponesti, propose;<br>proponemmo, proponeste, propósero | |
| *Fut. Ind.* | proporrò, proporrai, proporrà;<br>proporremo, proporrete, proporranno | |
| *Pres.*<br>*Cond.* | proporrèi, proporresti, proporrèbbe;<br>proporremmo, proporreste, proporrèbbero | |
| *Pres.*<br>*Subj.* | proponga, proponga, proponga;<br>proponiamo, proponiate, propóngano | |
| *Imp.Subj.* | proponessi, proponessi, proponesse;<br>proponéssimo, proponeste, proponéssero | |
| *Pres.Perf.* | ho proposto, hai proposto, ha proposto;<br>abbiamo proposto, avete proposto, hanno proposto | |
| *Past Perf.* | avevo proposto, avevi proposto, aveva proposto;<br>avevamo proposto, avevate proposto, avévano proposto | |
| *Past Ant.* | èbbi proposto, avesti proposto, èbbe proposto;<br>avemmo proposto, aveste proposto, èbbero proposto | |
| *Fut. Perf.* | avrò proposto, avrai proposto, avrà proposto;<br>avremo proposto, avrete proposto, avranno proposto | |
| *Past*<br>*Cond.* | avrèi proposto, avresti proposto, avrèbbe proposto;<br>avremmo proposto, avreste proposto, avrèbbero proposto | |
| *Past Subj.* | àbbia proposto, àbbia proposto, àbbia proposto;<br>abbiamo proposto, abbiate proposto, àbbiano proposto | |
| *Past Perf.*<br>*Subj.* | avessi proposto, avessi proposto, avesse proposto;<br>avéssimo proposto, aveste proposto, avéssero proposto | |
| *Impera-*<br>*tive* | proponi (non proporre), proponga;<br>proponiamo, proponete, propóngano | |

| | | |
|---|---|---|
| *Pres. Ind.* | protèggo, protèggi, protègge ;<br>proteggiamo, proteggete, protèggono | *to protect* |
| *Imp. Ind.* | proteggevo, proteggevi, proteggeva ;<br>proteggevamo, proteggevate, proteggévano | |
| *Past Abs.* | protèssi, proteggesti, protèsse ;<br>proteggemmo, proteggeste, protèssero | |
| *Fut. Ind.* | proteggerò, proteggerai, proteggerà ;<br>proteggeremo, proteggerete, proteggeranno | |
| *Pres.*<br>*Cond.* | proteggerèi, proteggeresti, proteggerèbbe ;<br>proteggeremmo, proteggereste, proteggerèbbero | |
| *Pres.*<br>*Subj.* | protègga, protègga, protègga ;<br>proteggiamo, proteggiate, protèggano | |
| *Imp.Subj.* | proteggessi, proteggessi, proteggesse ;<br>proteggéssimo, proteggeste, proteggéssero | |
| *Pres.Perf.* | ho protètto, hai protètto, ha protètto ;<br>abbiamo protètto, avete protètto, hanno protètto | |
| *Past Perf.* | avevo protètto, avevi protètto, aveva protètto ;<br>avevamo protètto, avevate protètto, avévano protètto | |
| *Past Ant.* | èbbi protètto, avesti protètto, èbbe protètto ;<br>avemmo protètto, aveste protètto, èbbero protètto | |
| *Fut. Perf.* | avrò protètto, avrai protètto, avrà protètto ;<br>avremo protètto, avrete protètto, avranno protètto | |
| *Past*<br>*Cond.* | avrèi protètto, avresti protètto, avrèbbe protètto ;<br>avremmo protètto, avreste protètto, avrèbbero protètto | |
| *Past Subj.* | àbbia protètto, àbbia protètto, àbbia protètto ;<br>abbiamo protètto, abbiate protètto, àbbiano protètto | |
| *Past Perf.*<br>*Subj.* | avessi protètto, avessi protètto, avesse protètto ;<br>avéssimo protètto, aveste protètto, avéssero protètto | |
| *Impera-*<br>*tive* | protèggi (non protègge), protègga ;<br>proteggiamo, proteggete, protèggano | |

| | | |
|---|---|---|
| *Pres. Ind.* | provvedo (provveggo), provvedi, provvede; provvediamo, provvedete, provvédono (provvéggono) | *to provide* |
| *Imp. Ind.* | provvedevo, provvedevi, provvedeva; provvedevamo, provvedevate, provvedévano | |
| *Past Abs.* | provvidi, provvedesti, provvide; provvedemmo, provvedeste, provvídero | |
| *Fut. Ind.* | provvederò, provvederai, provvederà; provvederemo, provvederete, provvederanno | |
| *Pres.* *Cond.* | provvederèi, provvederesti, provvederèbbe; provvederemmo, provvedereste, provvederèbbero | |
| *Pres.* *Subj.* | provveda (provvegga), provveda (provvegga), provveda (provvegga); provvediamo, provvediate, provvédano (provvéggano) | |
| *Imp.Subj.* | provvedessi, provvedessi, provvedesse; provvedéssimo, provvedeste, provvedéssero | |
| *Pres.Perf.* | ho provveduto (provvisto), hai provveduto, ha provveduto; abbiamo provveduto, avete provveduto, hanno provveduto | |
| *Past Perf.* | avevo provveduto, avevi provveduto, aveva provveduto; avevamo provveduto, avevate provveduto, avévano provveduto | |
| *Past Ant.* | èbbi provveduto, avesti provveduto, èbbe provveduto; avemmo provveduto, aveste provveduto, èbbero provveduto | |
| *Fut. Perf.* | avrò provveduto, avrai provveduto, avrà provveduto; avremo provveduto, avrete provveduto, avranno provveduto | |
| *Past* *Cond.* | avrèi provveduto, avresti provveduto, avrèbbe provveduto; avremmo provveduto, avreste provveduto, avrèbbero provveduto | |
| *Past Subj.* | àbbia provveduto, àbbia provveduto, àbbia provveduto; abbiamo provveduto, abbiate provveduto, àbbiano provveduto | |
| *Past Perf.* *Subj.* | avessi provveduto, avessi provveduto, avesse provveduto; avéssimo provveduto, aveste provveduto, avéssero provveduto | |
| *Impera-* *tive* | provvedi (non provvedere), provveda (provvegga); provvediamo, provvedete, provvédano (provvéggano) | |

| | | |
|---|---|---|
| *Pres. Ind.* | pungo, pungi, punge;<br>pungiamo, pungete, púngono | *to prick,* |
| *Imp. Ind.* | pungevo, pungevi, pungeva;<br>pungevamo, pungevate, pungévano | *to pinch,* |
| *Past Abs.* | punsi, pungesti, punse;<br>pungemmo, pungeste, púnsero | *to sting* |
| *Fut. Ind.* | pungerò, pungerai, pungerà;<br>pungeremo, pungerete, pungeranno | |
| *Pres.*<br>*Cond.* | pungerèi, pungeresti, pungerèbbe;<br>pungeremmo, pungereste, pungerèbbero | |
| *Pres.*<br>*Subj.* | punga, punga, punga;<br>pungiamo, pungiate, púngano | |
| *Imp.Subj.* | pungessi, pungessi, pungesse;<br>pungéssimo, pungeste, pungéssero | |
| *Pres.Perf.* | ho punto, hai punto, ha punto;<br>abbiamo punto, avete punto, hanno punto | |
| *Past Perf.* | avevo punto, avevi punto, aveva punto;<br>avevamo punto, avevate punto, avévano punto | |
| *Past Ant.* | èbbi punto, avesti punto, èbbe punto;<br>avemmo punto, aveste punto, èbbero punto | |
| *Fut. Perf.* | avrò punto, avrai punto, avrà punto;<br>avremo punto, avrete punto, avranno punto | |
| *Past*<br>*Cond.* | avrèi punto, avresti punto, avrèbbe punto;<br>avremmo punto, avreste punto, avrèbbero punto | |
| *Past Subj.* | àbbia punto, àbbia punto, àbbia punto;<br>abbiamo punto, abbiate punto, àbbiano punto | |
| *Past Perf.*<br>*Subj.* | avessi punto, avessi punto, avesse punto;<br>avéssimo punto, aveste punto, avéssero punto | |
| *Impera-*<br>*tive* | pungi (non púngere), punga;<br>pungiamo, pungete, púngano | |

| | | |
|---|---|---|
| *Pres. Ind.* | rado, radi, rade;<br>radiamo, radete, ràdono | |
| *Imp. Ind.* | radevo, radevi, radeva;<br>radevamo, radevate, radévano | *to shave,*<br>*to graze,*<br>*to raze* |
| *Past Abs.* | rasi, radesti, rase;<br>rademmo, radeste, ràsero | |
| *Fut. Ind.* | raderò, raderai, raderà;<br>raderemo, raderete, raderanno | |
| *Pres.*<br>*Cond.* | raderèi, raderesti, raderèbbe;<br>raderemmo, radereste, raderèbbero | |
| *Pres.*<br>*Subj.* | rada, rada, rada;<br>radiamo, radiate, ràdano | |
| *Imp.Subj.* | radessi, radessi, radesse;<br>radéssimo, radeste, radéssero | |
| *Pres.Perf.* | ho raso, hai raso, ha raso;<br>abbiamo raso, avete raso, hanno raso | |
| *Past Perf.* | avevo raso, avevi raso, aveva raso;<br>avevamo raso, avevate raso, avévano raso | |
| *Past Ant.* | èbbi raso, avesti raso, èbbe raso;<br>avemmo raso, aveste raso, èbbero raso | |
| *Fut. Perf.* | avrò raso, avrai raso, avrà raso;<br>avremo raso, avrete raso, avranno raso | |
| *Past*<br>*Cond.* | avrèi raso, avresti raso, avrèbbe raso;<br>avremmo raso, avreste raso, avrèbbero raso | |
| *Past Subj.* | àbbia raso, àbbia raso, àbbia raso;<br>abbiamo raso, abbiate raso, àbbiano raso | |
| *Past Perf.*<br>*Subj.* | avessi raso, avessi raso, avesse raso;<br>avéssimo raso, aveste raso, avéssero raso | |
| *Impera-*<br>*tive* | radi (non ràdere), rada;<br>radiamo, radete, ràdano | |

| | | |
|---|---|---|
| *Pres. Ind.* | redigo, redigi, redige;<br>redigiamo, redigete, redígono | *to draw up,* |
| *Imp. Ind.* | redigevo, redigevi, redigeva;<br>redigevamo, redigevate, redigévano | *to edit* |
| *Past Abs.* | redassi, redigesti, redasse;<br>redigemmo, redigeste, redàssero | |
| *Fut. Ind.* | redigerò, redigerai, redigerà;<br>redigeremo, redigerete, redigeranno | |
| *Pres.*<br>*Cond.* | redigerèi, redigeresti, redigerèbbe;<br>redigeremmo, redigereste, redigerèbbero | |
| *Pres.*<br>*Subj.* | rediga, rediga, rediga;<br>redigiamo, redigiate, redígano | |
| *Imp.Subj.* | redigessi, redigessi, redigesse;<br>redigéssimo, redigeste, redigéssero | |
| *Pres.Perf.* | ho redatto, hai redatto, ha redatto;<br>abbiamo redatto, avete redatto, hanno redatto | |
| *Past Perf.* | avevo redatto, avevi redatto, aveva redatto;<br>avevamo redatto, avevate redatto, avévano redatto | |
| *Past Ant.* | èbbi redatto, avesti redatto, èbbe redatto;<br>avemmo redatto, aveste redatto, èbbero redatto | |
| *Fut. Perf.* | avrò redatto, avrai redatto, avrà redatto;<br>avremo redatto, avrete redatto, avranno redatto | |
| *Past*<br>*Cond.* | avrèi redatto, avresti redatto, avrèbbe redatto;<br>avremmo redatto, avreste redatto, avrèbbero redatto | |
| *Past Subj.* | àbbia redatto, àbbia redatto, àbbia redatto;<br>abbiamo redatto, abbiate redatto, àbbiano redatto | |
| *Past Perf.*<br>*Subj.* | avessi redatto, avessi redatto, avesse redatto;<br>avéssimo redatto, aveste redatto, avéssero redatto | |
| *Impera-*<br>*tive* | redigi (non redígere), rediga;<br>redigiamo, redigete, redígano | |

*Pres. Ind.*   règgo, règgi, règge;
           reggiamo, reggete, règgono

*Imp. Ind.*   reggevo, reggevi, reggeva;
           reggevamo, reggevate, reggévano

*Past Abs.*   rèssi, reggesti, rèsse;
           reggemmo, reggeste, rèssero

*Fut. Ind.*   reggerò, reggerai, reggerà;
           reggeremo, reggerete, reggeranno

*Pres.*   reggerèi, reggeresti, reggerèbbe;
*Cond.*   reggeremmo, reggereste, reggerèbbero

*Pres.*   règga, règga, règga;
*Subj.*   reggiamo, reggiate, règgano

*Imp.Subj.*   reggessi, reggessi, reggesse;
           reggéssimo, reggeste, reggéssero

*Pres.Perf.*   ho rètto, hai rètto, ha rètto;
           abbiamo rètto, avete rètto, hanno rètto

*Past Perf.*   avevo rètto, avevi rètto, aveva rètto;
           avevamo rètto, avevate rètto, avévano rètto

*Past Ant.*   èbbi rètto, avesti rètto, èbbe rètto;
           avemmo rètto, aveste rètto, èbbero rètto

*Fut. Perf.*   avrò rètto, avrai rètto, avrà rètto;
           avremo rètto, avrete rètto, avranno rètto

*Past*   avrèi rètto, avresti rètto, avrèbbe rètto;
*Cond.*   avremmo rètto, avreste rètto, avrèbbero rètto

*Past Subj.*   àbbia rètto, àbbia rètto, àbbia rètto;
           abbiamo rètto, abbiate rètto, àbbiano rètto

*Past Perf.*   avessi rètto, avessi rètto, avesse rètto;
*Subj.*   avéssimo rètto, aveste rètto, avéssero rètto

*Impera-*   règgi (non règgere), règga;
*tive*   reggiamo, reggete, règgano

*to support,
to bear*

\* Like *règgere* are *corrèggere* and *sorrèggere*.

| | |
|---|---|
| *Pres. Ind.* | rèndo, rèndi, rènde;<br>rendiamo, rendete, rèndono |
| *Imp. Ind.* | rendevo, rendevi, rendeva;<br>rendevamo, rendevate, rendévano |
| *Past Abs.* | resi (rendei), rendesti, rese (rendé, rendètte);<br>rendemmo, rendeste, résero (rendérono, rendèttero) |
| *Fut. Ind.* | renderò, renderai, renderà;<br>renderemo, renderete, renderanno |
| *Pres. Cond.* | renderèi, renderesti, renderèbbe;<br>renderemmo, rendereste, renderèbbero |
| *Pres. Subj.* | rènda, rènda, rènda;<br>rendiamo, rendiate, rèndano |
| *Imp. Subj.* | rendessi, rendessi, rendesse;<br>rendéssimo, rendeste, rendéssero |
| *Pres. Perf.* | ho reso (renduto), hai reso, ha reso;<br>abbiamo reso, avete reso, hanno reso |
| *Past Perf.* | avevo reso, avevi reso, aveva reso;<br>avevamo reso, avevate reso, avévano reso |
| *Past Ant.* | èbbi reso, avesti reso, èbbe reso;<br>avemmo reso, aveste reso, èbbero reso |
| *Fut. Perf.* | avrò reso, avrai reso, avrà reso;<br>avremo reso, avrete reso, avranno reso |
| *Past Cond.* | avrèi reso, avresti reso, avrèbbe reso;<br>avremmo reso, avreste reso, avrèbbero reso |
| *Past Subj.* | àbbia reso, àbbia reso, àbbia reso;<br>abbiamo reso, abbiate reso, àbbiano reso |
| *Past Perf. Subj.* | avessi reso, avessi reso, avesse reso;<br>avéssimo reso, aveste reso, avéssero reso |
| *Imperative* | rèndi (non rèndere), rènda;<br>rendiamo, rendete, rèndano |

*to render,*
*to give back*

| | | |
|---|---|---|
| *Pres. Ind.* | riassumo, riassumi, riassume; riassumiamo, riassumete, riassúmono | *to resume,* |
| *Imp. Ind.* | riassumevo, riassumevi, riassumeva; riassumevamo, riassumevate, riassumévano | *to summarize* |
| *Past Abs.* | riassunsi, riassumesti, riassunse; riassumemmo, riassumeste, riassúnsero | |
| *Fut. Ind.* | riassumerò, riassumerai, riassumerà; riassumeremo, riassumerete, riassumeranno | |
| *Pres. Cond.* | riassumerèi, riassumeresti, riassumerèbbe; riassumeremmo, riassumereste, riassumerèbbero | |
| *Pres. Subj.* | riassuma, riassuma, riassuma; riassumiamo, riassumiate, riassúmano | |
| *Imp. Subj.* | riassumessi, riassumessi, riassumesse; riassuméssimo, riassumeste, riassuméssero | |
| *Pres. Perf.* | ho riassunto, hai riassunto, ha riassunto; abbiamo riassunto, avete riassunto, hanno riassunto | |
| *Past Perf.* | avevo riassunto, avevi riassunto, aveva riassunto; avevamo riassunto, avevate riassunto, avévano riassunto | |
| *Past Ant.* | èbbi riassunto, avesti riassunto, èbbe riassunto; avemmo riassunto, aveste riassunto, èbbero riassunto | |
| *Fut. Perf.* | avrò riassunto, avrai riassunto, avrà riassunto; avremo riassunto, avrete riassunto, avranno riassunto | |
| *Past Cond.* | avrèi riassunto, avresti riassunto, avrèbbe riassunto; avremmo riassunto, avreste riassunto, avrèbbero riassunto | |
| *Past Subj.* | àbbia riassunto, àbbia riassunto, àbbia riassunto; abbiamo riassunto, abbiate riassunto, àbbiano riassunto | |
| *Past Perf. Subj.* | avessi riassunto, avessi riassunto, avesse riassunto; avéssimo riassunto, aveste riassunto, avéssero riassunto | |
| *Imperative* | riassumi (non riassúmere), riassuma; riassumiamo, riassumete, riassúmano | |

| | |
|---|---|
| *Pres. Ind.* | rido, ridi, ride;<br>ridiamo, ridete, rídono |
| *Imp. Ind.* | ridevo, ridevi, rideva;<br>ridevamo, ridevate, ridévano |
| *Past Abs.* | risi, ridesti, rise;<br>ridemmo, rideste, rísero |
| *Fut. Ind.* | riderò, riderai, riderà;<br>rideremo, riderete, rideranno |
| *Pres.*<br>*Cond.* | riderèi, rideresti, riderèbbe;<br>rideremmo, ridereste, riderèbbero |
| *Pres.*<br>*Subj.* | rida, rida, rida;<br>ridiamo, ridiate, rídano |
| *Imp.Subj.* | ridessi, ridessi, ridesse;<br>ridéssimo, rideste, ridéssero |
| *Pres.Perf.* | ho riso, hai riso, ha riso;<br>abbiamo riso, avete riso, hanno riso |
| *Past Perf.* | avevo riso, avevi riso, aveva riso;<br>avevamo riso, avevate riso, avévano riso |
| *Past Ant.* | èbbi riso, avesti riso, èbbe riso;<br>avemmo riso, aveste riso, èbbero riso |
| *Fut. Perf.* | avrò riso, avrai riso, avrà riso;<br>avremo riso, avrete riso, avranno riso |
| *Past*<br>*Cond.* | avrèi riso, avresti riso, avrèbbe riso;<br>avremmo riso, avreste riso, avrèbbero riso |
| *Past Subj.* | àbbia riso, àbbia riso, àbbia riso;<br>abbiamo riso, abbiate riso, àbbiano riso |
| *Past Perf.*<br>*Subj.* | avessi riso, avessi riso, avesse riso;<br>avéssimo riso, aveste riso, avéssero riso |
| *Impera-*<br>*tive* | ridi (non rídere), rida;<br>ridiamo, ridete, rídano |

*to laugh*

* Like *rídere* are *arrídere, derídere, irrídere,* and *sorrídere.*

| | | |
|---|---|---|
| *Pres. Ind.* | ridico, ridici, ridice ;<br>ridiciamo, ridite, ridícono | *to say again,* |
| *Imp. Ind.* | ridicevo, ridicevi, ridiceva ;<br>ridicevamo, ridicevate, ridicévano | *to repeat,*<br>*to find fault with* |
| *Past Abs.* | ridissi, ridicesti, ridisse ;<br>ridicemmo, ridiceste, ridíssero | |
| *Fut. Ind.* | ridirò, ridirai, ridirà ;<br>ridiremo, ridirete, ridiranno | |
| *Pres.*<br>*Cond.* | ridirèi, ridiresti, ridirèbbe ;<br>ridiremmo, ridireste, ridirèbbero | |
| *Pres.*<br>*Subj.* | ridica, ridica, ridica ;<br>ridiciamo, ridiciate, ridícano | |
| *Imp.Subj.* | ridicessi, ridicessi, ridicesse ;<br>ridicéssimo, ridiceste, ridicéssero | |
| *Pres.Perf.* | ho ridetto, hai ridetto, ha ridetto ;<br>abbiamo ridetto, avete ridetto, hanno ridetto | |
| *Past Perf.* | avevo ridetto, avevi ridetto, aveva ridetto ;<br>avevamo ridetto, avevate ridetto, avévano ridetto | |
| *Past Ant.* | èbbi ridetto, avesti ridetto, èbbe ridetto ;<br>avemmo ridetto, aveste ridetto, èbbero ridetto | |
| *Fut. Perf.* | avrò ridetto, avrai ridetto, avrà ridetto ;<br>avremo ridetto, avrete ridetto, avranno ridetto | |
| *Past*<br>*Cond.* | avrèi ridetto, avresti ridetto, avrèbbe ridetto ;<br>avremmo ridetto, avreste ridetto, avrèbbero ridetto | |
| *Past Subj.* | àbbia ridetto, àbbia ridetto, àbbia ridetto ;<br>abbiamo ridetto, abbiate ridetto, àbbiano ridetto | |
| *Past Perf.*<br>*Subj.* | avessi ridetto, avessi ridetto, avesse ridetto ;<br>avéssimo ridetto, aveste ridetto, avéssero ridetto | |
| *Impera-*<br>*tive* | ridici (non ridire), ridica ;<br>ridiciamo, ridite, ridícano | |

| | | |
|---|---|---|
| *Pres. Ind.* | riduco, riduci, riduce; | |
| | riduciamo, riducete, ridúcono | *to reduce* |
| *Imp. Ind.* | riducevo, riducevi, riduceva; | |
| | riducevamo, riducevate, riducévano | |
| *Past Abs.* | ridussi, riducesti, ridusse; | |
| | riducemmo, riduceste, ridússero | |
| *Fut. Ind.* | ridurrò, ridurrai, ridurrà; | |
| | ridurremo, ridurrete, ridurranno | |
| *Pres.* | ridurrèi, ridurresti, ridurrèbbe; | |
| *Cond.* | ridurremmo, ridurreste, ridurrèbbero | |
| *Pres.* | riduca, riduca, riduca; | |
| *Subj.* | riduciamo, riduciate, ridúcano | |
| *Imp.Subj.* | riducessi, riducessi, riducesse; | |
| | riducéssimo, riduceste, riducéssero | |
| *Pres.Perf.* | ho ridotto, hai ridotto, ha ridotto; | |
| | abbiamo ridotto, avete ridotto, hanno ridotto | |
| *Past Perf.* | avevo ridotto, avevi ridotto, aveva ridotto; | |
| | avevamo ridotto, avevate ridotto, avévano ridotto | |
| *Past Ant.* | èbbi ridotto, avesti ridotto, èbbe ridotto; | |
| | avemmo ridotto, aveste ridotto, èbbero ridotto | |
| *Fut. Perf.* | avrò ridotto, avrai ridotto, avrà ridotto; | |
| | avremo ridotto, avrete ridotto, avranno ridotto | |
| *Past* | avrèi ridotto, avresti ridotto, avrèbbe ridotto; | |
| *Cond.* | avremmo ridotto, avreste ridotto, avrèbbero ridotto | |
| *Past Subj.* | àbbia ridotto, àbbia ridotto, àbbia ridotto; | |
| | abbiamo ridotto, abbiate ridotto, àbbiano ridotto | |
| *Past Perf.* | avessi ridotto, avessi ridotto, avesse ridotto; | |
| *Subj.* | avéssimo ridotto, aveste ridotto, avéssero ridotto | |
| *Impera-* | riduci (non ridurre), riduca; | |
| *tive* | riduciamo, riducete, ridúcano | |

| | | |
|---|---|---|
| *Pres. Ind.* | rimango, rimani, rimane;<br>rimaniamo, rimanete, rimàngono | *to remain,* |
| *Imp. Ind.* | rimanevo, rimanevi, rimaneva;<br>rimanevamo, rimanevate, rimanévano | *to stay* |
| *Past Abs.* | rimasi, rimanesti, rimase;<br>rimanemmo, rimaneste, rimàsero | |
| *Fut. Ind.* | rimarrò, rimarrai, rimarrà;<br>rimarremo, rimarrete, rimarranno | |
| *Pres.*<br>*Cond.* | rimarrèi, rimarresti, rimarrèbbe;<br>rimarremmo, rimarreste, rimarrèbbero | |
| *Pres.*<br>*Subj.* | rimanga, rimanga, rimanga;<br>rimaniamo, rimaniate, rimàngano | |
| *Imp.Subj.* | rimanessi, rimanessi, rimanesse;<br>rimanéssimo, rimaneste, rimanéssero | |
| *Pres.Perf.* | sono rimasto, sèi rimasto, è rimasto;<br>siamo rimasti, siète rimasto(i), sono rimasti | |
| *Past Perf.* | èro rimasto, èri rimasto, èra rimasto;<br>eravamo rimasti, eravate rimasto(i), èrano rimasti | |
| *Past Ant.* | fui rimasto, fosti rimasto, fu rimasto;<br>fummo rimasti, foste rimasto(i), fúrono rimasti | |
| *Fut. Perf.* | sarò rimasto, sarai rimasto, sarà rimasto;<br>saremo rimasti, sarete rimasto(i), saranno rimasti | |
| *Past*<br>*Cond.* | sarèi rimasto, saresti rimasto, sarèbbe rimasto;<br>saremmo rimasti, sareste rimasto(i), sarèbbero rimasti | |
| *Past Subj.* | sia rimasto, sia rimasto, sia rimasto;<br>siamo rimasti, siate rimasto(i), síano rimasti | |
| *Past Perf.*<br>*Subj.* | fossi rimasto, fossi rimasto, fosse rimasto;<br>fóssimo rimasti, foste rimasto(i), fóssero rimasti | |
| *Impera-*<br>*tive* | rimani (non rimanere), rimanga;<br>rimaniamo, rimanete, rimàngano | |

| | |
|---|---|
| *Pres. Ind.* | rincresco, rincresci, rincresce ; |
| | rincresciamo, rincrescete, rincréscono |
| *Imp. Ind.* | rincrescevo, rincrescevi, rincresceva ; |
| | rincrescevamo, rincrescevate, rincrescévano |
| *Past Abs.* | rincrebbi, rincrescesti, rincrebbe ; |
| | rincrescemmo, rincresceste, rincrébbero |
| *Fut. Ind.* | rincrescerò, rincrescerai, rincrescerà ; |
| | rincresceremo, rincrescerete, rincresceranno |
| *Pres.* | rincrescerèi, rincresceresti, rincrescerèbbe ; |
| *Cond.* | rincresceremmo, rincrescereste, rincrescerèbbero |
| *Pres.Subj.* | rincresca, rincresca, rincresca ; |
| | rincresciamo, rincresciate, rincréscano |
| *Imp.Subj.* | rincrescessi, rincrescessi, rincrescesse ; |
| | rincrescéssimo, rincresceste, rincrescéssero |
| *Pres.Perf.* | sono rincresciuto, sèi rincresciuto, è rincresciuto ; |
| | siamo rincresciuti, siète rincresciuto (i), sono rincresciuti |
| *Past Perf.* | èro rincresciuto, èri rincresciuto, èra rincresciuto ; |
| | eravamo rincresciuti, eravate rincresciuto (i), èrano rincresciuti |
| *Past Ant.* | fui rincresciuto, fosti rincresciuto, fu rincresciuto ; |
| | fummo rincresciuti, foste rincresciuto (i), fúrono rincresciuti |
| *Fut. Perf.* | sarò rincresciuto, sarai rincresciuto, sarà rincresciuto ; |
| | saremo rincresciuti, sarete rincresciuto (i), saranno rincresciuti |
| *Past* | sarèi rincresciuto, saresti rincresciuto, sarèbbe rincresciuto ; |
| *Cond.* | saremmo rincresciuti, sareste rincresciuto (i), sarèbbero rincresciuti |
| *Past Subj.* | sia rincresciuto, sia rincresciuto, sia rincresciuto ; |
| | siamo rincresciuti, siate rincresciuto (i), síano rincresciuti |
| *Past Perf.* | fossi rincresciuto, fossi rincresciuto, fosse rincresciuto ; |
| *Subj.* | fóssimo rincresciuti, foste rincresciuto (i), fóssero rincresciuti |
| *Impera-* | rincresci (non rincréscere), rincresca ; |
| *tive* | rincresciamo, rincrescete, rincréscano |

*to be sorry for,*
*to regret*

| | | |
|---|---|---|
| *Pres. Ind.* | rispondo, rispondi, risponde; rispondiamo, rispondete, rispóndono | *to answer,* |
| *Imp. Ind.* | rispondevo, rispondevi, rispondeva; rispondevamo, rispondevate, rispondévano | *to reply* |

*Past Abs.* risposi, rispondesti, rispose; rispondemmo, rispondeste, rispósero

*Fut. Ind.* risponderò, risponderai, risponderà; risponderemo, risponderete, risponderanno

*Pres.* risponderèi, risponderesti, risponderèbbe;
*Cond.* risponderemmo, rispondereste, risponderèbbero

*Pres.* risponda, risponda, risponda;
*Subj.* rispondiamo, rispondiate, rispóndano

*Imp.Subj.* rispondessi, rispondessi, rispondesse; rispondéssimo, rispondeste, rispondéssero

*Pres.Perf.* ho rispòsto, hai rispòsto, ha rispòsto; abbiamo rispòsto, avete rispòsto, hanno rispòsto

*Past Perf.* avevo rispòsto, avevi rispòsto, aveva rispòsto; avevamo rispòsto, avevate rispòsto, avévano rispòsto

*Past Ant.* èbbi rispòsto, avesti rispòsto, èbbe rispòsto; avemmo rispòsto, aveste rispòsto, èbbero rispòsto

*Fut. Perf.* avrò rispòsto, avrai rispòsto, avrà rispòsto; avremo rispòsto, avrete rispòsto, avranno rispòsto

*Past* avrèi rispòsto, avresti rispòsto, avrèbbe rispòsto;
*Cond.* avremmo rispòsto, avreste rispòsto, avrèbbero rispòsto

*Past Subj.* àbbia rispòsto, àbbia rispòsto, àbbia rispòsto; abbiamo rispòsto, abbiate rispòsto, àbbiano rispòsto

*Past Perf.* avessi rispòsto, avessi rispòsto, avesse rispòsto;
*Subj.* avéssimo rispòsto, aveste rispòsto, avéssero rispòsto

*Impera-* rispondi (non rispóndere), risponda;
*tive* rispondiamo, rispondete, rispóndano

| | |
|---|---|
| *Pres. Ind.* | ritraggo, ritrai, ritrae; ritraiamo (ritragghiamo), ritraete, ritràggono |
| *Imp. Ind.* | ritraevo, ritraevi, ritraeva; ritraevamo, ritraevate, ritraévano |
| *Past Abs.* | ritrassi, ritraesti, ritrasse; ritraemmo, ritraeste, ritràssero |
| *Fut. Ind.* | ritrarrò, ritrarrai, ritrarrà; ritrarremo, ritrarrete, ritrarranno |
| *Pres. Cond.* | ritrarrèi, ritrarresti, ritrarrèbbe; ritrarremmo, ritrarreste, ritrarrèbbero |
| *Pres. Subj.* | ritragga, ritragga, ritragga; ritraiamo (ritragghiamo), ritraiate (ritragghiate), ritràggano |
| *Imp. Subj.* | ritraessi, ritraessi, ritraesse; ritraéssimo, ritraeste, ritraéssero |
| *Pres. Perf.* | ho ritratto, hai ritratto, ha ritratto; abbiamo ritratto, avete ritratto, hanno ritratto |
| *Past Perf.* | avevo ritratto, avevi ritratto, aveva ritratto; avevamo ritratto, avevate ritratto, avévano ritratto |
| *Past Ant.* | èbbi ritratto, avesti ritratto, èbbe ritratto; avemmo ritratto, aveste ritratto, èbbero ritratto |
| *Fut. Perf.* | avrò ritratto, avrai ritratto, avrà ritratto; avremo ritratto, avrete ritratto, avranno ritratto |
| *Past Cond.* | avrèi ritratto, avresti ritratto, avrèbbe ritratto; avremmo ritratto, avreste ritratto, avrèbbero ritratto |
| *Past Subj.* | àbbia ritratto, àbbia ritratto, àbbia ritratto; abbiamo ritratto, abbiate ritratto, àbbiano ritratto |
| *Past Perf. Subj.* | avessi ritratto, avessi ritratto, avesse ritratto; avéssimo ritratto, aveste ritratto, avéssero ritratto |
| *Imperative* | ritrai (non ritrarre), ritragga; ritraiamo (ritragghiamo), ritraete, ritràggano |

*to draw back,*
*to portray*

| | | |
|---|---|---|
| *Pres. Ind.* | rièsco, rièsci, rièsce;<br>riusciamo, riuscite, rièscono | *to succeed,* |
| *Imp. Ind.* | riuscivo, riuscivi, riusciva;<br>riuscivamo, riuscivate, riuscívano | *to go or come out<br>again* |
| *Past Abs.* | riuscii, riuscisti, riuscí;<br>riuscimmo, riusciste, riuscírono | |
| *Fut. Ind.* | riuscirò, riuscirai, riuscirà;<br>riusciremo, riuscirete, riusciranno | |
| *Pres.<br>Cond.* | riuscirèi, riusciresti, riuscirèbbe;<br>riusciremmo, riuscireste, riuscirèbbero | |
| *Pres.<br>Subj.* | rièsca, rièsca, rièsca;<br>riusciamo, riusciate, rièscano | |
| *Imp.Subj.* | riuscissi, riuscissi, riuscisse;<br>riuscíssimo, riusciste, riuscíssero | |
| *Pres.Perf.* | sono riuscito, sèi riuscito, è riuscito;<br>siamo riusciti, sième riuscito(i), sono riusciti | |
| *Past Perf.* | èro riuscito, èri riuscito, èra riuscito;<br>eravamo riusciti, eravate riuscito(i), èrano riusciti | |
| *Past Ant.* | fui riuscito, fosti riuscito, fu riuscito;<br>fummo riusciti, foste riuscito(i), fúrono riusciti | |
| *Fut. Perf.* | sarò riuscito, sarai riuscito, sarà riuscito;<br>saremo riusciti, sarete riuscito(i), saranno riusciti | |
| *Past<br>Cond.* | sarèi riuscito, saresti riuscito, sarèbbe riuscito;<br>saremmo riusciti, sareste riuscito(i), sarèbbero riusciti | |
| *Past Subj.* | sia riuscito, sia riuscito, sia riuscito;<br>siamo riusciti, siate riuscito(i), síano riusciti | |
| *Past Perf.<br>Subj.* | fossi riuscito, fossi riuscito, fosse riuscito;<br>fóssimo riusciti, foste riuscito(i), fóssero riusciti | |
| *Impera-<br>tive* | rièsci (non riuscire), rièsca;<br>riusciamo, riuscite, rièscano | |

*Pres. Ind.*  mi rivòlgo, ti rivòlgi, si rivòlge;
ci rivolgiamo, vi rivolgete, si rivòlgono    *to turn round,*

*Imp. Ind.*  mi rivolgevo, ti rivolgevi, si rivolgeva;    *to apply*
ci rivolgevamo, vi rivolgevate, si rivolgévano

*Past Abs.*  mi rivòlsi, ti rivolgesti, si rivòlse;
ci rivolgemmo, vi rivolgeste, si rivòlsero

*Fut. Ind.*  mi rivolgerò, ti rivolgerai, si rivolgerà;
ci rivolgeremo, vi rivolgerete, si rivolgeranno

*Pres.*  mi rivolgerèi, ti rivolgeresti, si rivolgerèbbe;
*Cond.*  ci rivolgeremmo, vi rivolgereste, si rivolgerèbbero

*Pres.*  mi rivòlga, ti rivòlga, si rivòlga;
*Subj.*  ci rivolgiamo, vi rivolgiate, si rivòlgano

*Imp.Subj.*  mi rivolgessi, ti rivolgessi, si rivolgesse;
ci rivolgéssimo, vi rivolgeste, si rivolgéssero

*Pres.Perf.*  mi sono rivòlto, ti sèi rivòlto, si è rivòlto;
ci siamo rivòlti, vi siète rivòlto(i), si sono rivòlti

*Past Perf.*  mi èro rivòlto, ti èri rivòlto, si èra rivòlto;
ci eravamo rivòlti, vi eravate rivòlto(i), si èrano rivòlti

*Past Ant.*  mi fui rivòlto, ti fosti rivòlto, si fu rivòlto;
ci fummo rivòlti, vi foste rivòlto(i), si fúrono rivòlti

*Fut. Perf.*  mi sarò rivòlto, ti sarai rivòlto, si sarà rivòlto;
ci saremo rivòlti, vi sarete rivòlto(i), si saranno rivòlti

*Past*  mi sarèi rivòlto, ti saresti rivòlto, si sarèbbe rivòlto;
*Cond.*  ci saremmo rivòlti, vi sareste rivòlto(i), si sarèbbero rivòlti

*Past Subj.*  mi sia rivòlto, ti sia rivòlto, si sia rivòlto;
ci siamo rivòlti, vi siate rivòlto(i), si síano rivòlti

*Past Perf.*  mi fossi rivòlto, ti fossi rivòlto, si fosse rivòlto;
*Subj.*  ci fóssimo rivòlti, vi foste rivòlto(i), si fóssero rivòlti

*Impera-*  rivòlgiti (non ti rivòlgere), si rivòlga;
*tive*  rivolgiàmoci, rivolgétevi, si rivòlgano

| | | |
|---|---|---|
| *Pres. Ind.* | rodo, rodi, rode;<br>rodiamo, rodete, ródono | *to gnaw* |
| *Imp. Ind.* | rodevo, rodevi, rodeva;<br>rodevamo, rodevate, rodévano | |
| *Past Abs.* | rosi, rodesti, rose;<br>rodemmo, rodeste, rósero | |
| *Fut. Ind.* | roderò, roderai, roderà;<br>roderemo, roderete, roderanno | |
| *Pres.*<br>*Cond.* | roderèi, roderesti, roderèbbe;<br>roderemmo, rodereste, roderèbbero | |
| *Pres.*<br>*Subj.* | roda, roda, roda;<br>rodiamo, rodiate, ródano | |
| *Imp.Subj.* | rodessi, rodessi, rodesse;<br>rodéssimo, rodeste, rodéssero | |
| *Pres.Perf.* | ho roso, hai roso, ha roso;<br>abbiamo roso, avete roso, hanno roso | |
| *Past Perf.* | avevo roso, avevi roso, aveva roso;<br>avevamo roso, avevate roso, avévano roso | |
| *Past Ant.* | èbbi roso, avesti roso, èbbe roso;<br>avemmo roso, aveste roso, èbbero roso | |
| *Fut. Perf.* | avrò roso, avrai roso, avrà roso;<br>avremo roso, avrete roso, avranno roso | |
| *Past*<br>*Cond.* | avrèi roso, avresti roso, avrèbbe roso;<br>avremmo roso, avreste roso, avrèbbero roso | |
| *Past Subj.* | àbbia roso, àbbia roso, àbbia roso;<br>abbiamo roso, abbiate roso, àbbiano roso | |
| *Past Perf.*<br>*Subj.* | avessi roso, avessi roso, avesse roso;<br>avéssimo roso, aveste roso, avéssero roso | |
| *Impera-*<br>*tive* | rodi (non ródere), roda;<br>rodiamo, rodete, ródano | |

**\* Like *ródere* are *corródere* and *eródere*.**

| | | |
|---|---|---|
| *Pres. Ind.* | rompo, rompi, rompe;<br>rompiamo, rompete, rómpono | *to break* |
| *Imp. Ind.* | rompevo, rompevi, rompeva;<br>rompevamo, rompevate, rompévano | |
| *Past Abs.* | ruppi, rompesti, ruppe;<br>rompemmo, rompeste, rúppero | |
| *Fut. Ind.* | romperò, romperai, romperà;<br>romperemo, romperete, romperanno | |
| *Pres.*<br>*Cond.* | romperèi, romperesti, romperèbbe;<br>romperemmo, rompereste, romperèbbero | |
| *Pres.*<br>*Subj.* | rompa, rompa, rompa;<br>rompiamo, rompiate, rómpano | |
| *Imp.Subj.* | rompessi, rompessi, rompesse;<br>rompéssimo, rompeste, rompéssero | |
| *Pres.Perf.* | ho rotto, hai rotto, ha rotto;<br>abbiamo rotto, avete rotto, hanno rotto | |
| *Past Perf.* | avevo rotto, avevi rotto, aveva rotto;<br>avevamo rotto, avevate rotto, avévano rotto | |
| *Past Ant.* | èbbi rotto, avesti rotto, èbbe rotto;<br>avemmo rotto, aveste rotto, èbbero rotto | |
| *Fut. Perf.* | avrò rotto, avrai rotto, avrà rotto;<br>avremo rotto, avrete rotto, avranno rotto | |
| *Past*<br>*Cond.* | avrèi rotto, avresti rotto, avrèbbe rotto;<br>avremmo rotto, avreste rotto, avrèbbero rotto | |
| *Past Subj.* | àbbia rotto, àbbia rotto, àbbia rotto;<br>abbiamo rotto, abbiate rotto, àbbiano rotto | |
| *Past Perf.*<br>*Subj.* | avessi rotto, avessi rotto, avesse rotto;<br>avéssimo rotto, aveste rotto, avéssero rotto | |
| *Impera-*<br>*tive* | rompi (non rómpere), rompa;<br>rompiamo, rompete, rómpano | |

\* Like *rómpere* are *corrómpere, interrómpere, prorómpere,* etc.

| | | |
|---|---|---|
| *Pres. Ind.* | salgo, sali, sale; <br> saliamo, salite, sàlgono | *to go up,* |
| *Imp. Ind.* | salivo, salivi, saliva; <br> salivamo, salivate, salívano | *to come up,* <br> *to mount* |
| *Past Abs.* | salii, salisti, salí; <br> salimmo, saliste, salírono | |
| *Fut. Ind.* | salirò, salirai, salirà; <br> saliremo, salirete, saliranno | |
| *Pres.* <br> *Cond.* | salirèi, saliresti, salirèbbe; <br> saliremmo, salireste, salirèbbero | |
| *Pres.* <br> *Subj.* | salga, salga, salga; <br> saliamo, saliate, sàlgano | |
| *Imp.Subj.* | salissi, salissi, salisse; <br> salíssimo, saliste, salíssero | |
| *Pres.Perf.* | sono salito, sèi salito, è salito; <br> siamo saliti, siète salito(i), sono saliti | |
| *Past Perf.* | èro salito, èri salito, èra salito; <br> eravamo saliti, eravate salito(i), érano saliti | |
| *Past Ant.* | fui salito, fosti salito, fu salito; <br> fummo saliti, foste salito(i), fúrono saliti | |
| *Fut. Perf.* | sarò salito, sarai salito, sarà salito; <br> saremo saliti, sarete salito(i), saranno saliti | |
| *Past* <br> *Cond.* | sarèi salito, saresti salito, sarèbbe salito; <br> saremmo saliti, sareste salito(i), sarèbbero saliti | |
| *Past Subj.* | sia salito, sia salito, sia salito; <br> siamo saliti, siate salito(i), síano saliti | |
| *Past Perf.* <br> *Subj.* | fossi salito, fossi salito, fosse salito; <br> fóssimo saliti, foste salito(i), fóssero saliti | |
| *Impera-* <br> *tive* | sali (non salire), salga; <br> saliamo, salite, sàlgano | |

*Like *salire* are *assalire* (conj. with *avere*) and *risalire*.

| | |
|---|---|
| *Pres. Ind.* | so, sai, sa ;<br>sappiamo, sapete, sanno |
| *Imp. Ind.* | sapevo, sapevi, sapeva ;<br>sapevamo, sapevate, sapévano |
| *Past Abs.* | sèppi, sapesti, sèppe ;<br>sapemmo, sapeste, sèppero |
| *Fut. Ind.* | saprò, saprai, saprà ;<br>sapremo, saprete, sapranno |
| *Pres.*<br>*Cond.* | saprèi, sapresti, saprèbbe ;<br>sapremmo, sapreste, saprèbbero |
| *Pres.*<br>*Subj.* | sàppia, sàppia, sàppia ;<br>sappiamo, sappiate, sàppiano |
| *Imp.Subj.* | sapessi, sapessi, sapesse ;<br>sapéssimo, sapeste, sapéssero |
| *Pres.Perf.* | ho* saputo, hai saputo, ha saputo ;<br>abbiamo saputo, avete saputo, hanno saputo |
| *Past Perf.* | avevo saputo, avevi saputo, aveva saputo ;<br>avevamo saputo, avevate saputo, avévano saputo |
| *Past Ant.* | èbbi saputo, avesti saputo, èbbe saputo ;<br>avemmo saputo, aveste saputo, èbbero saputo |
| *Fut. Perf.* | avrò saputo, avrai saputo, avrà saputo ;<br>avremo saputo, avrete saputo, avranno saputo |
| *Past*<br>*Cond.* | avrèi saputo, avresti saputo, avrèbbe saputo ;<br>avremmo saputo, avreste saputo, avrèbbero saputo |
| *Past Subj.* | àbbia saputo, àbbia saputo, àbbia saputo ;<br>abbiamo saputo, abbiate saputo, àbbiano saputo |
| *Past Perf.*<br>*Subj.* | avessi saputo, avessi saputo, avesse saputo ;<br>avéssimo saputo, aveste saputo, avéssero saputo |
| *Impera-*<br>*tive* | sappi (non sapere), sàppia ;<br>sappiamo, sappiate, sàppiano |

*to know,*
*to learn*
*(in the Past Abs.*
*and compound tenses)*

* *Sapere* takes *èssere* when the following infinitive requires it.

| | | |
|---|---|---|
| *Pres. Ind.* | scelgo, scegli, sceglie;<br>scegliamo, scegliete, scélgono | *to choose,* |
| *Imp. Ind.* | sceglievo, sceglievi, sceglieva;<br>sceglievamo, sceglievate, scegliévano | *to select* |
| *Past Abs.* | scelsi, scegliesti, scelse;<br>scegliemmo, sceglieste, scélsero | |
| *Fut. Ind.* | sceglierò, sceglierai, sceglierà;<br>sceglieremo, sceglierete, sceglieranno | |
| *Pres.*<br>*Cond.* | sceglierèi, sceglieresti, sceglierèbbe;<br>sceglieremmo, scegliereste, sceglierèbbero | |
| *Pres.*<br>*Subj.* | scelga, scelga, scelga;<br>scegliamo, scegliate, scélgano | |
| *Imp.Subj.* | scegliessi, scegliessi, scegliesse;<br>scegliéssimo, sceglieste, scegliéssero | |
| *Pres.Perf.* | ho scelto, hai scelto, ha scelto;<br>abbiamo scelto, avete scelto, hanno scelto | |
| *Past Perf.* | avevo scelto, avevi scelto, aveva scelto;<br>avevamo scelto, avevate scelto, avévano scelto | |
| *Past Ant.* | èbbi scelto, avesti scelto, èbbe scelto;<br>avemmo scelto, aveste scelto, èbbero scelto | |
| *Fut. Perf.* | avrò scelto, avrai scelto, avrà scelto;<br>avremo scelto, avrete scelto, avranno scelto | |
| *Past*<br>*Cond.* | avrèi scelto, avresti scelto, avrèbbe scelto;<br>avremmo scelto, avreste scelto, avrèbbero scelto | |
| *Past Subj.* | àbbia scelto, àbbia scelto, àbbia scelto;<br>abbiamo scelto, abbiate scelto, àbbiano scelto | |
| *Past Perf.*<br>*Subj.* | avessi scelto, avessi scelto, avesse scelto;<br>avéssimo scelto, aveste scelto, avéssero scelto | |
| *Impera-*<br>*tive* | scegli (non scégliere), scelga;<br>scegliamo, scegliete, scélgano | |

\* Like *scégliere* is *sciògliere,* meaning *to untie, loosen.*

# scéndere*

| | | |
|---|---|---|
| *Pres. Ind.* | scendo, scendi, scende ; <br> scendiamo, scendete, scéndono | *to descend,* |
| *Imp. Ind.* | scendevo, scendevi, scendeva ; <br> scendevamo, scendevate, scendévano | *to go down,* |
| *Past Abs.* | scesi, scendesti, scese ; <br> scendemmo, scendeste, scésero | *to come down* |
| *Fut. Ind.* | scenderò, scenderai, scenderà ; <br> scenderemo, scenderete, scenderanno | |
| *Pres.* <br> *Cond.* | scenderèi, scenderesti, scenderèbbe ; <br> scenderemmo, scendereste, scenderèbbero | |
| *Pres.* <br> *Subj.* | scenda, scenda, scenda ; <br> scendiamo, scendiate, scéndano | |
| *Imp.Subj.* | scendessi, scendessi, scendesse ; <br> scendéssimo, scendeste, scendéssero | |
| *Pres.Perf.* | sono sceso, sèi sceso, è sceso ; <br> siamo scesi, siète sceso(i), sono scesi | |
| *Past Perf.* | èro sceso, èri sceso, èra sceso ; <br> eravamo scesi, eravate sceso(i), érano scesi | |
| *Past Ant.* | fui sceso, fosti sceso, fu sceso ; <br> fummo scesi, foste sceso(i), fúrono scesi | |
| *Fut. Perf.* | sarò sceso, sarai sceso, sarà sceso ; <br> saremo scesi, sarete sceso(i), saranno scesi | |
| *Past* <br> *Cond.* | sarèi sceso, saresti sceso, sarèbbe sceso ; <br> saremmo scesi, sareste sceso(i), sarèbbero scesi | |
| *Past Subj.* | sia sceso, sia sceso, sia sceso ; <br> siamo scesi, siate sceso(i), síano scesi | |
| *Past Perf.* <br> *Subj.* | fossi sceso, fossi sceso, fosse sceso ; <br> fóssimo scesi, foste sceso(i), fóssero scesi | |
| *Impera-* <br> *tive* | scendi (non scéndere), scenda ; <br> scendiamo, scendete, scéndano | |

\* Like *scéndere* are *ascéndere, condiscéndere* (conjugated with *avere*), *discéndere,* etc.

| | | |
|---|---|---|
| *Pres. Ind.* | scompaio, scompari, scompare;<br>scompariamo, scomparite, scompàiono<br>(*Or regular:* scomparisco, *etc.*) | *to disappear,* |
| *Imp. Ind.* | scomparivo, scomparivi, scompariva;<br>scomparivamo, scomparivate, scomparívano | *to cut a*<br>*sorry figure* |

*Past Abs.* scomparvi, scomparisti, scomparve;
scomparimmo, scompariste, scompàrvero
(*Or regular:* scomparii, *etc.*)

*Fut. Ind.* scomparirò, scomparirai, scomparirà;
scompariremo, scomparirete, scompariranno

*Pres.* scomparirèi, scompariresti, scomparirèbbe;
*Cond.* scompariremmo, scomparireste, scomparirèbbero

*Pres.* scompaia, scompaia, scompaia;
*Subj.* scompariamo, scompariate, scompàiano
(*Or regular:* scomparisca, *etc.*)

*Imp.Subj.* scomparissi, scomparissi, scomparisse;
scomparíssimo, scompariste, scomparíssero

*Pres.Perf.* sono scomparso, sèi scomparso, è scomparso;
siamo scomparsi, siète scomparso(i), sono scomparsi

*Past Perf.* èro scomparso, èri scomparso, èra scomparso;
eravamo scomparsi, eravate scomparso(i), èrano scomparsi

*Past Ant.* fui scomparso, fosti scomparso, fu scomparso;
fummo scomparsi, foste scomparso(i), fúrono scomparsi

*Fut. Perf.* sarò scomparso, sarai scomparso, sarà scomparso;
saremo scomparsi, sarete scomparso(i), saranno scomparsi

*Past* sarèi scomparso, saresti scomparso, sarèbbe scomparso;
*Cond.* saremmo scomparsi, sareste scomparso(i), sarèbbero scomparsi

*Past Subj.* sia scomparso, sia scomparso, sia scomparso;
siamo scomparsi, siate scomparso(i), síano scomparsi

*Past Perf.* fossi scomparso, fossi scomparso, fosse scomparso;
*Subj.* fóssimo scomparsi, foste scomparso(i), fóssero scomparsi

*Impera-* scompari (scomparisci) (non scomparire), scompaia (scompa-
*tive* risca);
scompariamo, scomparite, scompàiano (scomparíscano)

*\*Scomparire* meaning *to cut a sorry figure,* requires the regular tenses.

| | |
|---|---|
| *Pres. Ind.* | sconfiggo, sconfiggi, sconfigge;<br>sconfiggiamo, sconfiggete, sconfíggono |
| *Imp. Ind.* | sconfiggevo, sconfiggevi, sconfiggeva;<br>sconfiggevamo, sconfiggevate, sconfiggévano |
| *Past Abs.* | sconfissi, sconfiggesti, sconfisse;<br>sconfiggemmo, sconfiggeste, sconfíssero |
| *Fut. Ind.* | sconfiggerò, sconfiggerai, sconfiggerà;<br>sconfiggeremo, sconfiggerete, sconfiggeranno |
| *Pres.*<br>*Cond.* | sconfiggerèi, sconfiggeresti, sconfiggerèbbe;<br>sconfiggeremmo, sconfiggereste, sconfiggerèbbero |
| *Pres.*<br>*Subj.* | sconfigga, sconfigga, sconfigga;<br>sconfiggiamo, sconfiggiate, sconfíggano |
| *Imp.Subj.* | sconfiggessi, sconfiggessi, sconfiggesse;<br>sconfiggéssimo, sconfiggeste, sconfiggéssero |
| *Pres.Perf.* | ho sconfitto, hai sconfitto, ha sconfitto;<br>abbiamo sconfitto, avete sconfitto, hanno sconfitto |
| *Past Perf.* | avevo sconfitto, avevi sconfitto, aveva sconfitto;<br>avevamo sconfitto, avevate sconfitto, avévano sconfitto |
| *Past Ant.* | èbbi sconfitto, avesti sconfitto, èbbe sconfitto;<br>avemmo sconfitto, aveste sconfitto, èbbero sconfitto |
| *Fut. Perf.* | avrò sconfitto, avrai sconfitto, avrà sconfitto;<br>avremo sconfitto, avrete sconfitto, avranno sconfitto |
| *Past*<br>*Cond.* | avrèi sconfitto, avresti sconfitto, avrèbbe sconfitto;<br>avremmo sconfitto, avreste sconfitto, avrèbbero sconfitto |
| *Past Subj.* | àbbia sconfitto, àbbia sconfitto, àbbia sconfitto;<br>abbiamo sconfitto, abbiate sconfitto, àbbiano sconfitto |
| *Past Perf.*<br>*Subj.* | avessi sconfitto, avessi sconfitto, avesse sconfitto;<br>avéssimo sconfitto, aveste sconfitto, avéssero sconfitto |
| *Impera-*<br>*tive* | sconfiggi (non sconfíggere), sconfigga;<br>sconfiggiamo, sconfiggete, sconfíggano |

*to defeat*

| | | |
|---|---|---|
| *Pres. Ind.* | scòpro, scòpri, scòpre; scopriamo, scoprite, scòprono | *to uncover,* |
| *Imp. Ind.* | scoprivo, scoprivi, scopriva; scoprivamo, scoprivate, scoprívano | *to discover* |

*Past Abs.* scopèrsi, scopristi, scopèrse; scoprimmo, scopriste, scopèrsero (*Or regular:* scoprii, *etc.*)

*Fut. Ind.* scoprirò, scoprirai, scoprirà; scopriremo, scoprirete, scopriranno

*Pres.* scoprirèi, scopriresti, scoprirèbbe;
*Cond.* scopriremmo, scoprireste, scoprirèbbero

*Pres.* scòpra, scòpra, scòpra;
*Subj.* scopriamo, scopriate, scòprano

*Imp.Subj.* scoprissi, scoprissi, scoprisse; scopríssimo, scopriste, scopríssero

*Pres.Perf.* ho scopèrto, hai scopèrto, ha scopèrto; abbiamo scopèrto, avete scopèrto, hanno scopèrto

*Past Perf.* avevo scopèrto, avevi scopèrto, aveva scopèrto; avevamo scopèrto, avevate scopèrto, avévano scopèrto

*Past Ant.* èbbi scopèrto, avesti scopèrto, èbbe scopèrto; avemmo scopèrto, aveste scopèrto, èbbero scopèrto

*Fut. Perf.* avrò scopèrto, avrai scopèrto, avrà scopèrto; avremo scopèrto, avrete scopèrto, avranno scopèrto

*Past* avrèi scopèrto, avresti scopèrto, avrèbbe scopèrto;
*Cond.* avremmo scopèrto, avreste scopèrto, avrèbbero scopèrto

*Past Subj.* àbbia scopèrto, àbbia scopèrto, àbbia scopèrto; abbiamo scopèrto, abbiate scopèrto, àbbiano scopèrto

*Past Perf.* avessi scopèrto, avessi scopèrto, avesse scopèrto;
*Subj.* avéssimo scopèrto, aveste scopèrto, avéssero scopèrto

*Impera-* scòpri (non scoprire), scòpra;
*tive* scopriamo, scoprite, scòprano

**scrívere***

| | | |
|---|---|---|
| *Pres. Ind.* | scrivo, scrivi, scrive;<br>scriviamo, scrivete, scrívono | *to write* |
| *Imp. Ind.* | scrivevo, scrivevi, scriveva;<br>scrivevamo, scrivevate, scrivévano | |
| *Past Abs.* | scrissi, scrivesti, scrisse;<br>scrivemmo, scriveste, scríssero | |
| *Fut. Ind.* | scriverò, scriverai, scriverà;<br>scriveremo, scriverete, scriveranno | |
| *Pres.*<br>*Cond.* | scriverèi, scriveresti, scriverèbbe;<br>scriveremmo, scrivereste, scriverèbbero | |
| *Pres.*<br>*Subj.* | scriva, scriva, scriva;<br>scriviamo, scriviate, scrívano | |
| *Imp.Subj.* | scrivessi, scrivessi, scrivesse;<br>scrivéssimo, scriveste, scrivéssero | |
| *Pres.Perf.* | ho scritto, hai scritto, ha scritto;<br>abbiamo scritto, avete scritto, hanno scritto | |
| *Past Perf.* | avevo scritto, avevi scritto, aveva scritto;<br>avevamo scritto, avevate scritto, avévano scritto | |
| *Past Ant.* | èbbi scritto, avesti scritto, èbbe scritto;<br>avemmo scritto, aveste scritto, èbbero scritto | |
| *Fut. Perf.* | avrò scritto, avrai scritto, avrà scritto;<br>avremo scritto, avrete scritto, avranno scritto | |
| *Past*<br>*Cond.* | avrèi scritto, avresti scritto, avrèbbe scritto;<br>avremmo scritto, avreste scritto, avrèbbero scritto | |
| *Past Subj.* | àbbia scritto, àbbia scritto, àbbia scritto;<br>abbiamo scritto, abbiate scritto, àbbiano scritto | |
| *Past Perf.*<br>*Subj.* | avessi scritto, avessi scritto, avesse scritto;<br>avéssimo scritto, aveste scritto, avéssero scritto | |
| *Impera-*<br>*tive* | scrivi (non scrívere), scriva;<br>scriviamo, scrivete, scrívano | |

* Like *scrívere* are *descrívere, prescrívere, proscrívere, sottoscrívere, trascrívere,* etc.

| | | |
|---|---|---|
| *Pres. Ind.* | scuòto, scuòti, scuòte ;<br>scotiamo (scuotiamo), scotete (scuotete),<br>scuòtono | *to shake* |

*Imp. Ind.* scotevo (scuotevo), scotevi (scuotevi), scoteva (scuoteva) ;
scotevamo (scuotevamo), scotevate (scuotevate),
scotévano (scuotévano)

*Past Abs.* scòssi, scotesti (scuotesti), scòsse ;
scotemmo (scuotemmo), scoteste (scuoteste), scòssero

*Fut. Ind.* scoterò (scuoterò), scoterai (scuoterai), scoterà (scuoterà) ;
scoteremo (scuoteremo), scoterete (scuoterete), scoteranno
(scuoteranno)

*Pres.* scoterèi (scuoterèi), scoteresti (scuoteresti), scoterèbbe
*Cond.* (scuoterèbbe) ;
scoteremmo (scuoteremmo), scotereste (scuotereste), scoterèbbero
(scuoterèbbero)

*Pres.* scuòta, scuòta, scuòta ;
*Subj.* scotiamo (scuotiamo), scotiate (scuotiate), scuòtano

*Imp. Subj.* scotessi (scuotessi), scotessi (scuotessi), scotesse (scuotesse) ;
scotéssimo (scuotéssimo), scoteste (scuoteste), scotéssero
(scuotéssero)

*Pres. Perf.* ho scòsso, hai scòsso, ha scòsso ;
abbiamo scòsso, avete scòsso, hanno scòsso

*Past Perf.* avevo scòsso, avevi scòsso, aveva scòsso ;
avevamo scòsso, avevate scòsso, avévano scòsso

*Past Ant.* èbbi scòsso, avesti scòsso, èbbe scòsso ;
avemmo scòsso, aveste scòsso, èbbero scòsso

*Fut. Perf.* avrò scòsso, avrai scòsso, avrà scòsso ;
avremo scòsso, avrete scòsso, avranno scòsso

*Past* avrèi scòsso, avresti scòsso, avrèbbe scòsso ;
*Cond.* avremmo scòsso, avreste scòsso, avrèbbero scòsso

*Past Subj.* àbbia scòsso, àbbia scòsso, àbbia scòsso ;
abbiamo scòsso, abbiate scòsso, àbbiano scòsso

*Past Perf.* avessi scòsso, avessi scòsso, avesse scòsso ;
*Subj.* avéssimo scòsso, aveste scòsso, avéssero scòsso

*Impera-* scuòti (non scuòtere), scuòta ;
*tive* scotiamo (scuotiamo), scotete (scuotete), scuòtano

* Like *scuòtere* are *percuòtere* and *riscuòtere*.

| | | |
|---|---|---|
| *Pres. Ind.* | sièdo (sèggo), sièdi, sième; <br> sediamo, sedete, sièdono (sèggono) | *to sit* |
| *Imp. Ind.* | sedevo, sedevi, sedeva; <br> sedevamo, sedevate, sedévano | |
| *Past Abs.* | sedei (sedètti), sedesti, sedé (sedètte); <br> sedemmo, sedeste, sedérono (sedèttero) | |
| *Fut. Ind.* | sederò, sederai, sederà; <br> sederemo, sederete, sederanno | |
| *Pres.* <br> *Cond.* | sederèi, sederesti, sederèbbe; <br> sederemmo, sedereste, sederèbbero | |
| *Pres.* <br> *Subj.* | sièda (sègga), sièda (sègga), sièda (sègga); <br> sediamo, sediate, sièdano (sèggano) | |
| *Imp.Subj.* | sedessi, sedessi, sedesse; <br> sedéssimo, sedeste, sedéssero | |
| *Pres.Perf.* | ho seduto, hai seduto, ha seduto; <br> abbiamo seduto, avete seduto, hanno seduto | |
| *Past Perf.* | avevo seduto, avevi seduto, aveva seduto; <br> avevamo seduto, avevate seduto, avévano seduto | |
| *Past Ant.* | èbbi seduto, avesti seduto, èbbe seduto; <br> avemmo seduto, aveste seduto, èbbero seduto | |
| *Fut. Perf.* | avrò seduto, avrai seduto, avrà seduto; <br> avremo seduto, avrete seduto, avranno seduto | |
| *Past* <br> *Cond.* | avrèi seduto, avresti seduto, avrèbbe seduto; <br> avremmo seduto, avreste seduto, avrèbbero seduto | |
| *Past Subj.* | àbbia seduto, àbbia seduto, àbbia seduto; <br> abbiamo seduto, abbiate seduto, àbbiano seduto | |
| *Past Perf.* <br> *Subj.* | avessi seduto, avessi seduto, avesse seduto; <br> avéssimo seduto, aveste seduto, avéssero seduto | |
| *Impera-* <br> *tive* | sièdi (non sedere), sièda (sègga); <br> sediamo, sedete, sièdano (sèggano) | |

\* Like *sedere* is *possedere*.

*Pres. Ind.* soddisfaccio (soddisfò), soddisfai, soddisfà;
soddisfacciamo, soddisfate, soddisfanno
(*Or regular:* soddisfo, *etc.*)   *to satisfy*

*Imp. Ind.* soddisfacevo, soddisfacevi, soddisfaceva;
soddisfacevamo, soddisfacevate, soddisfacévano

*Past Abs.* soddisfeci, soddisfacesti, soddisfece;
soddisfacemmo, soddisfaceste, soddisfécero

*Fut. Ind.* soddisfarò, soddisfarai, soddisfarà;
soddisfaremo, soddisfarete, soddisfaranno
(*Or regular:* soddisferò, *etc.*)

*Pres.* soddisfarèi, soddisfaresti, soddisfarèbbe;
*Cond.* soddisfaremmo, soddisfareste, soddisfarèbbero
(*Or regular:* soddisferèi, *etc.*)

*Pres.* soddisfaccia, soddisfaccia, soddisfaccia;
*Subj.* soddisfacciamo, soddisfacciate, soddisfàcciano
(*Or regular:* soddisfi, *etc.*)

*Imp.Subj.* soddisfacessi, soddisfacessi, soddisfacesse;
soddisfacéssimo, soddisfaceste, soddisfacéssero

*Pres.Perf.* ho soddisfatto, hai soddisfatto, ha soddisfatto;
abbiamo soddisfatto, avete soddisfatto, hanno soddisfatto

*Past Perf.* avevo soddisfatto, avevi soddisfatto, aveva soddisfatto;
avevamo soddisfatto, avevate soddisfatto, avévano soddisfatto

*Past Ant.* èbbi soddisfatto, avesti soddisfatto, èbbe soddisfatto;
avemmo soddisfatto, aveste soddisfatto, èbbero soddisfatto

*Fut. Perf.* avrò soddisfatto, avrai soddisfatto, avrà soddisfatto;
avremo soddisfatto, avrete soddisfatto, avranno soddisfatto

*Past* avrèi soddisfatto, avresti soddisfatto, avrèbbe soddisfatto;
*Cond.* avremmo soddisfatto, avreste soddisfatto, avrèbbero soddisfatto

*Past Subj.* àbbia soddisfatto, àbbia soddisfatto, àbbia soddisfatto;
abbiamo soddisfatto, abbiate soddisfatto, àbbiano soddisfatto

*Past Perf.* avessi soddisfatto, avessi soddisfatto, avesse soddisfatto;
*Subj.* avéssimo soddisfatto, aveste soddisfatto, avéssero soddisfatto

*Impera-* soddisfa' (non soddisfare), soddisfaccia (soddisfi);
*tive* soddisfacciamo (soddisfiamo), soddisfate, soddisfàcciano (soddí-
sfino)

| | | |
|---|---|---|
| *Pres. Ind.* | sòffro, sòffri, sòffre; soffriamo, soffrite, sòffrono | *to suffer* |
| *Imp. Ind.* | soffrivo, soffrivi, soffriva; soffrivamo, soffrivate, soffrívano | |
| *Past Abs.* | soffèrsi, soffristi, soffèrse; soffrimmo, soffriste, soffèrsero (*Or regular:* soffrii, *etc.*) | |
| *Fut. Ind.* | soffrirò, soffrirai, soffrirà; soffriremo, soffrirete, soffriranno | |
| *Pres. Cond.* | soffrirèi, soffriresti, soffrirèbbe; soffriremmo, soffrireste, soffrirèbbero | |
| *Pres. Subj.* | sòffra, sòffra, sòffra; soffriamo, soffriate, sòffrano | |
| *Imp.Subj.* | soffrissi, soffrissi, soffrisse; soffríssimo, soffriste, soffríssero | |
| *Pres.Perf.* | ho soffèrto, hai soffèrto, ha soffèrto; abbiamo soffèrto, avete soffèrto, hanno soffèrto | |
| *Past Perf.* | avevo soffèrto, avevi soffèrto, aveva soffèrto; avevamo soffèrto, avevate soffèrto, avévano soffèrto | |
| *Past Ant.* | èbbi soffèrto, avesti soffèrto, èbbe soffèrto; avemmo soffèrto, aveste soffèrto, èbbero soffèrto | |
| *Fut. Perf.* | avrò soffèrto, avrai soffèrto, avrà soffèrto; avremo soffèrto, avrete soffèrto, avranno soffèrto | |
| *Past Cond.* | avrèi soffèrto, avresti soffèrto, avrèbbe soffèrto; avremmo soffèrto, avreste soffèrto, avrèbbero soffèrto | |
| *Past Subj.* | àbbia soffèrto, àbbia soffèrto, àbbia soffèrto; abbiamo soffèrto, abbiate soffèrto, àbbiano soffèrto | |
| *Past Perf. Subj.* | avessi soffèrto, avessi soffèrto, avesse soffèrto; avéssimo soffèrto, aveste soffèrto, avéssero soffèrto | |
| *Imperative* | sòffri (non soffrire), sòffra; soffriamo, soffrite, sòffrano | |

| | | |
|---|---|---|
| *Pres. Ind.* | sorgo, sorgi, sorge;<br>sorgiamo, sorgete, sórgono | *to rise* |
| *Imp. Ind.* | sorgevo, sorgevi, sorgeva;<br>sorgevamo, sorgevate, sorgévano | |
| *Past Abs.* | sorsi, sorgesti, sorse;<br>sorgemmo, sorgeste, sórsero | |
| *Fut. Ind.* | sorgerò, sorgerai, sorgerà;<br>sorgeremo, sorgerete, sorgeranno | |
| *Pres.*<br>*Cond.* | sorgerèi, sorgeresti, sorgerèbbe;<br>sorgeremmo, sorgereste, sorgerèbbero | |
| *Pres.*<br>*Subj.* | sorga, sorga, sorga;<br>sorgiamo, sorgiate, sórgano | |
| *Imp.Subj.* | sorgessi, sorgessi, sorgesse;<br>sorgéssimo, sorgeste, sorgéssero | |
| *Pres.Perf.* | sono sorto, sèi sorto, è sorto;<br>siamo sorti, sième sorto(i), sono sorti | |
| *Past Perf.* | èro sorto, èri sorto, èra sorto;<br>eravamo sorti, eravate sorto(i), èrano sorti | |
| *Past Ant.* | fui sorto, fosti sorto, fu sorto;<br>fummo sorti, foste sorto(i), fúrono sorti | |
| *Fut. Perf.* | sarò sorto, sarai sorto, sarà sorto;<br>saremo sorti, sarete sorto(i), saranno sorti | |
| *Past*<br>*Cond.* | sarèi sorto, saresti sorto, sarèbbe sorto;<br>saremmo sorti, sareste sorto(i), sarèbbero sorti | |
| *Past Subj.* | sia sorto, sia sorto, sia sorto;<br>siamo sorti, siate sorto(i), síano sorti | |
| *Past Perf.*<br>*Subj.* | fossi sorto, fossi sorto, fosse sorto;<br>fóssimo sorti, foste sorto(i), fóssero sorti | |
| *Impera-*<br>*tive* | sorgi (non sórgere), sorga;<br>sorgiamo, sorgete, sórgano | |

\* Like *sórgere* are *insórgere* and *risórgere*.

*Pres. Ind.*  sorprèndo, sorprèndi, sorprènde;
sorprendiamo, sorprendete, sorprèndono                    *to surprise*

*Imp. Ind.*  sorprendevo, sorprendevi, sorprendeva;
sorprendevamo, sorprendevate, sorprendévano

*Past Abs.*  sorpresi, sorprendesti, sorprese;
sorprendemmo, sorprendeste, sorprésero

*Fut. Ind.*  sorprenderò, sorprenderai, sorprenderà;
sorprenderemo, sorprenderete, sorprenderanno

*Pres.*  sorprenderèi, sorprenderesti, sorprenderèbbe;
*Cond.*  sorprenderemmo, sorprendereste, sorprenderèbbero

*Pres.*  sorprènda, sorprènda, sorprènda;
*Subj.*  sorprendiamo, sorprendiate, sorprèndano

*Imp.Subj.*  sorprendessi, sorprendessi, sorprendesse;
sorprendéssimo, sorprendeste, sorprendéssero

*Pres.Perf.*  ho sorpreso, hai sorpreso, ha sorpreso;
abbiamo sorpreso, avete sorpreso, hanno sorpreso

*Past Perf.*  avevo sorpreso, avevi sorpreso, aveva sorpreso;
avevamo sorpreso, avevate sorpreso, avévano sorpreso

*Past Ant.*  èbbi sorpreso, avesti sorpreso, èbbe sorpreso;
avemmo sorpreso, aveste sorpreso, èbbero sorpreso

*Fut. Perf.*  avrò sorpreso, avrai sorpreso, avrà sorpreso;
avremo sorpreso, avrete sorpreso, avranno sorpreso

*Past*  avrèi sorpreso, avresti sorpreso, avrèbbe sorpreso;
*Cond.*  avremmo sorpreso, avreste sorpreso, avrèbbero sorpreso

*Past Subj.*  àbbia sorpreso, àbbia sorpreso, àbbia sorpreso;
abbiamo sorpreso, abbiate sorpreso, àbbiano sorpreso

*Past Perf.*  avessi sorpreso, avessi sorpreso, avesse sorpreso;
*Subj.*  avéssimo sorpreso, aveste sorpreso, avéssero sorpreso

*Impera-*  sorprèndi (non sorprèndere), sorprènda;
*tive*  sorprendiamo, sorprendete, sorprèndano

| | | |
|---|---|---|
| *Pres. Ind.* | sorrido, sorridi, sorride ;<br>sorridiamo, sorridete, sorrídono | *to smile* |
| *Imp. Ind.* | sorridevo, sorridevi, sorrideva ;<br>sorridevamo, sorridevate, sorridévano | |
| *Past Abs.* | sorrisi, sorridesti, sorrise ;<br>sorridemmo, sorrideste, sorrísero | |
| *Fut. Ind.* | sorriderò, sorriderai, sorriderà ;<br>sorrideremo, sorriderete, sorrideranno | |
| *Pres.*<br>*Cond.* | sorriderèi, sorrideresti, sorriderèbbe ;<br>sorrideremmo, sorridereste, sorriderèbbero | |
| *Pres.*<br>*Subj.* | sorrida, sorrida, sorrida ;<br>sorridiamo, sorridiate, sorrídano | |
| *Imp.Subj.* | sorridessi, sorridessi, sorridesse ;<br>sorridéssimo, sorrideste, sorridéssero | |
| *Pres.Perf.* | ho sorriso, hai sorriso, ha sorriso ;<br>abbiamo sorriso, avete sorriso, hanno sorriso | |
| *Past Perf.* | avevo sorriso, avevi sorriso, aveva sorriso ;<br>avevamo sorriso, avevate sorriso, avévano sorriso | |
| *Past Ant.* | èbbi sorriso, avesti sorriso, èbbe sorriso ;<br>avemmo sorriso, aveste sorriso, èbbero sorriso | |
| *Fut. Perf.* | avrò sorriso, avrai sorriso, avrà sorriso ;<br>avremo sorriso, avrete sorriso, avranno sorriso | |
| *Past*<br>*Cond.* | avrèi sorriso, avresti sorriso, avrèbbe sorriso ;<br>avremmo sorriso, avreste sorriso, avrèbbero sorriso | |
| *Past Subj.* | àbbia sorriso, àbbia sorriso, àbbia sorriso ;<br>abbiamo sorriso, abbiate sorriso, àbbiano sorriso | |
| *Past Perf.*<br>*Subj.* | avessi sorriso, avessi sorriso, avesse sorriso ;<br>avéssimo sorriso, aveste sorriso, avéssero sorriso | |
| *Impera-*<br>*tive* | sorridi (non sorrídere), sorrida ;<br>sorridiamo, sorridete, sorrídano | |

| | | |
|---|---|---|
| *Pres. Ind.* | sostèngo, sostièni, sostiène;<br>sosteniamo, sostenete, sostèngono | *to sustain,* |
| *Imp. Ind.* | sostenevo, sostenevi, sosteneva;<br>sostenevamo, sostenevate, sostenévano | *to uphold,* |
| *Past Abs.* | sostenni, sostenesti, sostenne;<br>sostenemmo, sosteneste, sosténnero | *to support* |
| *Fut. Ind.* | sosterrò, sosterrai, sosterrà;<br>sosterremo, sosterrete, sosterranno | |

*Pres.* sosterrèi, sosterresti, sosterrèbbe;
*Cond.* sosterremmo, sosterreste, sosterrèbbero

*Pres.* sostènga, sostènga, sostènga;
*Subj.* sosteniamo, sosteniate, sostèngano

*Imp.Subj.* sostenessi, sostenessi, sostenesse;
sostenéssimo, sosteneste, sostenéssero

*Pres.Perf.* ho sostenuto, hai sostenuto, ha sostenuto;
abbiamo sostenuto, avete sostenuto, hanno sostenuto

*Past Perf.* avevo sostenuto, avevi sostenuto, aveva sostenuto;
avevamo sostenuto, avevate sostenuto, avévano sostenuto

*Past Ant.* èbbi sostenuto, avesti sostenuto, èbbe sostenuto;
avemmo sostenuto, aveste sostenuto, èbbero sostenuto

*Fut. Perf.* avrò sostenuto, avrai sostenuto, avrà sostenuto;
avremo sostenuto, avrete sostenuto, avranno sostenuto

*Past* avrèi sostenuto, avresti sostenuto, avrèbbe sostenuto;
*Cond.* avremmo sostenuto, avreste sostenuto, avrèbbero sostenuto

*Past Subj.* àbbia sostenuto, àbbia sostenuto, àbbia sostenuto;
abbiamo sostenuto, abbiate sostenuto, àbbiano sostenuto

*Past Perf.* avessi sostenuto, avessi sostenuto, avesse sostenuto;
*Subj.* avéssimo sostenuto, aveste sostenuto, avéssero sostenuto

*Impera-* sostièni (non sostenere), sostènga;
*tive* sosteniamo, sostenete, sostèngano

| | | |
|---|---|---|
| *Pres. Ind.* | spando, spandi, spande; <br> spandiamo, spandete, spàndono | *to spill,* |
| *Imp. Ind.* | spandevo, spandevi, spandeva; <br> spandevamo, spandevate, spandévano | *to pour out* |

*Past Abs.* spandei (spandètti, spansi), spandesti, spandé (spandètte, spanse); spandemmo, spandeste, spandérono (spandèttero, spànsero)

*Fut. Ind.* spanderò, spanderai, spanderà; spanderemo, spanderete, spanderanno

*Pres.* spanderèi, spanderesti, spanderèbbe; <br> *Cond.* spanderemmo, spandereste, spanderèbbero

*Pres.* spanda, spanda, spanda; <br> *Subj.* spandiamo, spandiate, spàndano

*Imp.Subj.* spandessi, spandessi, spandesse; spandéssimo, spandeste, spandéssero

*Pres.Perf.* ho spanto (spanduto), hai spanto, ha spanto; abbiamo spanto, avete spanto, hanno spanto

*Past Perf.* avevo spanto, avevi spanto, aveva spanto; avevamo spanto, avevate spanto, avévano spanto

*Past Ant.* èbbi spanto, avesti spanto, èbbe spanto; avemmo spanto, aveste spanto, èbbero spanto

*Fut. Perf.* avrò spanto, avrai spanto, avrà spanto; avremo spanto, avrete spanto, avranno spanto

*Past* avrèi spanto, avresti spanto, avrèbbe spanto; <br> *Cond.* avremmo spanto, avreste spanto, avrèbbero spanto

*Past Subj.* àbbia spanto, àbbia spanto, àbbia spanto; abbiamo spanto, abbiate spanto, àbbiano spanto

*Past Perf.* avessi spanto, avessi spanto, avesse spanto; <br> *Subj.* avéssimo spanto, aveste spanto, avéssero spanto

*Impera-* spandi (non spàndere), spanda; <br> *tive* spandiamo, spandete, spàndano

| | | |
|---|---|---|
| *Pres. Ind.* | spargo, spargi, sparge; spargiamo, spargete, spàrgono | *to spread,* |
| *Imp. Ind.* | spargevo, spargevi, spargeva; spargevamo, spargevate, spargévano | *to shed* |
| *Past Abs.* | sparsi, spargesti, sparse; spargemmo, spargeste, spàrsero | |
| *Fut. Ind.* | spargerò, spargerai, spargerà; spargeremo, spargerete, spargeranno | |
| *Pres. Cond.* | spargerèi, spargeresti, spargerèbbe; spargeremmo, spargereste, spargerèbbero | |
| *Pres. Subj.* | sparga, sparga, sparga; spargiamo, spargiate, spàrgano | |
| *Imp.Subj.* | spargessi, spargessi, spargesse; spargéssimo, spargeste, spargéssero | |
| *Pres.Perf.* | ho sparso, hai sparso, ha sparso; abbiamo sparso, avete sparso, hanno sparso | |
| *Past Perf.* | avevo sparso, avevi sparso, aveva sparso; avevamo sparso, avevate sparso, avévano sparso | |
| *Past Ant.* | èbbi sparso, avesti sparso, èbbe sparso; avemmo sparso, aveste sparso, èbbero sparso | |
| *Fut. Perf.* | avrò sparso, avrai sparso, avrà sparso; avremo sparso, avrete sparso, avranno sparso | |
| *Past Cond.* | avrèi sparso, avresti sparso, avrèbbe sparso; avremmo sparso, avreste sparso, avrèbbero sparso | |
| *Past Subj.* | àbbia sparso, àbbia sparso, àbbia sparso; abbiamo sparso, abbiate sparso, àbbiano sparso | |
| *Past Perf. Subj.* | avessi sparso, avessi sparso, avesse sparso; avéssimo sparso, aveste sparso, avéssero sparso | |
| *Imperative* | spargi (non spàrgere), sparga; spargiamo, spargete, spàrgano | |

GER. *spegnèndo* (*spengèndo*) PAST PART. *spento*  **spégnere (spéngere)**

|  |  |  |
|---|---|---|
| *Pres. Ind.* | spengo, spegni (spengi), spegne (spenge);<br>spegniamo (spengiamo), spegnete (spengete), spéngono | *to extinguish,* |
| *Imp. Ind.* | spegnevo (spengevo), spegnevi (spengevi),<br>spegneva (spengeva);<br>spegnevamo (spengevamo), spegnevate (spengevate),<br>spegnévano (spengévano) | *to put out* |

*Past Abs.* spensi, spegnesti (spengesti), spense;
spegnemmo (spengemmo), spegneste (spengeste), spénsero

*Fut. Ind.* spegnerò (spengerò), spegnerai (spengerai), spegnerà (spengerà);
spegneremo (spengeremo), spegnerete (spengerete),
spegneranno (spengeranno)

*Pres.* spegnerèi (spengerèi), spegneresti (spengeresti),
*Cond.* spegnerèbbe (spengerèbbe);
spegneremmo (spengeremmo), spegnereste (spengereste),
spegnerèbbero (spengerèbbero)

*Pres.* spenga, spenga, spenga;
*Subj.* spegniamo (spengiamo), spegniate (spengiate), spéngano

*Imp.Subj.* spegnessi (spengessi), spegnessi (spengessi), spegnesse (spengesse);
spegnéssimo (spengéssimo), spegneste (spengeste), spegnéssero
(spengéssero)

*Pres.Perf.* ho spento, hai spento, ha spento;
abbiamo spento, avéte spento, hanno spento

*Past Perf.* avevo spento, avevi spento, aveva spento;
avevamo spento, avevate spento, avévano spento

*Past Ant.* èbbi spento, avesti spento, èbbe spento;
avemmo spento, aveste spento, èbbero spento

*Fut. Perf.* avrò spento, avrai spento, avrà spento;
avremo spento, avrete spento, avranno spento

*Past* avrèi spento, avresti spento, avrèbbe spento;
*Cond.* avremmo spento, avreste spento, avrèbbero spento

*Past Subj.* àbbia spento, àbbia spento, àbbia spento;
abbiamo spento, abbiate spento, àbbiano spento

*Past Perf.* avessi spento, avessi spento, avesse spento;
*Subj.* avéssimo spento, aveste spento, avéssero spento

*Impera-* spegni (spengi) (non spégnere, non spéngere), spenga;
*tive* spegniamo (spengiamo), spegnete (spengete), spéngano

| | |
|---|---|
| *Pres. Ind.* | spèndo, spèndi, spènde;<br>spendiamo, spendete, spèndono |
| *Imp. Ind.* | spendevo, spendevi, spendeva;<br>spendevamo, spendevate, spendévano |
| *Past Abs.* | spesi, spendesti, spese;<br>spendemmo, spendeste, spésero |
| *Fut. Ind.* | spenderò, spenderai, spenderà;<br>spenderemo, spenderete, spenderanno |
| *Pres.*<br>*Cond.* | spenderèi, spenderesti, spenderèbbe;<br>spenderemmo, spendereste, spenderèbbero |
| *Pres.*<br>*Subj.* | spènda, spènda, spènda;<br>spendiamo, spendiate, spèndano |
| *Imp.Subj.* | spendessi, spendessi, spendesse;<br>spendéssimo, spendeste, spendéssero |
| *Pres.Perf.* | ho speso, hai speso, ha speso;<br>abbiamo speso, avete speso, hanno speso |
| *Past Perf.* | avevo speso, avevi speso, aveva speso;<br>avevamo speso, avevate speso, avévano speso |
| *Past Ant.* | èbbi speso, avesti speso, èbbe speso;<br>avemmo speso, aveste speso, èbbero speso |
| *Fut. Perf.* | avrò speso, avrai speso, avrà speso;<br>avremo speso, avrete speso, avranno speso |
| *Past*<br>*Cond.* | avrèi speso, avresti speso, avrèbbe speso;<br>avremmo speso, avreste speso, avrèbbero speso |
| *Past Subj.* | àbbia speso, àbbia speso, àbbia speso;<br>abbiamo speso, abbiate speso, àbbiano speso |
| *Past Perf.*<br>*Subj.* | avessi speso, avessi speso, avesse speso;<br>avéssimo speso, aveste speso, avéssero speso |
| *Impera-*<br>*tive* | spèndi (non spèndere), spènda;<br>spendiamo, spendete, spèndano |

*to spend,*
*to expend*

| | | |
|---|---|---|
| *Pres. Ind.* | spingo, spingi, spinge ;<br>spingiamo, spingete, spíngono | *to push,* |
| *Imp. Ind.* | spingevo, spingevi, spingeva ;<br>spingevamo, spingevate, spingévano | *to shove* |
| *Past Abs.* | spinsi, spingesti, spinse ;<br>spingemmo, spingeste, spínsero | |
| *Fut. Ind.* | spingerò, spingerai, spingerà ;<br>spingeremo, spingerete, spingeranno | |
| *Pres.*<br>*Cond.* | spingerèi, spingeresti, spingerèbbe ;<br>spingeremmo, spingereste, spingerèbbero | |
| *Pres.*<br>*Subj.* | spinga, spinga, spinga ;<br>spingiamo, spingiate, spíngano | |
| *Imp.Subj.* | spingessi, spingessi, spingesse ;<br>spingéssimo, spingeste, spingéssero | |
| *Pres.Perf.* | ho spinto, hai spinto, ha spinto ;<br>abbiamo spinto, avete spinto, hanno spinto | |
| *Past Perf.* | avevo spinto, avevi spinto, aveva spinto ;<br>avevamo spinto, avevate spinto, avévano spinto | |
| *Past Ant.* | èbbi spinto, avesti spinto, èbbe spinto ;<br>avemmo spinto, aveste spinto, èbbero spinto | |
| *Fut. Perf.* | avrò spinto, avrai spinto, avrà spinto ;<br>avremo spinto, avrete spinto, avranno spinto | |
| *Past*<br>*Cond.* | avrèi spinto, avresti spinto, avrèbbe spinto ;<br>avremmo spinto, avreste spinto, avrèbbero spinto | |
| *Past Subj.* | àbbia spinto, àbbia spinto, àbbia spinto ;<br>abbiamo spinto, abbiate spinto, àbbiano spinto | |
| *Past Perf.*<br>*Subj.* | avessi spinto, avessi spinto, avesse spinto ;<br>avéssimo spinto, aveste spinto, avéssero spinto | |
| *Impera-*<br>*tive* | spingi (non spíngere), spinga ;<br>spingiamo, spingete, spíngano | |

\* Like *spíngere* are *respíngere* and *sospíngere*.

| | | |
|---|---|---|
| *Pres. Ind.* | sto, stai, sta ;<br>stiamo, state, stanno | *to stay,* |
| *Imp. Ind.* | stavo, stavi, stava ;<br>stavamo, stavate, stàvano | *to stand* |
| *Past Abs.* | stètti, stesti, stètte ;<br>stemmo, steste, stèttero | |
| *Fut. Ind.* | starò, starai, starà ;<br>staremo, starete, staranno | |
| *Pres.*<br>*Cond.* | starèi, staresti, starèbbe ;<br>staremmo, stareste, starèbbero | |
| *Pres.*<br>*Subj.* | stia, stia, stia ;<br>stiamo, stiate, stíano | |
| *Imp.Subj.* | stessi, stessi, stesse ;<br>stéssimo, steste, stéssero | |
| *Pres.Perf.* | sono stato, sèi stato, è stato ;<br>siamo stati, siète stato (i), sono stati | |
| *Past Perf.* | èro stato, èri stato, èra stato ;<br>eravamo stati, eravate stato (i), èrano stati | |
| *Past Ant.* | fui stato, fosti stato, fu stato ;<br>fummo stati, foste stato (i), fúrono stati | |
| *Fut. Perf.* | sarò stato, sarai stato, sarà stato ;<br>saremo stati, sarete stato (i), saranno stati | |
| *Past*<br>*Cond.* | sarèi stato, saresti stato, sarèbbe stato ;<br>saremmo stati, sareste stato (i), sarèbbero stati | |
| *Past Subj.* | sia stato, sia stato, sia stato ;<br>siamo stati, siate stato (i), síano stati | |
| *Past Perf.*<br>*Subj.* | fossi stato, fossi stato, fosse stato ;<br>fóssimo stati, foste stato (i), fóssero stati | |
| *Impera-*<br>*tive* | sta' (non stare), stia ;<br>stiamo, state, stíano | |

\* Like *stare* are *ristare, soprastare,* and *sottostare.*

| | | |
|---|---|---|
| *Pres. Ind.* | stèndo, stèndi, stènde; | |
| | stendiamo, stendete, stèndono | *to spread,* |
| *Imp. Ind.* | stendevo, stendevi, stendeva; | *to extend,* |
| | stendevamo, stendevate, stendévano | *to draw up* |
| *Past Abs.* | stesi, stendesti, stese; | |
| | stendemmo, stendeste, stésero | |

*Fut. Ind.* stenderò, stenderai, stenderà;
stenderemo, stenderete, stenderanno

*Pres.* stenderèi, stenderesti, stenderèbbe;
*Cond.* stenderemmo, stendereste, stenderèbbero

*Pres.* stènda, stènda, stènda;
*Subj.* stendiamo, stendiate, stèndano

*Imp.Subj.* stendessi, stendessi, stendesse;
stendéssimo, stendeste, stendéssero

*Pres.Perf.* ho steso, hai steso, ha steso;
abbiamo steso, avete steso, hanno steso

*Past Perf.* avevo steso, avevi steso, aveva steso;
avevamo steso, avevate steso, avévano steso

*Past Ant.* èbbi steso, avesti steso, èbbe steso;
avemmo steso, aveste steso, èbbero steso

*Fut. Perf.* avrò steso, avrai steso, avrà steso;
avremo steso, avrete steso, avranno steso

*Past* avrèi steso, avresti steso, avrèbbe steso;
*Cond.* avremmo steso, avreste steso, avrèbbero steso

*Past Subj.* àbbia steso, àbbia steso, àbbia steso;
abbiamo steso, abbiate steso, àbbiano steso

*Past Perf.* avessi steso, avessi steso, avesse steso;
*Subj.* avéssimo steso, aveste steso, avéssero steso

*Impera-* stèndi (non stèndere), stènda;
*tive* stendiamo, stendete, stèndano

| | | |
|---|---|---|
| *Pres. Ind.* | stringo, stringi, stringe ;<br>stringiamo, stringete, stríngono | *to press,* |
| *Imp. Ind.* | stringevo, stringevi, stringeva ;<br>stringevamo, stringevate, stringévano | *to squeeze* |
| *Past Abs.* | strinsi, stringesti, strinse ;<br>stringemmo, stringeste, strínsero | |
| *Fut. Ind.* | stringerò, stringerai, stringerà ;<br>stringeremo, stringerete, stringeranno | |
| *Pres.*<br>*Cond.* | stringerèi, stringeresti, stringerèbbe ;<br>stringeremmo, stringereste, stringerèbbero | |
| *Pres.*<br>*Subj.* | stringa, stringa, stringa ;<br>stringiamo, stringiate, stríngano | |
| *Imp.Subj.* | stringessi, stringessi, stringesse ;<br>stringéssimo, stringeste, stringéssero | |
| *Pres.Perf.* | ho stretto, hai stretto, ha stretto ;<br>abbiamo stretto, avete stretto, hanno stretto | |
| *Past Perf.* | avevo stretto, avevi stretto, aveva stretto ;<br>avevamo stretto, avevate stretto, avévano stretto | |
| *Past Ant.* | èbbi stretto, avesti stretto, èbbe stretto ;<br>avemmo stretto, aveste stretto, èbbero stretto | |
| *Fut. Perf.* | avrò stretto, avrai stretto, avrà stretto ;<br>avremo stretto, avrete stretto, avranno stretto | |
| *Past*<br>*Cond.* | avrèi stretto, avresti stretto, avrèbbe stretto ;<br>avremmo stretto, avreste stretto, avrèbbero stretto | |
| *Past Subj.* | àbbia stretto, àbbia stretto, àbbia stretto ;<br>abbiamo stretto, abbiate stretto, àbbiano stretto | |
| *Past Perf.*<br>*Subj.* | avessi stretto, avessi stretto, avesse stretto ;<br>avéssimo stretto, aveste stretto, avéssero stretto | |
| *Impera-*<br>*tive* | stringi (non stríngere), stringa ;<br>stringiamo, stringete, stríngano | |

\* Like *stríngere* are *costríngere* and *restríngere*.

| | | |
|---|---|---|
| *Pres. Ind.* | succède<br>succèdono | |
| *Imp. Ind.* | succedeva<br>succedévano | *to happen,*<br>*to occur* |
| *Past Abs.* | succèsse<br>succèssero | |
| *Fut. Ind.* | succederà<br>succederanno | |
| *Pres.*<br>*Cond.* | succederèbbe<br>succederèbbero | |
| *Pres.*<br>*Subj.* | succèda<br>succèdano | |
| *Imp.Subj.* | succedesse<br>succedéssero | |
| *Pres.Perf.* | è succèsso<br>sono succèssi | |
| *Past Perf.* | èra succèsso<br>èrano succèssi | |
| *Past Ant.* | fu succèsso<br>fúrono succèssi | |
| *Fut. Perf.* | sarà succèsso<br>saranno succèssi | |
| *Past*<br>*Cond.* | sarèbbe succèsso<br>sarebbero succèssi | |
| *Past Subj.* | sia succèsso<br>síano succèssi | |
| *Past Perf.*<br>*Subj.* | fosse succèsso<br>fóssero succèssi | |
| *Impera-*<br>*tive* | —————————— | |

* *Succèdere,* meaning *to succeed* (*come after*), is regular and is also conjugated with *èssere.*

*Pres. Ind.* svèngo, svièni, svième;
svemiamo, svenite, svèngono

*Imp. Ind.* svenivo, svenivi, sveniva;
svemivamo, svenivate, svenívano

*Past Abs.* svenni, svenisti, svenne;
svenimmo, sveniste, svénnero

*Fut. Ind.* svenirò, svenirai, svenirà;
sveniremo, svenirete, sveniranno

*Pres.* svenirèi, sveniresti, svenirèbbe;
*Cond.* sveniremmo, svenireste, svenirèbbero

*Pres.* svènga, svènga, svènga;
*Subj.* sveniamo, sveniate, svèngano

*Imp.Subj.* svenissi, svenissi, svenisse;
sveníssimo, sveniste, sveníssero

*Pres.Perf.* sono svenuto, sèi svenuto, è svenuto;
siamo svenuti, sièto svenuto(i), sono svenuti

*Past Perf.* èro svenuto, èri svenuto, èra svenuto;
eravamo svenuti, eravate svenuto(i), èrano svenuti

*Past Ant.* fui svenuto, fosti svenuto, fu svenuto;
fummo svenuti, foste svenuto(i), fúrono svenuti

*Fut. Perf.* sarò svenuto, sarai svenuto, sarà svenuto;
saremo svenuti, sarete svenuto(i), saranno svenuti

*Past* sarèi svenuto, saresti svenuto, sarèbbe svenuto;
*Cond.* saremmo svenuti, sareste svenuto(i), sarèbbero svenuti

*Past Subj.* sia svenuto, sia svenuto, sia svenuto;
siamo svenuti, siate svenuto(i), síano svenuti

*Past Perf.* fossi svenuto, fossi svenuto, fosse svenuto;
*Subj.* fóssimo svenuti, foste svenuto(i), fóssero svenuti

*Impera-* svièni (non svenire), svènga;
*tive* sveniamo, svenite, svèngano

*to faint,*
*to swoon*

*Pres. Ind.*  svòlgo, svòlgi, svòlge;
    svolgiamo, svolgete, svòlgono    *to unfold,*

*Imp. Ind.*  svolgevo, svolgevi, svolgeva;    *to develop*
    svolgevamo, svolgevate, svolgévano

*Past Abs.*  svòlsi, svolgesti, svòlse;
    svolgemmo, svolgeste, svòlsero

*Fut. Ind.*  svolgerò, svolgerai, svolgerà;
    svolgeremo, svolgerete, svolgeranno

*Pres.*  svolgerèi, svolgeresti, svolgerèbbe;
*Cond.*  svolgeremmo, svolgereste, svolgerèbbero

*Pres.*  svòlga, svòlga, svòlga;
*Subj.*  svolgiamo, svolgiate, svòlgano

*Imp.Subj.*  svolgessi, svolgessi, svolgesse;
    svolgéssimo, svolgeste, svolgéssero

*Pres.Perf.*  ho svòlto, hai svòlto, ha svòlto;
    abbiamo svòlto, avete svòlto, hanno svòlto

*Past Perf.*  avevo svòlto, avevi svòlto, aveva svòlto;
    avevamo svòlto, avevate svòlto, avévano svòlto

*Past Ant.*  èbbi svòlto, avesti svòlto, èbbe svòlto;
    avemmo svòlto, aveste svòlto, èbbero svòlto

*Fut. Perf.*  avrò svòlto, avrai svòlto, avrà svòlto;
    avremo svòlto, avrete svòlto, avranno svòlto

*Past*  avrèi svòlto, avresti svòlto, avrèbbe svòlto;
*Cond.*  avremmo svòlto, avreste svòlto, avrèbbero svòlto

*Past Subj.*  àbbia svòlto, àbbia svòlto, àbbia svòlto;
    abbiamo svòlto, abbiate svòlto, àbbiano svòlto

*Past Perf.*  avessi svòlto, avessi svòlto, avesse svòlto;
*Subj.*  avéssimo svòlto, aveste svòlto, avéssero svòlto

*Impera-*  svòlgi (non svòlgere), svòlga;
*tive*  svolgiamo, svolgete, svòlgano

| | |
|---|---|
| *Pres. Ind.* | taccio, taci, tace;<br>tacciamo (taciamo), tacete, tàcciono |
| *Imp. Ind.* | tacevo, tacevi, taceva;<br>tacevamo, tacevate, tacévano |
| *Past Abs.* | tacqui, tacesti, tacque;<br>tacemmo, taceste, tàcquero |
| *Fut. Ind.* | tacerò, tacerai, tacerà;<br>taceremo, tacerete, taceranno |
| *Pres.*<br>*Cond.* | tacerèi, taceresti, tacerèbbe;<br>taceremmo, tacereste, tacerèbbero |
| *Pres.*<br>*Subj.* | taccia, taccia, taccia;<br>tacciamo (taciamo), tacciate (taciate), tàcciano |
| *Imp.Subj.* | tacessi, tacessi, tacesse;<br>tacéssimo, taceste, tacéssero |
| *Pres.Perf.* | ho taciuto, hai taciuto, ha taciuto;<br>abbiamo taciuto, avete taciuto, hanno taciuto |
| *Past Perf.* | avevo taciuto, avevi taciuto, aveva taciuto;<br>avevamo taciuto, avevate taciuto, avévano taciuto |
| *Past Ant.* | èbbi taciuto, avesti taciuto, èbbe taciuto;<br>avemmo taciuto, aveste taciuto, èbbero taciuto |
| *Fut. Perf.* | avrò taciuto, avrai taciuto, avrà taciuto;<br>avremo taciuto, avrete taciuto, avranno taciuto |
| *Past*<br>*Cond.* | avrèi taciuto, avresti taciuto, avrèbbe taciuto;<br>avremmo taciuto, avreste taciuto, avrèbbero taciuto |
| *Past Subj.* | àbbia taciuto, àbbia taciuto, àbbia taciuto;<br>abbiamo taciuto, abbiate taciuto, àbbiano taciuto |
| *Past Perf.*<br>*Subj.* | avessi taciuto, avessi taciuto, avesse taciuto;<br>avéssimo taciuto, aveste taciuto, avéssero taciuto |
| *Impera-*<br>*tive* | taci (non tacere), taccia;<br>tacciamo (taciamo), tacete, tàcciano |

*to be silent,*

*to pass over in silence*

| | | |
|---|---|---|
| *Pres. Ind.* | tèndo, tèndi, tènde;<br>tendiamo, tendete, tèndono | |
| *Imp. Ind.* | tendevo, tendevi, tendeva;<br>tendevamo, tendevate, tendévano | *to stretch out,*<br>*to hold out,*<br>*to tend* |
| *Past Abs.* | tesi, tendesti, tese;<br>tendemmo, tendeste, tésero | |
| *Fut. Ind.* | tenderò, tenderai, tenderà;<br>tenderemo, tenderete, tenderanno | |
| *Pres.*<br>*Cond.* | tenderèi, tenderesti, tenderèbbe;<br>tenderemmo, tendereste, tenderèbbero | |
| *Pres.*<br>*Subj.* | tènda, tènda, tènda;<br>tendiamo, tendiate, tèndano | |
| *Imp.Subj.* | tendessi, tendessi, tendesse;<br>tendéssimo, tendeste, tendéssero | |
| *Pres.Perf.* | ho teso, hai teso, ha teso;<br>abbiamo teso, avete teso, hanno teso | |
| *Past Perf.* | avevo teso, avevi teso, aveva teso;<br>avevamo teso, avevate teso, avévano teso | |
| *Past Ant.* | èbbi teso, avesti teso, èbbe teso;<br>avemmo teso, aveste teso, èbbero teso | |
| *Fut. Perf.* | avrò teso, avrai teso, avrà teso;<br>avremo teso, avrete teso, avranno teso | |
| *Past*<br>*Cond.* | avrèi teso, avresti teso, avrèbbe teso;<br>avremmo teso, avreste teso, avrèbbero teso | |
| *Past Subj.* | àbbia teso, àbbia teso, àbbia teso;<br>abbiamo teso, abbiate teso, àbbiano teso | |
| *Past Perf.*<br>*Subj.* | avessi teso, avessi teso, avesse teso;<br>avéssimo teso, aveste teso, avéssero teso | |
| *Impera-*<br>*tive* | tèndi (non tèndere), tènda;<br>tendiamo, tendete, tèndano | |

*Like *tèndere* are *attèndere, contèndere, estèndere, intèndere, pretèndere, protèndere, stèndere,* etc.

| | | |
|---|---|---|
| *Pres. Ind.* | tèngo, tièni, tiène;<br>teniamo, tenete, tèngono | *to keep,* |
| *Imp. Ind.* | tenevo, tenevi, teneva;<br>tenevamo, tenevate, tenévano | *to hold* |
| *Past Abs.* | tenni, tenesti, tenne;<br>tenemmo, teneste, ténnero | |
| *Fut. Ind.* | terrò, terrai, terrà;<br>terremo, terrete, terranno | |
| *Pres.*<br>*Cond.* | terrèi, terresti, terrèbbe;<br>terremmo, terreste, terrèbbero | |
| *Pres.*<br>*Subj.* | tènga, tènga, tènga;<br>teniamo, teniate, tèngano | |
| *Imp.Subj.* | tenessi, tenessi, tenesse;<br>tenéssimo, teneste, tenéssero | |
| *Pres.Perf.* | ho tenuto, hai tenuto, ha tenuto;<br>abbiamo tenuto, avete tenuto, hanno tenuto | |
| *Past Perf.* | avevo tenuto, avevi tenuto, aveva tenuto;<br>avevamo tenuto, avevate tenuto, avévano tenuto | |
| *Past Ant.* | èbbi tenuto, avesti tenuto, èbbe tenuto;<br>avemmo tenuto, aveste tenuto, èbbero tenuto | |
| *Fut. Perf.* | avrò tenuto, avrai tenuto, avrà tenuto;<br>avremo tenuto, avrete tenuto, avranno tenuto | |
| *Past*<br>*Cond.* | avrèi tenuto, avresti tenuto, avrèbbe tenuto;<br>avremmo tenuto, avreste tenuto, avrèbbero tenuto | |
| *Past Subj.* | àbbia tenuto, àbbia tenuto, àbbia tenuto;<br>abbiamo tenuto, abbiate tenuto, àbbiano tenuto | |
| *Past Perf.*<br>*Subj.* | avessi tenuto, avessi tenuto, avesse tenuto;<br>avéssimo tenuto, aveste tenuto, avéssero tenuto | |
| *Impera-*<br>*tive* | tièni (non tenere), tènga;<br>teniamo, tenete, tèngano | |

\* Like *tenere* are *appartenere, astenersi, contenere, mantenere, ottenere, ritenere, sostenere, trattenere,* etc.

| | | |
|---|---|---|
| *Pres. Ind.* | tingo, tingi, tinge;<br>tingiamo, tingete, tíngono | *to dye* |
| *Imp. Ind.* | tingevo, tingevi, tingeva;<br>tingevamo, tingevate, tingévano | |
| *Past Abs.* | tinsi, tingesti, tinse;<br>tingemmo, tingeste, tínsero | |
| *Fut. Ind.* | tingerò, tingerai, tingerà;<br>tingeremo, tingerete, tingeranno | |
| *Pres.*<br>*Cond.* | tingerèi, tingeresti, tingerèbbe;<br>tingeremmo, tingereste, tingerèbbero | |
| *Pres.*<br>*Subj.* | tinga, tinga, tinga;<br>tingiamo, tingiate, tíngano | |
| *Imp.Subj.* | tingessi, tingessi, tingesse;<br>tingéssimo, tingeste, tingéssero | |
| *Pres.Perf.* | ho tinto, hai tinto, ha tinto;<br>abbiamo tinto, avete tinto, hanno tinto | |
| *Past Perf.* | avevo tinto, avevi tinto, aveva tinto;<br>avevamo tinto, avevate tinto, avévano tinto | |
| *Past Ant.* | èbbi tinto, avesti tinto, èbbe tinto;<br>avemmo tinto, aveste tinto, èbbero tinto | |
| *Fut. Perf.* | avrò tinto, avrai tinto, avrà tinto;<br>avremo tinto, avrete tinto, avranno tinto | |
| *Past*<br>*Cond.* | avrèi tinto, avresti tinto, avrèbbe tinto;<br>avremmo tinto, avreste tinto, avrèbbero tinto | |
| *Past Subj.* | àbbia tinto, àbbia tinto, àbbia tinto;<br>abbiamo tinto, abbiate tinto, àbbiano tinto | |
| *Past Perf.*<br>*Subj.* | avessi tinto, avessi tinto, avesse tinto;<br>avéssimo tinto, aveste tinto, avéssero tinto | |
| *Impera-*<br>*tive* | tingi (non tíngere), tinga;<br>tingiamo, tingete, tíngano | |

| | | |
|---|---|---|
| *Pres. Ind.* | tòlgo, tògli, tòglie;<br>togliamo, togliete, tòlgono | *to take away,* |
| *Imp. Ind.* | toglievo, toglievi, toglieva;<br>toglievamo, toglievate, togliévano | *to remove* |
| *Past Abs.* | tòlsi, togliesti, tòlse;<br>togliemmo, toglieste, tòlsero | |
| *Fut. Ind.* | toglierò, toglierai, toglierà;<br>toglieremo, toglierete, toglieranno | |
| *Pres.*<br>*Cond.* | toglierèi, toglieresti, toglierèbbe;<br>toglieremmo, togliereste, toglierèbbero | |
| *Pres.*<br>*Subj.* | tòlga, tòlga, tòlga;<br>togliamo, togliate, tòlgano | |
| *Imp.Subj.* | togliessi, togliessi, togliesse;<br>togliéssimo, toglieste, togliéssero | |
| *Pres.Perf.* | ho tòlto, hai tòlto, ha tòlto;<br>abbiamo tòlto, avete tòlto, hanno tòlto | |
| *Past Perf.* | avevo tòlto, avevi tòlto, aveva tòlto;<br>avevamo tòlto, avevate tòlto, avévano tòlto | |
| *Past Ant.* | èbbi tòlto, avesti tòlto, èbbe tòlto;<br>avemmo tòlto, aveste tòlto, èbbero tòlto | |
| *Fut. Perf.* | avrò tòlto, avrai tòlto, avrà tòlto;<br>avremo tòlto, avrete tòlto, avranno tòlto | |
| *Past*<br>*Cond.* | avrèi tòlto, avresti tòlto, avrèbbe tòlto;<br>avremmo tòlto, avreste tòlto, avrèbbero tòlto | |
| *Past Subj.* | àbbia tòlto, àbbia tòlto, àbbia tòlto;<br>abbiamo tòlto, abbiate tòlto, àbbiano tòlto | |
| *Past Perf.*<br>*Subj.* | avessi tòlto, avessi tòlto, avesse tòlto;<br>avéssimo tòlto, aveste tòlto, avéssero tòlto | |
| *Impera-*<br>*tive* | tògli (non tògliere), tòlga;<br>togliamo, togliete, tòlgano | |

| | | |
|---|---|---|
| *Pres. Ind.* | tòrco, tòrci, tòrce;<br>torciamo, torcete, tòrcono | *to twist,* |
| *Imp. Ind.* | torcevo, torcevi, torceva;<br>torcevamo, torcevate, torcévano | *to wring* |
| *Past Abs.* | tòrsi, torcesti, tòrse;<br>torcemmo, torceste, tòrsero | |
| *Fut. Ind.* | torcerò, torcerai, torcerà;<br>torceremo, torcerete, torceranno | |
| *Pres.*<br>*Cond.* | torcerèi, torceresti, torcerèbbe;<br>torceremmo, torcereste, torcerèbbero | |
| *Pres.*<br>*Subj.* | tòrca, tòrca, tòrca;<br>torciamo, torciate, tòrcano | |
| *Imp.Subj.* | torcessi, torcessi, torcesse;<br>torcéssimo, torceste, torcéssero | |
| *Pres.Perf.* | ho tòrto, hai tòrto, ha tòrto;<br>abbiamo tòrto, avete tòrto, hanno tòrto | |
| *Past Perf.* | avevo tòrto, avevi tòrto, aveva tòrto;<br>avevamo tòrto, avevate tòrto, avévano tòrto | |
| *Past Ant.* | èbbi tòrto, avesti tòrto, èbbe tòrto;<br>avemmo tòrto, aveste tòrto, èbbero tòrto | |
| *Fut. Perf.* | avrò tòrto, avrai tòrto, avrà tòrto;<br>avremo tòrto, avrete tòrto, avranno tòrto | |
| *Past*<br>*Cond.* | avrèi tòrto, avresti tòrto, avrèbbe tòrto;<br>avremmo tòrto, avreste tòrto, avrèbbero tòrto | |
| *Past Subj.* | àbbia tòrto, àbbia tòrto, àbbia tòrto;<br>abbiamo tòrto, abbiate tòrto, àbbiano tòrto | |
| *Past Perf.*<br>*Subj.* | avessi tòrto, avessi tòrto, avesse tòrto;<br>avéssimo tòrto, aveste tòrto, avéssero tòrto | |
| *Impera-*<br>*tive* | tòrci (non tòrcere), tòrca;<br>torciamo, torcete, tòrcano | |

\* Like *tòrcere* are *contòrcere, estòrcere, ritòrcere,* and *scontòrcersi.*

| | |
|---|---|
| *Pres. Ind.* | traduco, traduci, traduce; |
| | traduciamo, traducete, tradúcono |

*to translate*

| | |
|---|---|
| *Imp. Ind.* | traducevo, traducevi, traduceva; |
| | traducevamo, traducevate, traducévano |
| *Past Abs.* | tradussi, traducesti, tradusse; |
| | traducemmo, traduceste, tradússero |
| *Fut. Ind.* | tradurrò, tradurrai, tradurrà; |
| | tradurremo, tradurrete, tradurranno |
| *Pres. Cond.* | tradurrèi, tradurresti, tradurrèbbe; |
| | tradurremmo, tradurreste, tradurrèbbero |
| *Pres. Subj.* | traduca, traduca, traduca; |
| | traduciamo, traduciate, tradúcano |
| *Imp.Subj.* | traducessi, traducessi, traducesse; |
| | traducéssimo, traduceste, traducéssero |
| *Pres.Perf.* | ho tradotto, hai tradotto, ha tradotto; |
| | abbiamo tradotto, avete tradotto, hanno tradotto |
| *Past Perf.* | avevo tradotto, avevi tradotto, aveva tradotto; |
| | avevamo tradotto, avevate tradotto, avévano tradotto |
| *Past Ant.* | èbbi tradotto, avesti tradotto, èbbe tradotto; |
| | avemmo tradotto, aveste tradotto, èbbero tradotto |
| *Fut. Perf.* | avrò tradotto, avrai tradotto, avrà tradotto; |
| | avremo tradotto, avrete tradotto, avranno tradotto |
| *Past Cond.* | avrèi tradotto, avresti tradotto, avrèbbe tradotto; |
| | avremmo tradotto, avreste tradotto, avrèbbero tradotto |
| *Past Subj.* | àbbia tradotto, àbbia tradotto, àbbia tradotto; |
| | abbiamo tradotto, abbiate tradotto, àbbiano tradotto |
| *Past Perf. Subj.* | avessi tradotto, avessi tradotto, avesse tradotto; |
| | avéssimo tradotto, aveste tradotto, avéssero tradotto |
| *Imperative* | traduci (non tradurre), traduca; |
| | traduciamo, traducete, tradúcano |

| | | |
|---|---|---|
| *Pres. Ind.* | traggo, trai, trae;<br>traiamo (tragghiamo), traete, tràggono | *to draw,* |
| *Imp. Ind.* | traevo, traevi, traeva;<br>traevamo, traevate, traévano | *to pull* |
| *Past Abs.* | trassi, traesti, trasse;<br>traemmo, traeste, tràssero | |
| *Fut. Ind.* | trarrò, trarrai, trarrà;<br>trarremo, trarrete, trarranno | |
| *Pres.*<br>*Cond.* | trarrèi, trarresti, trarrèbbe;<br>trarremmo, trarreste, trarrèbbero | |
| *Pres.*<br>*Subj.* | tragga, tragga, tragga;<br>traiamo (tragghiamo), traiate (tragghiate), tràggano | |
| *Imp.Subj.* | traessi, traessi, traesse;<br>traéssimo, traeste, traéssero | |
| *Pres.Perf.* | ho tratto, hai tratto, ha tratto;<br>abbiamo tratto, avete tratto, hanno tratto | |
| *Past Perf.* | avevo tratto, avevi tratto, aveva tratto;<br>avevamo tratto, avevate tratto, avévano tratto | |
| *Past Ant.* | èbbi tratto, avesti tratto, èbbe tratto;<br>avemmo tratto, aveste tratto, èbbero tratto | |
| *Fut. Perf.* | avrò tratto, avrai tratto, avrà tratto;<br>avremo tratto, avrete tratto, avranno tratto | |
| *Past*<br>*Cond.* | avrèi tratto, avresti tratto, avrèbbe tratto;<br>avremmo tratto, avreste tratto, avrèbbero tratto | |
| *Past Subj.* | àbbia tratto, àbbia tratto, àbbia tratto;<br>abbiamo tratto, abbiate tratto, àbbiano tratto | |
| *Past Perf.*<br>*Subj.* | avessi tratto, avessi tratto, avesse tratto;<br>avéssimo tratto, aveste tratto, avéssero tratto | |
| *Impera-*<br>*tive* | trai (non trarre), tragga;<br>traiamo (tragghiamo), traete, tràggano | |

[*] Like *trarre* are *astrarre, attrarre, contrarre, detrarre, distrarre, estrarre, protrarre, ritrarre,* and *sottrarre.*

*Pres. Ind.* trattèngo, trattièni, trattiène;
tratteniamo, trattenete, trattèngono

*Imp. Ind.* trattenevo, trattenevi, tratteneva;
trattenevamo, trattenevate, trattenévano

*Past Abs.* trattenni, trattenesti, trattenne;
trattenemmo, tratteneste, tratténnero

*Fut. Ind.* tratterrò, tratterrai, tratterrà;
tratterremo, tratterrete, tratterranno

*Pres. Cond.* tratterrèi, tratterresti, tratterrèbbe;
tratterremmo, tratterreste, tratterrèbbero

*Pres. Subj.* trattènga, trattènga, trattènga;
tratteniamo, tratteniate, trattèngano

*Imp.Subj.* trattenessi, trattenessi, trattenesse;
trattenéssimo, tratteneste, trattenéssero

*Pres.Perf.* ho trattenuto, hai trattenuto, ha trattenuto;
abbiamo trattenuto, avete trattenuto, hanno trattenuto

*Past Perf.* avevo trattenuto, avevi trattenuto, aveva trattenuto;
avevamo trattenuto, avevate trattenuto, avévano trattenuto

*Past Ant.* èbbi trattenuto, avesti trattenuto, èbbe trattenuto;
avemmo trattenuto, aveste trattenuto, èbbero trattenuto

*Fut. Perf.* avrò trattenuto, avrai trattenuto, avrà trattenuto;
avremo trattenuto, avrete trattenuto, avranno trattenuto

*Past Cond.* avrèi trattenuto, avresti trattenuto, avrèbbe trattenuto;
avremmo trattenuto, avreste trattenuto, avrèbbero trattenuto

*Past Subj.* àbbia trattenuto, àbbia trattenuto, àbbia trattenuto;
abbiamo trattenuto, abbiate trattenuto, àbbiano trattenuto

*Past Perf. Subj.* avessi trattenuto, avessi trattenuto, avesse trattenuto;
avéssimo trattenuto, aveste trattenuto, avéssero trattenuto

*Imperative* trattièni (non trattenere), trattènga;
tratteniamo, trattenete, trattèngano

*to keep back,*
*to restrain,*
*to entertain*

| | |
|---|---|
| *Pres. Ind.* | uccido, uccidi, uccide;<br>uccidiamo, uccidete, uccídono |
| *Imp. Ind.* | uccidevo, uccidevi, uccideva;<br>uccidevamo, uccidevate, uccidévano |
| *Past Abs.* | uccisi, uccidestı, uccise;<br>uccidemmo, uccideste, uccísero |
| *Fut. Ind.* | ucciderò, ucciderai, ucciderà;<br>uccideremo, ucciderete, uccideranno |
| *Pres.*<br>*Cond.* | ucciderèi, uccideresti, ucciderèbbe;<br>uccideremmo, uccidereste, ucciderèbbero |
| *Pres.*<br>*Subj.* | uccida, uccida, uccida;<br>uccidiamo, uccidiate, uccídano |
| *Imp.Subj.* | uccidessi, uccidessi, uccidesse;<br>uccidéssimo, uccideste, uccidéssero |
| *Pres.Perf.* | ho ucciso, hai ucciso, ha ucciso;<br>abbiamo ucciso, avete ucciso, hanno ucciso |
| *Past Perf.* | avevo ucciso, avevi ucciso, aveva ucciso;<br>avevamo ucciso, avevate ucciso, avévano ucciso |
| *Past Ant.* | èbbi ucciso, avesti ucciso, èbbe ucciso;<br>avemmo ucciso, aveste ucciso, èbbero ucciso |
| *Fut. Perf.* | avrò ucciso, avrai ucciso, avrà ucciso;<br>avremo ucciso, avrete ucciso, avranno ucciso |
| *Past*<br>*Cond.* | avrèi ucciso, avresti ucciso, avrèbbe ucciso;<br>avremmo ucciso, avreste ucciso, avrèbbero ucciso |
| *Past Subj.* | àbbia ucciso, àbbia ucciso, àbbia ucciso;<br>abbiamo ucciso, abbiate ucciso, àbbiano ucciso |
| *Past Perf.*<br>*Subj.* | avessi ucciso, avessi ucciso, avesse ucciso;<br>avéssimo ucciso, aveste ucciso, avéssero ucciso |
| *Impera-*<br>*tive* | uccidi (non uccídere), uccida;<br>uccidiamo, uccidete, uccídano |

*to kill*

| | | |
|---|---|---|
| *Pres. Ind.* | òdo, òdi, òde;<br>udiamo, udite, òdono | *to hear* |
| *Imp. Ind.* | udivo, udivi, udiva;<br>udivamo, udivate, udívano | |
| *Past Abs.* | udii, udisti, udí;<br>udimmo, udiste, udírono | |
| *Fut. Ind.* | udrò, udrai, udrà;<br>udremo, udrete, udranno | |
| *Pres.*<br>*Cond.* | udrèi, udresti, udrèbbe;<br>udremmo, udreste, udrèbbero | |
| *Pres.*<br>*Subj.* | òda, òda, òda;<br>udiamo, udiate, òdano | |
| *Imp.Subj.* | udissi, udissi, udisse;<br>udíssimo, udiste, udíssero | |
| *Pres.Perf.* | ho udito, hai udito, ha udito;<br>abbiamo udito, avete udito, hanno udito | |
| *Past Perf.* | avevo udito, avevi udito, aveva udito;<br>avevamo udito, avevate udito, avévano udito | |
| *Past Ant.* | èbbi udito, avesti udito, èbbe udito;<br>avemmo udito, aveste udito, èbbero udito | |
| *Fut. Perf.* | avrò udito, avrai udito, avrà udito;<br>avremo udito, avrete udito, avranno udito | |
| *Past*<br>*Cond.* | avrèi udito, avresti udito, avrèbbe udito;<br>avremmo udito, avreste udito, avrèbbero udito | |
| *Past Subj.* | àbbia udito, àbbia udito, àbbia udito;<br>abbiamo udito, abbiate udito, àbbiano udito | |
| *Past Perf.*<br>*Subj.* | avessi udito, avessi udito, avesse udito;<br>avéssimo udito, aveste udito, avéssero udito | |
| *Impera-*<br>*tive* | òdi (non udire), òda;<br>udiamo, udite, òdano | |

| | | |
|---|---|---|
| *Pres. Ind.* | ungo, ungi, unge;<br>ungiamo, ungete, úngono | *to grease,* |
| *Imp. Ind.* | ungevo, ungevi, ungeva;<br>ungevamo, ungevate, ungévano | *to smear* |
| *Past Abs.* | unsi, ungesti, unse;<br>ungemmo, ungeste, únsero | |
| *Fut. Ind.* | ungerò, ungerai, ungerà;<br>ungeremo, ungerete, ungeranno | |
| *Pres.<br>Cond.* | ungerèi, ungeresti, ungerèbbe;<br>ungeremmo, ungereste, ungerèbbero | |
| *Pres.<br>Subj.* | unga, unga, unga;<br>ungiamo, ungiate, úngano | |
| *Imp.Subj.* | ungessi, ungessi, ungesse;<br>ungéssimo, ungeste, ungéssero | |
| *Pres.Perf.* | ho unto, hai unto, ha unto;<br>abbiamo unto, avete unto, hanno unto | |
| *Past Perf.* | avevo unto, avevi unto, aveva unto;<br>avevamo unto, avevate unto, avévano unto | |
| *Past Ant.* | èbbi unto, avesti unto, èbbe unto;<br>avemmo unto, aveste unto, èbbero unto | |
| *Fut. Perf.* | avrò unto, avrai unto, avrà unto;<br>avremo unto, avrete unto, avranno unto | |
| *Past<br>Cond.* | avrèi unto, avresti unto, avrèbbe unto;<br>avremmo unto, avreste unto, avrèbbero unto | |
| *Past Subj.* | àbbia unto, àbbia unto, àbbia unto;<br>abbiamo unto, abbiate unto, àbbiano unto | |
| *Past Perf.<br>Subj.* | avessi unto, avessi unto, avesse unto;<br>avéssimo unto, aveste unto, avéssero unto | |
| *Impera-<br>tive* | ungi (non úngere), unga;<br>ungiamo, ungete, úngano | |

| | |
|---|---|
| *Pres. Ind.* | èsco, èsci, èsce; |
| | usciamo, uscite, èscono |
| *Imp. Ind.* | uscivo, uscivi, usciva; |
| | uscivamo, uscivate, uscívano |
| *Past Abs.* | uscii, uscisti, uscí; |
| | uscimmo, usciste, uscírono |
| *Fut. Ind.* | uscirò, uscirai, uscirà; |
| | usciremo, uscirete, usciranno |
| *Pres.* | uscirèi, usciresti, uscirèbbe; |
| *Cond.* | usciremmo, uscireste, uscirèbbero |
| *Pres.* | èsca, èsca, èsca; |
| *Subj.* | usciamo, usciate, èscano |
| *Imp.Subj.* | uscissi, uscissi, uscisse; |
| | uscíssimo, usciste, uscíssero |
| *Pres.Perf.* | sono uscito, sèi uscito, è uscito; |
| | siamo usciti, siète uscito(i), sono usciti |
| *Past Perf.* | èro uscito, èri uscito, èra uscito; |
| | eravamo usciti, eravate uscito(i), èrano usciti |
| *Past Ant.* | fui uscito, fosti uscito, fu uscito; |
| | fummo usciti, foste uscito(i), fúrono usciti |
| *Fut. Perf.* | sarò uscito, sarai uscito, sarà uscito; |
| | saremo usciti, sarete uscito(i), saranno usciti |
| *Past* | sarèi uscito, saresti uscito, sarèbbe uscito; |
| *Cond.* | saremmo usciti, sareste uscito(i), sarèbbero usciti |
| *Past Subj.* | sia uscito, sia uscito, sia uscito; |
| | siamo usciti, siate uscito(i), síano usciti |
| *Past Perf.* | fossi uscito, fossi uscito, fosse uscito; |
| *Subj.* | fóssimo usciti, foste uscito(i), fóssero usciti |
| *Impera-* | èsci (non uscire), èsca; |
| *tive* | usciamo, uscite, èscano |

*to go out,*
*to come out*

\* Like *uscire* is *riuscire.*

*Pres. Ind.*   valgo, vali, vale;
valiamo, valete, vàlgono

*Imp. Ind.*   valevo, valevi, valeva;
valevamo, valevate, valévano

*Past Abs.*   valsi, valesti, valse;
valemmo, valeste, vàlsero

*Fut. Ind.*   varrò, varrai, varrà;
varremo, varrete, varranno

*Pres. Cond.*   varrèi, varresti, varrèbbe;
varremmo, varreste, varrèbbero

*Pres. Subj.*   valga, valga, valga;
valiamo, valiate, vàlgano

*Imp. Subj.*   valessi, valessi, valesse;
valéssimo, valeste, valéssero

*to be worth,*
*to be of value*

*Pres. Perf.*   sono valso (valuto), sèi valso, è valso;
siamo valsi, siète valso(i), sono valsi

*Past Perf.*   èro valso, èri valso, èra valso;
eravamo valsi, eravate valso(i), èrano valsi

*Past Ant.*   fui valso, fosti valso, fu valso;
fummo valsi, foste valso(i), fúrono valsi

*Fut. Perf.*   sarò valso, sarai valso, sarà valso;
saremo valsi, sarete valso(i), saranno valsi

*Past Cond.*   sarèi valso, saresti valso, sarèbbe valso;
saremmo valsi, sareste valso(i), sarèbbero valsi

*Past Subj.*   sia valso, sia valso, sia valso;
siamo valsi, siate valso(i), síano valsi

*Past Perf. Subj.*   fossi valso, fossi valso, fosse valso;
fóssimo valsi, foste valso(i), fóssero valsi

*Impera- tive*   vali (non valere), valga;
valiamo, valete, vàlgano

> *Like *valere* are *equivalere* and *prevalere*. *Valere* is rarely conjugated with *avere*.

| | |
|---|---|
| *Pres. Ind.* | vedo (veggo), vedi, vede; vediamo, vedete, védono (véggono) |
| *Imp. Ind.* | vedevo, vedevi, vedeva; vedevamo, vedevate, vedévano |
| *Past Abs.* | vidi, vedesti, vide; vedemmo, vedeste, vídero |
| *Fut. Ind.* | vedrò, vedrai, vedrà; vedremo, vedrete, vedranno |
| *Pres. Cond.* | vedrèi, vedresti, vedrèbbe; vedremmo, vedreste, vedrèbbero |
| *Pres. Subj.* | veda( vegga), veda (vegga), veda (vegga); vediamo, vediate, védano (véggano) |
| *Imp.Subj.* | vedessi, vedessi, vedesse; vedéssimo, vedeste, vedéssero |
| *Pres.Perf.* | ho veduto (visto), hai veduto, ha veduto; abbiamo veduto, avete veduto, hanno veduto |
| *Past Perf.* | avevo veduto, avevi veduto, aveva veduto; avevamo veduto, avevate veduto, avévano veduto |
| *Past Ant.* | èbbi veduto, avesti veduto, èbbe veduto; avemmo veduto, aveste veduto, èbbero veduto |
| *Fut. Perf.* | avrò veduto, avrai veduto, avrà veduto; avremo veduto, avrete veduto, avranno veduto |
| *Past Cond.* | avrèi veduto, avresti veduto, avrèbbe veduto; avremmo veduto, avreste veduto, avrèbbero veduto |
| *Past Subj.* | àbbia veduto, àbbia veduto, àbbia veduto; abbiamo veduto, abbiate veduto, àbbiano veduto |
| *Past Perf. Subj.* | avessi veduto, avessi veduto, avesse veduto; avéssimo veduto, aveste veduto, avéssero veduto |
| *Imperative* | vedi (non vedere), veda (vegga); vediamo, vedete, védano (véggano) |

*to see*

**\*** Like *vedere* are *antivedere, avvedersi, intravvedere, rivedere,* and *travedere.*

# venire*

| | | |
|---|---|---|
| *Pres. Ind.* | vèngo, vièni, viène;<br>veniamo, venite, vèngono | *to come* |
| *Imp. Ind.* | venivo, venivi, veniva;<br>venivamo, venivate, venívano | |
| *Past. Abs.* | venni, venisti, venne;<br>venimmo, veniste, vénnero | |
| *Fut. Ind.* | verrò, verrai, verrà;<br>verremo, verrete, verranno | |
| *Pres.*<br>*Cond.* | verrèi, verresti, verrèbbe;<br>verremmo, verreste, verrèbbero | |
| *Pres.*<br>*Subj.* | vènga, vènga, vènga;<br>veniamo, veniate, vèngano | |
| *Imp.Subj.* | venissi, venissi, venisse;<br>veníssimo, veniste, veníssero | |
| *Pres.Perf.* | sono venuto, sèi venuto, è venuto;<br>siamo venuti, sièto venuto(i), sono venuti | |
| *Past Perf.* | èro venuto, èri venuto, èra venuto;<br>eravamo venuti, eravate venuto(i), èrano venuti | |
| *Past Ant.* | fui venuto, fosti venuto, fu venuto;<br>fummo venuti, foste venuto(i), fúrono venuti | |
| *Fut. Perf.* | sarò venuto, sarai venuto, sarà venuto;<br>saremo venuti, sarete venuto(i), saranno venuti | |
| *Past*<br>*Cond.* | sarèi venuto, saresti venuto, sarèbbe venuto;<br>saremmo venuti, sareste venuto(i), sarèbbero venuti | |
| *Past Subj.* | sia venuto, sia venuto, sia venuto;<br>siamo venuti, siate venuto(i), síano venuti | |
| *Past Perf.*<br>*Subj.* | fossi venuto, fossi venuto, fosse venuto;<br>fóssimo venuti, foste venuto(i), fóssero venuti | |
| *Impera-*<br>*tive* | vièni (non venire), vènga;<br>veniamo, venite, vèngano | |

*Like *venire* are *avvenire, convenire, divenire, intervenire, prevenire,*
*provenire, sopravvenire, sovvenire, etc.* In some meanings *prevenire* and
*sovvenire* are conjugated with *avere*.

| | | |
|---|---|---|
| *Pres. Ind.* | vinco, vinci, vince;<br>vinciamo, vincete, víncono | *to win,* |
| *Imp. Ind.* | vincevo, vincevi, vinceva;<br>vincevamo, vincevate, vincévano | *to conquer* |
| *Past Abs.* | vinsi, vincesti, vinse;<br>vincemmo, vinceste, vínsero | |
| *Fut. Ind.* | vincerò, vincerai, vincerà;<br>vinceremo, vincerete, vinceranno | |
| *Pres.*<br>*Cond.* | vincerèi, vinceresti, vincerèbbe;<br>vinceremmo, vincereste, vincerèbbero | |
| *Pres.*<br>*Subj.* | vinca, vinca, vinca;<br>vinciamo, vinciate, víncano | |
| *Imp.*<br>*Subj.* | vincessi, vincessi, vincesse;<br>vincéssimo, vinceste, vincéssero | |
| *Pres.Perf.* | ho vinto, hai vinto, ha vinto;<br>abbiamo vinto, avete vinto, hanno vinto | |
| *PastPerf.* | avevo vinto, avevi vinto, aveva vinto;<br>avevamo vinto, avevate vinto, avévano vinto | |
| *Past Ant.* | èbbi vinto, avesti vinto, èbbe vinto;<br>avemmo vinto, aveste vinto, èbbero vinto | |
| *Fut. Perf.* | avrò vinto, avrai vinto, avrà vinto;<br>avremo vinto, avrete vinto, avranno vinto | |
| *Past*<br>*Cond.* | avrèi vinto, avresti vinto, avrèbbe vinto;<br>avremmo vinto, avreste vinto, avrèbbero vinto | |
| *Past Subj.* | àbbia vinto, àbbia vinto, àbbia vinto;<br>abbiamo vinto, abbiate vinto, àbbiano vinto | |
| *Past Perf.*<br>*Subj.* | avessi vinto, avessi vinto, avesse vinto;<br>avéssimo vinto, aveste vinto, avéssero vinto | |
| *Impera-*<br>*tive* | vinci (non víncere), vinca;<br>vinciamo, vincete, víncano | |

\* Like *víncere* are *avvíncere, convíncere,* and *rivíncere.*

| | | |
|---|---|---|
| *Pres. Ind.* | vivo, vivi, vive;<br>viviamo, vivete, vívono | *to live* |
| *Imp. Ind.* | vivevo, vivevi, viveva;<br>vivevamo, vivevate, vivévano | |
| *Past Abs.* | vissi, vivesti, visse;<br>vivemmo, viveste, víssero | |
| *Fut. Ind.* | vivrò, vivrai, vivrà;<br>vivremo, vivrete, vivranno | |
| *Pres.*<br>*Cond.* | vivrèi, vivresti, vivrèbbe;<br>vivremmo, vivreste, vivrèbbero | |
| *Pres.*<br>*Subj.* | viva, viva, viva;<br>viviamo, viviate, vívano | |
| *Imp.Subj.* | vivessi, vivessi, vivesse;<br>vivéssimo, viveste, vivéssero | |
| *Pres.Perf.* | ho vissuto, hai vissuto, ha vissuto;<br>abbiamo vissuto, avete vissuto, hanno vissuto | |
| *Past Perf.* | avevo vissuto, avevi vissuto, aveva vissuto;<br>avevamo vissuto, avevate vissuto, avévano vissuto | |
| *Past Ant.* | èbbi vissuto, avesti vissuto, èbbe vissuto;<br>avemmo vissuto, aveste vissuto, èbbero vissuto | |
| *Fut. Perf.* | avrò vissuto, avrai vissuto, avrà vissuto;<br>avremo vissuto, avrete vissuto, avranno vissuto | |
| *Past*<br>*Cond.* | avrèi vissuto, avresti vissuto, avrèbbe vissuto;<br>avremmo vissuto, avreste vissuto, avrèbbero vissuto | |
| *Past Subj.* | àbbia vissuto, àbbia vissuto, àbbia vissuto;<br>abbiamo vissuto, abbiate vissuto, àbbiano vissuto | |
| *Past Perf.*<br>*Subj.* | avessi vissuto, avessi vissuto, avesse vissuto;<br>avéssimo vissuto, aveste vissuto, avéssero vissuto | |
| *Impera-*<br>*tive* | vivi (non vívere), viva;<br>viviamo, vivete, vívano | |

* Like *vívere* are *convívere* and *rivívere. See Introduction.*

*Pres. Ind.* vòglio, vuòi, vuòle ;
vogliamo, volete, vògliono

*to want*

*Imp. Ind.* volevo, volevi, voleva ;
volevamo, volevate, volévano

*Past Abs.* vòlli, volesti, vòlle ;
volemmo, voleste, vòllero

*Fut. Ind.* vorrò, vorrai, vorrà ;
vorremo, vorrete, vorranno

*Pres.* vorrèi, vorresti, vorrèbbe ;
*Cond.* vorremmo, vorreste, vorrèbbero

*Pres.* vòglia, vòglia, vòglia ;
*Subj.* vogliamo, vogliate, vògliano

*Imp.Subj.* volessi, volessi, volesse ;
voléssimo, voleste, voléssero

*Pres.Perf.* ho* voluto, hai voluto, ha voluto ;
abbiamo voluto, avete voluto, hanno voluto

*Past Perf.* avevo voluto, avevi voluto, aveva voluto ;
avevamo voluto, avevate voluto, avévano voluto

*Past Ant.* èbbi voluto, avesti voluto, èbbe voluto ;
avemmo voluto, aveste voluto, èbbero voluto

*Fut. Perf.* avrò voluto, avrai voluto, avrà voluto ;
avremo voluto, avrete voluto, avranno voluto

*Past* avrèi voluto, avresti voluto, avrèbbe voluto ;
*Cond.* avremmo voluto, avreste voluto, avrèbbero voluto

*Past Subj.* àbbia voluto, àbbia voluto, àbbia voluto ;
abbiamo voluto, abbiate voluto, àbbiano voluto

*Past Perf.* avessi voluto, avessi voluto, avesse voluto ;
*Subj.* avéssimo voluto, aveste voluto, avéssero voluto

*Impera-* (*in the sense of* please) vògli (non volere), vòglia ;
*tive* vogliamo, vogliate, vògliano

* *Volere* takes *èssere* when the following infinitive requires it.

*Pres. Ind.*     vòlgo, vòlgi, vòlge;
             volgiamo, volgete, vòlgono

*Imp. Ind.*     volgevo, volgevi, volgeva;
             volgevamo, volgevate, volgévano

*to turn,*
*to direct*

*Past Abs.*     vòlsi, volgesti, vòlse;
             volgemmo, volgeste, vòlsero

*Fut. Ind.*     volgerò, volgerai, volgerà;
             volgeremo, volgerete, volgeranno

*Pres.*     volgerèi, volgeresti, volgerèbbe;
*Cond.*     volgeremmo, volgereste, volgerèbbero

*Pres.*     vòlga, vòlga, vòlga;
*Subj.*     volgiamo, volgiate, vòlgano

*Imp.Subj.*     volgessi, volgessi, volgesse;
             volgéssimo, volgeste, volgéssero

*Pres.Perf.*     ho vòlto, hai vòlto, ha vòlto;
             abbiamo vòlto, avete vòlto, hanno vòlto

*Past Perf.*     avevo vòlto, avevi vòlto, aveva vòlto;
             avevamo vòlto, avevate vòlto, avévano vòlto

*Past Ant.*     èbbi vòlto, avesti vòlto, èbbe vòlto;
             avemmo vòlto, aveste vòlto, èbbero vòlto

*Fut. Perf.*     avrò vòlto, avrai vòlto, avrà vòlto;
             avremo vòlto, avrete vòlto, avranno vòlto

*Past*     avrèi vòlto, avresti vòlto, avrèbbe vòlto;
*Cond.*     avremmo vòlto, avreste vòlto, avrèbbero vòlto

*Past Subj.*     àbbia vòlto, àbbia vòlto, àbbia vòlto;
             abbiamo vòlto, abbiate vòlto, àbbiano vòlto

*Past Perf.*     avessi vòlto, avessi vòlto, avesse vòlto;
*Subj.*     avéssimo vòlto, aveste vòlto, avéssero vòlto

*Impera-*     vòlgi (non vòlgere), vòlga;
*tive*     volgiamo, volgete, vòlgano

---

*Like *vòlgere* are *avvòlgere, capovòlgere, coinvòlgere, ravvòlgere,*
*rivòlgersi, sconvòlgere, svòlgere,* etc.

# English—Italian Verb Index

The *to* of the English infinitive is omitted. Italian verbs are given in their normal form, without accents.

## A

ache **dolere**
add **aggiungere**
admit **ammettere**
affect **commuovere**
afflict **affliggere**
allow **permettere**
amuse oneself **divertirsi**
answer **rispondere**
appear **apparire, comparire, parere**
apply (to) **rivolgersi**
arrive **giungere**
ask **chiedere**
assail **assalire**
assault **assalire**
assist **assistere**
assume **assumere**
attend **attendere**

## B

be **essere**
be able **potere**
be born **nascere**
be necessary **bisognare**
be of value **valere**
be silent **tacere**
be sorry for **dispiacere, rincrescere**
be urgent **premere**
be worth **valere**
bear **reggere**
become **divenire**
become aware **accorgersi**

belong **appartenere**
bite **mordere**
bless **benedire**
break **rompere**
build **costruire**
burn **ardere**

## C

can **potere**
chat **discorrere**
choose **eleggere, scegliere**
claim **pretendere**
close **chiudere**
come **venire**
come down **scendere**
come out **uscire**
come out again **riuscire**
come up **salire**
commit **commettere**
compel **costringere**
compose **comporre**
conclude **concludere**
conduct **condurre**
confuse **confondere**
conquer **vincere**
construct **costruire**
contain **contenere**
contend **contendere, pretendere**
convince **convincere**
cook **cuocere**
correct **correggere**
corrupt **corrompere**
cover **coprire**

crush **premere**
cry **piangere**
curse **maledire**
cut a fine figure **comparire**
cut a sorry figure **scomparire**

## D

deceive **illudere**
decide **decidere**
defeat **sconfiggere**
defend **difendere**
delude **illudere**
demand **pretendere**
depend **dipendere**
depict **dipingere**
descend **scendere**
describe **descrivere**
destroy **distruggere**
develop **svolgere**
die **morire**
diffuse **diffondere**
direct **dirigere, volgere**
disappear **scomparire**
discover **scoprire**
discuss **discutere**
displease **dispiacere**
dispose **disporre**
dispute **contendere**
distinguish **distinguere**
distract **distrarre**
divide **dividere**
do **fare**
draw **trarre**
draw back **ritrarre**
draw up **redigere, stendere**
drink **bere (bevere)**
dye **tingere**

## E

eat **mangiare**
edit **redigere**
elect **eleggere**
emerge **emergere**
enjoy **godere**
enjoy onself **divertirsi**
entertain **trattenere**
expend **spendere**
express **esprimere**
extend **estendere, stendere**
extinguish **spegnere (spengere)**

## F

faint **svenire**
fall **cadere**
fasten **figgere**
feign **fingere**
find fault (with) **ridire**
fix **figgere**
force **costringere**
foresee **prevedere**
fry **friggere**
fuse **fondere**

## G

gather **cogliere**
get **ottenere**
give **dare**
give back **rendere**
gnaw **rodere**
go **andare**
go away **andarsene**
go down **scendere**
go out **uscire**
go out again **riuscire**
go up **salire**
graze **radere**

grease ungere
grow crescere

## H

hand porgere
hang pendere
happen avvenire, succedere
harm nuocere
have avere
have a good time divertirsi
have to bisognare, dovere
hear udire
hide nascondere
hold tenere
hold out porgere, tendere
hurt nuocere

## I

immerse immergere
impose imporre
impress imprimere
include includere
increase crescere
inflict infliggere
injure nuocere
insert introdurre
instruct istruire
interrupt interrompere
introduce introdurre
invade invadere

## K

keep mantenere, tenere
keep back trattenere
kill uccidere
kindle accendere
know conoscere, sapere

## L

laugh ridere
lead condurre
learn apprendere, sapere
leave lasciare
lend prestare
let lasciare
lie giacere
light accendere
like piacere
live vivere
look for cercare
lose perdere

## M

maintain mantenere
make fare
may potere
mean intendere
meet conoscere
melt fondere
mount salire
move commuovere, muovere
must bisognare, dovere

## N

notice accorgersi (di)

## O

obtain ottenere
occur avvenire, succedere
offend offendere
offer offrire, porgere
omit omettere
open aprire
oppose opporre
ought dovere
owe dovere

## P

paint **dipingere**
pass over in silence **tacere**
permit **permettere**
persuade **persuadere**
pick **cogliere**
pinch **pungere**
place **mettere, porre**
please **compiacere, piacere**
plunge **immergere**
portray **ritrarre**
possess **possedere**
pour out **spandere**
preserve **mantenere**
press **premere, stringere**
pretend **fingere**
prevail **prevalere**
prick **pungere**
print **imprimere**
produce **produrre**
promise **promettere**
promote **promuovere**
propose **proporre**
protect **proteggere**
provide **provvedere**
pull **trarre**
push **spingere**
put **mettere, porre**
put out **spegnere (spengere)**

## R

rain **piovere**
raze **radere**
read **leggere**
receive **accogliere**
reduce **ridurre**
regret **rincrescere**
remain **rimanere**
remove **togliere**

render **rendere**
repeat **ridire**
reply **rispondere**
restrain **trattenere**
resume **riassumere**
rise **sorgere**
run **correre**

## S

satisfy **soddisfare**
say **dire**
say again **ridire**
see **vedere**
seek **cercare**
seem **parere**
select **scegliere**
set **mettere, porre**
sew **cucire**
shake **scuotere**
shave **radere**
shed **spargere**
should **dovere**
shove **spingere**
shut **chiudere**
sit **sedere**
smear **ungere**
smile **sorridere**
spend **spendere**
spill **spandere**
spread **spargere, stendere**
squeeze **premere, stringere**
stamp **imprimere**
stand **stare**
stay **rimanere, stare**
sting **pungere**
stir **muovere**
stretch out **tendere**
succeed **riuscire**

succeed (come after) **succedere**
suffer **soffrire**
suffer pain **dolere**
summarize **riassumere**
support **reggere, sostenere**
surprise **sorprendere**
sustain **sostenere**
swoon **svenire**

## T

take **prendere**
take away **togliere**
talk **discorrere**
teach **istruire**
tell **dire**
tend **tendere**
touch **commuovere**
translate **tradurre**
turn **volgere**

turn round **rivolgersi**
twist **torcere**

## U

uncover **scoprire**
understand **capire, compren-
dere, intendere**
undo **disfare**
unfold **svolgere**
uphold **sostenere**

## W

wait for **attendere**
want **volere**
waste **perdere**
weep **piangere**
welcome **accogliere**
win **vincere**
wring **torcere**
write **scrivere**

# Index of Irregular Verb Forms

Italian reflexive verbs are listed alphabetically under the first letter of the verb itself and not under the reflexive pronouns.

## A

dòlsi, dòlse, dòlsero, 71
dorrèi, *etc.*, 71
dorrò, *etc.*, 71
dovrèi, *etc.*, 72
dovrò, *etc.*, 72
duòli, dòlga, dogliamo, dòlgano,
(*Imperative*), 71

**E**

èbbi, èbbe, èbbero, 18
elèssi, elèsse, elèssero, 73
elètto, 73
emèrsi, emèrse, emèrsero, 74
emèrso, 74
èro, *etc.*, 76
èsca, èscano, 194
èsci, èsca, èscano (*Imperative*),
194
èsco, èsci, èsce, èscono, 194
esprèssi, esprèsse, esprèssero, 75
esprèsso, 75
estesi, estese, estésero, 77
esteso, 77

**F**

fa', faccia, facciamo, fàcciano
(*Imperative*), 78
faccia, *etc.*, 78
faccio (fo), fai, facciamo, fanno,
78
facèndo, 78
facessi, *etc.*, 78
facevo, *etc.*, 78
fatto, 78
feci, *etc.*, 78
finsi, finse, fínsero, 80
finto, 80

fissi, fisse, físsero, 79
fitto, 79
fossi, *etc.*, 76
frissi, frisse, fríssero, 82
fritto, 82
fui, *etc.*, 76
fusi, fuse, fúsero, 81
fuso, 81

**G**

giaccia, *etc.*, 83
giaccia, giacciamo, giàcciano
(*Imperative*), 83
giaccio, giacciamo, giàcciono,
83
giunsi, giunse, giúnsero, 84
giunto, 84
godrèi, *etc.*, 85
godrò, *etc.*, 85

**H**

ho, hai ha, abbiamo, hanno, 18

**I**

illusi, illuse, illúsero, 86
illuso, 86
immèrsi, immèrse, immèrsero, 87
immèrso, 87
imponèndo, 88
imponessi, *etc.*, 88
imponevo, *etc.*, 88
imponga, *etc.*, 88
impongo, *etc.*, 88
imponi, *etc.* (*Imperative*), 88
imposi, *etc.*, 88
imposto, 88

nòccia, nociamo, nocete, nòcciano (*Imperative*), 108
nòccio, nociamo, nocete, nòcciono, 108
nocèndo, 108
nocerèi, *etc.*, 108
nocerò, *etc.*, 108
nocessi, *etc.*, 108
nocevo, *etc.*, 108
nociuto, 108
nòcqui, *etc.*, 108

**O**

òda, òdano, 192
òdi, òda, òdano (*Imperative*), 192
òdo, òdi, òde, òdono, 192
offèrsi, offèrse, offèrsero, 110
offèrto, 110
offesi, offese, offésero, 109
offeso, 109
omesso, 111
omisi, omise, omísero, 111
opponèndo, 112
opponessi, *etc.*, 112
opponevo, *etc.*, 112
opponga, *etc.*, 112
oppongo, *etc.*, 112
opponi, *etc.* (*Imperative*), 112
opposi, *etc.*, 112
opposto, 112
ottènga, ottèngano, 113
ottèngo, ottièni, ottiène, ottèngono, 113
ottenni, ottenne, otténnero, 113
otterrèi, *etc.*, 113
otterrò, *etc.*, 113

ottièni, ottènga, ottèngano, (*Imperative*), 113

**P**

paia, *etc.*, 114
paia, paiamo, pàiano (*Imperative*), 114
paio, paiamo, pàiono, 114
parrèi, *etc.*, 114
parrò, *etc.*, 114
parso, 114
parvi, parve, pàrvero, 114
permesso, 117
permisi, permise, permísero, 117
pèrsi, pèrse, pèrsero, 116
pèrso, 116
persuasi, persuase, persuàsero, 118
persuaso, 118
piaccia, *etc.*, 119
piaccia, piacciamo, piàcciano (*Imperative*), 119
piaccio, piacciamo, piàcciono, 119
piacqui, piacque, piàcquero, 119
piansi, pianse, piànsero, 120
pianto, 120
piòvve, piòvvero, 121
ponèndo, 123
ponessi, *etc.*, 123
ponevo, *etc.*, 123
ponga, *etc.*, 123
pongo, *etc.*, 123
poni, *etc.* (*Imperative*), 123
pòrsi, pòrse, pòrsero, 122
pòrto, 122
posi, *etc.*, 123

# How to Prepare for
# College Entrance Examinations (SAT)

Revised Eighth Edition
Samuel C. Brownstein and Mitchel Weiner    660 pp.    $4.95

More than 1.75 million college-bound students have found help
with their SAT review. The newly revised Eighth Edition features
6 model examinations that are patterned after the SAT exam now
being given. All test questions presented with answers explained
to help students learn from their errors. With comprehensive math
and verbal reviews. The verbal review offers the basic word list
and practice answering questions on analogies, reading comprehension, synonyms and antonyms, and sentence completion.
The math review emphasizes the new quantitative comparison
question recently added to the SAT. In addition, there is thorough
practice and review for the new Test of Standard Written English,
also recently added to the SAT. Added bonus section includes
model Achievement Tests for the English Composition, Biology,
Chemistry, Physics, French, German, Spanish, and Math Level 1.

At your local bookseller or order direct adding 10% postage plus applicable sales tax.

Barron's Educational Series, Inc., 113 Crossways Pk. Dr., Woodbury, N.Y. 11797

# NOW YOU HAVE A CHOICE the **new** Regional Editions of Profiles of American Colleges... or the complete edition

## BARRON'S PROFILES OF AMERICAN COLLEGES, Volume 1: Descriptions of the Colleges.

In-depth descriptions of over 1450 colleges and universities recognized by the regional accrediting associations. With information on student life, campus environment, programs of study, costs and financial aid, admissions requirements and standards. Special College Selector groups all colleges into 7 categories from most competitive to those requiring only a high school diploma—shows each student which colleges are most likely to accept him. $7.95

## PROFILES OF AMERICAN COLLEGES, Volume Two: Index to Major Areas of Study.

How to locate the colleges with the courses you want to take. Easy-to-use chart format shows the programs offered at over 1460 colleges. $4.95

**REGIONAL EDITIONS** contain data on admissions, programs of study, student life, and expenses.

**THE MIDWEST:** Illinois, Indiana, Iowa, Kansas, Michigan, Minnesota, Missouri, Nebraska, North Dakota, Ohio, South Dakota, Wisconsin. $3.95

**THE NORTHEAST:** Connecticut, Delaware, District of Columbia, Maine, Maryland, Massachusetts, New Jersey, New Hampshire, New York, Pennsylvania, Rhode Island, Vermont. $3.95

**THE SOUTH:** Alabama, Arkansas, Florida, Georgia, Kentucky, Louisiana, Mississippi, North Carolina, Oklahoma, Puerto Rico, South Carolina, Tennessee, Texas, Virginia, West Virginia. $3.95

**THE WEST:** Alaska, Arizona, California, Colorado, Hawaii, Idaho, Montana, Nevada, New Mexico, Oregon, Utah, Washington. $3.95

At your local bookseller or order direct adding 10% postage plus applicable sales tax.

**Barron's Educational Series, Inc., 113 Crossways Pk. Dr., Woodbury, N.Y. 11797**

# Prevent your dream school from turning into a four-year nightmare

## Barron's College Profiles In-Depth Series

32 pp., to 48 pp.    $1.50 ($1.00 each for any 5 or more)

All the essential facts are given on admissions, test scores, programs, costs, and facilities. Talks about the academic pressures; the character and concerns of the student body; the status of faculty — student, administration — student relationships; social life, dating and campus activities; and more.

- ☐ Adelphi University
- ☐ Albertus Magnus College
- ☐ Alfred University
- ☐ American University
- ☐ Amherst College
- ☐ Barnard College
- ☐ Bennington College
- ☐ Bethany College (W. Va.)
- ☐ Boston University
- ☐ Bowdoin College
- ☐ Brandeis University
- ☐ Brown University
- ☐ Bryn Mawr College
- ☐ Bucknell University
- ☐ California Inst. of Tech.
- ☐ City College (CUNY)
- ☐ Claremont Colleges, The
    - Claremont Men's College
    - Harvey Mudd College
    - Pitzer College
    - Pomona College
    - Scripps College
- ☐ Clark University
- ☐ Colby College
- ☐ Colgate University
- ☐ College of William & Mary
- ☐ Columbia College
- ☐ Connecticut College
- ☐ Cornell University
- ☐ Dartmouth College
- ☐ Denison University
- ☐ Drew University
- ☐ Duke University
- ☐ Emory University
    - Fairleigh Dickinson Univ.
- ☐ Madison Campus
- ☐ Rutherford Campus
- ☐ Teaneck Campus
- ☐ Fashion Institute of Technology
- ☐ Franklin & Marshall College
- ☐ George Washington Univ.
- ☐ Georgetown University
- ☐ Georgia Inst. of Tech.
- ☐ Hamilton & Kirkland Colls.
- ☐ Harvard & Radcliffe Colleges
- ☐ Haverford College
- ☐ Hofstra University
- ☐ Hollins College

- ☐ Howard University
- ☐ Hunter College
- ☐ Indiana Univ./Bloomington
- ☐ Ithaca College
- ☐ Jackson State University
- ☐ Johns Hopkins University
- ☐ Knox College
- ☐ Lehigh University
- ☐ Manhattan College
- ☐ Mass. Inst. of Tech.
- ☐ Mercer University
- ☐ Michigan State University
- ☐ Middlebury College
- ☐ Montana College of Mineral Science and Technology
- ☐ Montana State University
- ☐ Montclair State College
- ☐ Morehouse College
- ☐ Muskingum College
- ☐ New York University
- ☐ Nichols College
- ☐ Northeastern University
- ☐ Northwestern University
- ☐ Oberlin College
- ☐ Occidental College
- ☐ Ohio University
- ☐ Ohio Wesleyan University
- ☐ Penn State University
- ☐ Princeton University
- ☐ Purdue University
- ☐ Randolph-Macon Woman's College
- ☐ Rensselaer Polytechnic Inst.
- ☐ Roger Williams College
- ☐ Rutgers, State Univ. of N.J.
- ☐ St. John Fisher College
- ☐ St. Lawrence University
- ☐ Seton Hall University
- ☐ Smith College
- ☐ Stanford University
- ☐ SUC/Brockport
- ☐ SUC/Buffalo
- ☐ SUC/Cortland
- ☐ SUC/Fredonia
- ☐ SUC/Geneseo
- ☐ SUC/New Paltz
- ☐ SUC/Oneonta

- ☐ SUC/Oswego
- ☐ SUC/Plattsburgh
- ☐ SUC/Potsdam
- ☐ SUNY/Albany
- ☐ SUNY/Binghamton (Harpur)
- ☐ SUNY/Buffalo
- ☐ SUNY/Stony Brook
- ☐ Stetson University
- ☐ Swarthmore College
- ☐ Syracuse University
- ☐ Temple University
- ☐ Trinity College (Conn.)
- ☐ Tufts University
- ☐ U.S. Air Force Academy
- ☐ U.S. Coast Guard Academy
- ☐ U.S. Mil. Acad. (West Point)
- ☐ University of Bridgeport
- ☐ University of Calif., Berkeley
- ☐ University of Calif., L.A.
- ☐ University of Chicago
- ☐ University of Cincinnati
- ☐ University of Connecticut
- ☐ University of Denver
- ☐ University of Maryland
- ☐ University of Massachusetts
- ☐ University of Miami
- ☐ University of Michigan
- ☐ University of Minnesota
- ☐ University of North Carolina
- ☐ University of Pennsylvania
- ☐ University of Pittsburgh
- ☐ University of Rochester
- ☐ University of Utah
- ☐ University of Vermont
- ☐ University of Virginia
- ☐ University of Wisc., Madison
- ☐ Vassar College
- ☐ Villanova University
- ☐ Washington University
- ☐ Washington & Lee University
- ☐ Wells College
- ☐ Wesleyan University (Conn.)
- ☐ West Virginia University
- ☐ Western Michigan University
- ☐ Wheaton College (Mass.)
- ☐ Williams College
- ☐ Yale College

**Barron's Educational Series, Inc., 113 Crossways Park Drive, Woodbury, New York 11797**
**Please send me copies of each of the Profiles In-Depth checked at $1.50 each; $1.00 each in quantities of 5 or more.**

Name_____

Address_____

City _____ State _____ Zip _____

# Barron's books help you score high on entrance exams and choose the school you want

☐ **GUIDE TO THE TWO-YEAR COLLEGES, Volume 1.** Descriptions of over 1200 two-year colleges. Requirements, costs, enrollment, programs. **$4.95**

☐ **GUIDE TO THE TWO-YEAR COLLEGES, Volume 2.** Occupational Program Selector. Listings of majors available at the nation's two-year colleges. In chart form for easy use. **$3.25**

☐ **HANDBOOK OF JUNIOR AND COMMUNITY COLLEGE FINANCIAL AID.** Financial aid information including grants, scholarships, and loans for 1200 two-year colleges. **$6.95**

☐ **HANDBOOK OF AMERICAN COLLEGE FINANCIAL AID.** Data on financial aid at over 1400 four-year colleges, including grants, scholarships, and loans. **$6.95**

☐ **MATHEMATICS WORKBOOK FOR COLLEGE ENTRANCE EXAMINATIONS.** Provides intensive drill, practice exercises, problems, quantitative comparison. 10 model exams. **$4.95**

☐ **YOU CAN WIN A SCHOLARSHIP.** Devised to answer vital questions concerning student loans, scholarships, and pre-requisites for college entry, this guide reviews vocabulary, grammar, literature, word relationships, sentence completions, reading comprehension, mathematics, science, social studies, music, art, and health. Typical Scholastic Aptitude Tests and New York State Scholarship Tests are included. **$5.95**

☐ **HOW TO PREPARE FOR THE AMERICAN COLLEGE TESTING PROGRAM (ACT).** Covers all four ACT subject areas—English, Math, Social Studies, and Natural Science—with complete review and practice tests. **$4.75**

☐ **VERBAL APTITUDE WORKBOOK FOR COLLEGE ENTRANCE EXAMINATIONS.** Preparation for college boards and all admission, placement, and scholarship exams where word usage and understanding are tested. **$2.95**

Prices subject to change without notice.
At your local bookseller or order direct adding 10% postage plus applicable sales tax.

**Barron's Educational Series, Inc., 113 Crossways Park Drive, Woodbury, N. Y.**

*NOTES*

*NOTES*

*NOTES*

*NOTES*

*NOTES*

*NOTES*

*NOTES*

*NOTES*

*NOTES*

*NOTES*

*NOTES*

NOTES

# NOTES

# NOTES